미누친의
숙련된 가족치료 기술
치료사를 위한 가르침

Salvador Minuchin · Michael D. Reiter · Charmaine Borda 공저

정정화 · 천성문 · 이영순 · 이숙자 · 최경하 공역

The Craft of Family Therapy

학지사

역자 서문

서양에서 가족치료가 태동된 지도 벌써 60여 년 가까운 세월이 흘렀다. 그 사이 이 책의 주저자인 살바도르 미누친(Salvador Minuchin)을 비롯, 내로라하는 가족치료 분야의 대가들에 의해 관련 이론 및 기법이 무수히 정립되고 형성되었다. 개인 심리치료와 달리 가족치료의 경우, 상담이나 치료실 현장에서 개인 내담자만이 아니라 부모와 자녀 등의 가족을 대상으로 상담 회기를 개시하여 치료사의 접근 방식을 통해 해당 가족 구성원의 회복과 치유를 위해 애쓰고, 아울러 가족치료를 배우는 대학원생이나 훈련생의 경우에는 그러한 훈련 및 교육과정을 통해 가족의 치유 과정을 목격하게 된다.

그러한 가족치료의 긴 여정 속에서 미누친은 어느덧 가족치료 임상가 훈련 과정과 초기 임상 훈련 과정 간에 뚜렷한 변화이자 차이점 한 가지를 발견하게 되었다. 그것은 오늘날의 수련 과정이 전부 다 틀렸다는 얘기가 아니다. 언젠가부터 임상 장면, 즉 실제 치료실이 우선이 아닌 대학원 교육과정을 통한 임상가 훈련과 교육이 선행됨으로써 임상가가 막상 가족을 접하게 될 때 실제 사례를 통해 배우는 과정과 방법이 빠져 있는 경우가 허다하게 되었다. 특히 훈련 과정을 중심으로 볼 때, 초기 가족치료 대가들이 매우 중시 여긴 치료사로서의 자기 내지 한 인간(the self or the person as therapist)이라는 자기 탐색 과정이 배제되고, 정작 치료사는 치료 과정 안에 합류하지 못하는 문제가 발생하게 되었다.

물론 초기의 귀납적 훈련 중심 과정과 달리 최신의 연역적 훈련 접근에는 분명 다름과 이득이 공존한다. 우선 차이점은 임상가가 실제보다 이론에 더 무장되기에 치료 과정에서의 침묵 등 가족 구성원이 관계 맺는 방식, 가족의 치유 과정을 신뢰하고 질문하며 치료 도구로 활용하는 등 치료 과정에 머무르거나 합류하지 못하게 된다. 또한 그로 인해 가족이 그간 자신들의 문제해결을 위해 시도한 나름의 노력들을 자칫 간과하게 된다. 한편, 이득으로는 사례 개념화 등 대학원 훈련 프로그램에 힘입어 가족이 도움을 요청한 주요 문제나 병리에 좀 더 초점을 맞추게 되고, 가족이 지금-여기에서 드러낸 문제를 위주로 신속하게, 그리고 때로는 성급하게 개입하게 되기도 한다.

그러한 맥락에서 미누친은 가족치료 수련 과정의 균형을 재정비하려는 시도이자, 요즘의 이론 지향적-연역적 접근에서 다시 상담 기관과 현장이라는 초기의 치료실 작업의 질의 중요성을 고려해야 한다는 취지에서 이 책을 집필하게 되었다.

이 책은 두 권의 책을 한 권으로 합본한 것이다. 이 책은 총 13장으로 구성되며, 크게는 두 부분으로 나뉘어 내용을 다루고 있다. 제1부는 가족치료의 개념과 숙련된 기술의 실제, 제2부는 숙련된 기술을 가르치고 배우기로 구성되어 있다. 책의 전반부는 주 저자인 미누친이 실제 자신이 진행한 가족치료 사례들을 제시하며 치료사라면 적어도 첫 회기에 반드시 숙고해서 실행할 하위체계 등 가족치료의 핵심 개념들을 명쾌하게 정리해서 기술하고 있다. 책의 후반부는 나머지 두 명의 저자, 마이클 레이터(Michael P. Reiter)와 카메인 보르다(Charmaine Borda)가 사례 슈퍼비전 회기에 참석한 대학원생들의 도움을 받아 초보 치료사들이 그러한 개념을 실행하려고 애쓰는 실제 치료 과정들을 상세히 설명하고 있다.

이 책이 갖는 몇 가지 중요성은 다음과 같다.

첫째, 이 책은 기존에 접하기 힘든 가족치료 사례를 통한 가르침의 교과서라고 할 수 있을 것이다. 가족치료를 배우고 있는 대학원생이나 훈련생뿐만 아니라 실제 상담 현장에서 가족치료의 개시 단계인 초보 가족치료사와 심지어는 경륜이 많은 가족치료사까지도 미누친의 가족치료 실제 사례를 통해 상담 방법에 대해 제대로 익히고 탐색하여 가족치료사로 현존할 수 있기를 고대해 본다.

둘째, 이 시대 최고의 가족치료 전문가인 미누친이 1970년대 후반, 가족치료 접근법 가운데 가장 영향력 있는 '구조적 가족치료'를 개발한 이후 2017년 10월 향년 96세로 별세하기 몇 해 전에 집필한 가족치료 저서라는 점이다. 즉, 이 책은 약 40여 년에 걸친 미누친의 '진화된 구조적 가족치료'를 담고 있다고 해도 과언이 아닐 것이다.

셋째, 미누친은 또 다른 저서 『가족 치유(Family healing)』(1993) 등에서도 그러했듯이 이 책에서도 가족치료의 개념을 자신의 긴 삶의 여정 속에서 원가족, 소수민족, 국가 등 자신이 속한 다양한 체계 속에서의 자기를 탐색하는 작업까지도 끊임없이 지속했다는 점이다. 이는 곧 개인이 아닌 가족으로 패러다임을 전환하고 확장한 것임을 뜻한다.

　소중한 이 책의 번역은 우선 상담심리학 분야에서 명망이 높으신 천성문 교수님과 이영순 교수님, 임상심리학 전공 이숙자 박사님, 임상심리전문가 최경하 선생님 그리고 대표 역자인 정정화 박사가 함께 참여하여 진행하였다. 구체적으로 살펴보면 제1~2장은 이숙자 박사님, 제3~6장은 정정화 박사님, 제7~9장은 최경하 선생님, 제10~13장은 천성문 교수님과 이영순 교수님이 각자 번역하여 수정 및 보완과 용어 통일 작업을 함께하였다. 아울러 다섯 분의 역자를 신뢰하고 가족치료 영역에 꼭 필요한 책 출판에 기꺼이 앞장서 주신 학지사의 김진환 사장님과 이 책의 교정과 편집 작업에 만전을 기해 주신 김찬미 선생님께 진심으로 깊이 감사드린다.

2023년 10월
박앤정 임상심리클리닉에서
정 정 화

저자 서문

가족치료사가 되는 길은 많다. 지난 50년간 많은 변화가 있었다. 가족항상성에 관한 돈 잭슨(Don Jackson)의 독창적인 논문을 기점으로 가족치료가 처음 시도되었는데, 이때는 가족치료에 대한 이론이 없었다. 가족치료에 대한 입문서도 없었다. 지금도 정착된 분야는 아니다. 가족의 기능 방식과 그것을 어떻게 해야 할지에 대한 생각과 이해는 지금 만나는 가족들 안에 숨겨져 있다. 임상가들은 직접 개입하면서 배웠다. 나탄 아커만(Nathan Ackerman), 머레이 보웬(Murray Bowen), 제이 헤일리(Jay Haley), 돈 잭슨, 살바도르 미누친(Salvador Minuchin), 버지니아 사티어(Virginia Satir), 칼 휘태커(Carl Whitaker), 리만 와인(Lyman Wynne) 등 다른 사람들과 같이 이 분야의 선구자들은 가족들을 만나고 그 회기 내에서 일어났던 일들을 평가해 보는 과정을 통해 이해의 폭을 넓혀 갔다.

시간이 흘러 이런 경험 사례들이 축적되면서 가족치료 이론이 발달했고, 치료사들이 치료방법들을 배울 수 있는 기관도 생겨나기 시작했다. 개인치료사였던 임상가들이 가족치료사로서 훈련을 받기 위해서는(돈 잭슨, 제이 헤일리, 버지니아 사티어 등과 함께 근무했던) 캘리포니아 팔로알토에 있는 정신건강연구소, (살바도르 미누친이 책임자로 있던) 필라델피아 아동보호클리닉, (머레이 보웬이 책임자로 있던) 조지타운 가족연구소, 뉴욕의 아커만 연구소, 혹은 [제이 헤일리와 클로에 마다네트(Cloe Madanets)가 책임자로 있던] 워싱턴 가족치료연구소 중 한 기관에 등록을 해야만 했다. 치료실은 치료와 학습이 함께 이루어지는 교실이었다. 이런 기관들에서는 주로 가족이 어려움을 갖게 된 이유와 치료사들이 가족을 도울 수 있는 특별한 견지들을 제공하였다. 훈련생들은 한 가지 접근 방식으로 훈련을 받았다. 그들은 지금의 대학원생들이 배우고 있는 다른 많은 이론은 배우지 못했다.

　최근에는 가족치료사들이 기관보다는 대학에서 훈련을 받고 있다. 그들은 교실에서 교과서로 기초 이론들을 공부하면서 주 자격위원회에서 요구하는 필수 과목들을 이수한다. 치료실 학습이 아니라 교실 학습에 주력하고 있다. 대학원생들은 다양한 접근 방법을 이해하고, 그들이 가족들을 보기 시작한 뒤에는 이런 이론 중 한 가지 이상의 이론을 자신의 임상 실제의 지침으로 삼을 수 있어야 한다.

　훈련 과정은 귀납적인 방식에서 연역적인 방식으로 전환되고 있다. 치료사 훈련에서 귀납적인 과정들이 사라지면서 대학원생들의 치료의 질(quality)에 중대한 문제가 초래되고 있는 것 같다. 이런 이유로 이 책을 저술하게 되었다. 우리는 경험을 통해 가족치료사가 되어 가는 귀납적인 방법이 좋다고 생각하기에 실제 사례를 다루면서 배워 가는 방법들에 대해 다루고자 한다.

　먼저, 실제에 대한 견해를 보여 주는 역사들에 대해 살펴보자.

　1960년대 말, 저자 미누친은 필라델피아 아동지도클리닉의 책임자로 일하고 있었다. 치료를 받으러 오는 가족 대부분은 아프리카계 미국인이나 라틴계 미국인이었는데, 그들 가족 중 많은 가족이 생활보호대상자였다. 클리닉의 직원들은 100% 코카서스계 백인들이었다. 소수민족 출신의 사람들을 직원으로 선발할 필요가 있어, 우리는 지역 공동체 안에서 가족치료사가 되고 싶어 하는 사람들 가운데 '보조전문가' 훈련을 받을 수 있는 사람을 찾아내야 했다. 1970년대 초에 우리는 미국 국립정신건강연구소(NIMH)에 훈련 과정을 신청하여 인가받아 2년 동안 18명을 훈련시켰다.

　제이 헤일리, 브라우리오 몬탈보(Braulio Montalvo), 마리앤 월터스(Marianne Walters), 저자 미누친 등 우리 훈련자들의 딜레마는 훈련 방법이었다. 헤일리는 학문적 지식으로 '오염되지 않는' 사람들을 훈련시켜야 한다고 기염을 토했다. 그래서 우리는 귀납적인 방식의 훈련 프로그램을 개발하였다. 훈련생들은 가족치료 실제에 참여하면서 자신들의 경험을 살펴보고 검토해 가는 방식으로 배워 나갔다. 현장에서 곧바로 슈퍼비전을 제공하는 것이 중요했는데, 훈련생, 가족들과 클리닉을 보호할 필요가 있었기 때문이다.

　헤일리가 첫 면접 매뉴얼을 개발했는데, 이 매뉴얼에는 회기 실행 방법에 관한 단계별 목표들이 제시되어 있다. 회기를 끝낸 후, 훈련자들은 훈련생들과 함께 회기를 촬영한 비디오를 살펴보면서 '대학원생들'에게 그 작업에서 배운 것은 무엇이고, 작업을 하면서 궁금한 점들은 무엇이었는지에 대해 물었다. 이런 훈련 절차의 기저에 깔려 있는 생각과 바람은 훈련생들의 생활 경험을 활용한다는 것이었다. 우리는 훈련생들의 문제해결 방식이 내담자들의 반응 방식 중 몇몇 반응과 유사할 것이고, 우리가 이런 '치료사들'의 자동적이고 무의식인 반응을 억제하고 개선시켜서 그것들을 치료 개입으로 변형시킬 수 있을 것이라고 가정했다. 또한 우리 직원들도 사회경제적 지위가 낮은 사람들을 대상으로 하는 치료 작업에 유용한 기술들을 배울 수 있을 것이라는 기대도 갖고 있었다. 이런 기술들은 대학에서 가르치는 기술도 아니었고, 오히려 우리가 잘 알지 못하는 가족들을 대상으로 한 작업 방식이었다. 그런데 그 방식은 유용했고, 효과적이었다.

우리는 인가받은 인원을 두 배로 늘려 총 24명의 보조전문가를 훈련시켰는데, 그들 중 몇 명은 공부를 계속하여 사회사업가가 되었다. 그들은 모두 가족치료사가 되었다.

그런 경험 이후, 은퇴하기 전까지 몇십 년 동안 쭉 전문 가족치료사들을 훈련시켜 왔던 터라 노바사우스이스턴대학교(Nova Southeastern University)의 가족치료학부 교수인 카메인 보르다와 마이클 레이터가 내게 대학원생들을 대상으로 한 훈련 실습 과목을 비공식적으로 지도해 줄 수 있는지 물어왔을 때 그 요청을 거절할 수 없었다.

지금 대학에서 이루어지고 있는 훈련들은 내가 아동보호클리닉에서 했던 훈련과는 정반대다. 대학에서 이루어지는 가족치료 훈련들은 연역적 과정을 따르고 있다. 먼저, 대학원생들은 다양한 가족치료 학파의 이론을 배운다. 그다음에 이론을 실제에 적용한다. 이런 과정을 통해 훈련생들은 대개 환자들과 갈등 관계에 들어가지 않으면서 내담자를 제한하고, 보호하고, 존중하는 법을 배운다. 또 내담자들이 드러낸 문제에 '딱 들어맞는' 기법을 찾아내는 방법들을 배운다. 사실, 자신들의 이론 가정에 토대를 두고 가족들이 드러낸 문제를 주의 깊게 살펴보는 방법에 대해 배운다. 이런 방식에 대한 나의 견해는 이런 훈련을 받은 대학원생들은 그들 자신을 치료 자원으로 바라보지 않게 된다는 것이다.

젊은 동료의 초대를 받아들이면서 나는 현행 훈련 과정과 별도로 좀 더 귀납적인 훈련 과정을 탐색해 보려는 그들과 합류하게 되었다. 교재를 사용하지 않고 대학원생들에게 실습 과목 시간에 행했던 치료 회기를 촬영한 비디오 테이프를 가져오도록 하였다. 우리는 대학원생들의 작업 방식과 특성을 관찰하고 나서 대학원생들과 함께 느낀 점에 대해 이야기를 나눴다. 시간이 가면서 차츰 가족치료 기술을 훈련시키는 방법을 발전시켜 나갈 수 있었다.

대학원생들은 치료 과정을 관찰하면서 성장해 나갔다. 대학원생들이 가족을 대상으로 첫 면담을 시작하는 면접 방식에는 공통점이 있었다. 한 사람 이상을 대상으로 면담을 진행해 본 경험이 부족했기 때문에 대학원생들은 불안해했고, 항상 공손하고 조심스러워했다. 대학원생들은 내담자의 마지막 말을 부연하는 질문을 한다거나("그래서 당신은 딸이 무엇을 하고 있는 것을 볼 때마다 괴롭다고 말씀하시는 건가요?"), 이야기를 따라가기는 하지만 내담자가 계속해서 자신의 이야기를 이어 가도록 격려하는 질문과 자신의 상황을 새로운 관점으로 바라볼 수 있게 만드는 질문들은 던지지 못했다. 또한 대학원생들은 성급하게 개입하여 가족드라마를 설명하려고 하고, 지지하고, 보호하려고 하거나 바꾸려고 했다.

이런 상황이 반복되면서 초보 임상가들은 곤경에 빠지곤 했다. 가족 구성원이 관계를 맺는 방식, 그런 관계를 맺게 된 이력이나 문제해결을 위해 어떤 노력을 하고 있는지에 대해 명확하게 이해하지 못한 상태에서 가족이 드러낸 문제만을 갖고 점검하려고 들었다. 자신이 유능함을 보여 줘야 한다는 생각에 가족을 제대로 파악하지도 못한 상태에서 가족 문제에 개입하곤 했다. 대부분의 대학원생은 침묵을 유지하는 방법이나 침묵을 도구로 활용하는 방법을 잘 모르고 있었다. 그리고 가족들이 도움을 요청하였던 병리에 초점을 맞추다 보니 가족 구성원이 갖고 있는 서로에게 도움이 될 수 있는 강점, 탄력성과 자원을 탐색하는 데 소홀하였다.

대학원생들의 생활 경험이 다르긴 했지만, 우리는 그들의 사례에서 나타난 공통점에 주목했다. 일단 대학원생 스스로 그 과정 속에 들어가지 못했다. 대학원생들은 가족 역동에 대해 때로는 매우 놀라울 정도로 명확하게, 그렇지만 객관적이고 중립적인 관찰자인 것처럼 기술하고 있었다. 대학원생들에게 비디오 테이프를 관찰하고 난 다음에 피드백을 해 보라고 했을 때, 가족 교류 방식에 대한 대안들에 대해서는 이야기했지만 이런 행동을 만들어 내는 치료사의 개입에 대해서는 언급하지 못했다.

나는 치료 과정을 관찰하고 기술하는 과정에 이런 틈이, 공백이 있다는 사실에 놀랐다. 가족치료사 운동 초기에는 모든 훈련 프로그램에서 치료사의 개입 문제에 대해, 현실에 대한 치료사의 인식 문제에 대해 많이 고심했다. 그 당시에는 가족치료 훈련생 대부분이 조금이나마 정신 역동 치료 경험을 갖고 있었고, 또 많은 이가 심리치료나 정신분석을 받아 본 경험도 있었다. 가족치료 훈련자들은 정신역동 치료에서 이루어지는 길고 집중적인 자기관찰적 참여 경험을 대신할 수 있는 대안들을 마련할 필요가 있다고 생각했다.

그래서 많은 훈련기관에서는 훈련 프로그램 첫해에 치료사가 자기 자신을 탐색하고 이해하는 데 도움이 되는 과정을 포함시켰다. 버지니아 사티어는 대학원생과 그 가족이 함께 참여하는 프로그램을 계획했다. 그 프로그램에서는 심리극 기법을 활용하여 대학원생들이 자신의 원가족의 각 발달 단계에서 자신은 어떻게 참여(participation)했는지 탐색할 수 있도록 하였다. 칼 휘태커는 치료사가 자신을 치료에 활용할 수 있다고 생각했고, 치료에서 치료사 자신을 도구로 활용하기 위해서는 자기 탐색 과정이 필요하다고 했다. 머레이 보웬은 특히 자신의 원가족과 연결되어 있는 치료사의 자기에 초점을 맞추었다. 보웬은 "나는 가족치료사가 자기 자신이 다루고 있는 가족 문제와 똑같은 문제를 그 자신의 가족도 갖고 있기에 자기 분야에서 가족치료사로서의 역할을 제대로 수행하기 위해서는 먼저 가족 구성원으로서의 자기 자신에 대해 정확하게 이해할 필요가 있다고 믿고, 그렇게 가르치고 있다."라고 했다. 이처럼 가족치료 대가들은 가족치료사 훈련 과정에서 자기 이해 과정을 거치도록 했는데, 이것이 치료실에서 만난 훈련생들에게도 도움이 될 것이라고 믿고 있었기 때문이다.

최근의 대학 훈련 프로그램은 치료사의 자기 이해 프로그램 대신에 핵심 역량 강화 프로그램으로 구성되어 있다.[1] 훈련 프로그램에서 다루는 핵심 역량은 주로 사례개념화, 치료 회기 구조화하기와 회기 개입 방법들이다. 치료 가족이 치료사 자신에게 미치는 영향에 대해 인식하기 등의 몇 가지 역량도 포함되어 있기는 하지만, 이런 훈련 프로그램을 받은 사람들은 자신이 어떤 사람인지보다는 자신이 무엇을 해야 하는지에 대해서만 생각하게 된다. 이제는 대학원생들을 위한 가족치료 프로그램을 통해 핵심 역량을 강화시키는 훈련만 받게 될 것이다. 그렇게 되면 치료사로서 한 인간으로 성장해 가는 데에는 도움이 되지 않을 것이다.

이런 작금의 훈련 프로그램뿐만 아니라 치료 활동을 통해 나는 치료사가 자신의 개입에 대해 잘 알아차림하는 것이 유능한 치료사 양성 과정의 가장 중요한 부분이라는 생각을 하게 되었다. 유능한 치료사 양성 과정에서 가장 중요한 부분은 치료사가 자신의 개입에 대해 잘 알아차림하는 것이다. 우리 프로그램에서는, 먼저 대학원생들에게 관련된 삶의 경험과 이런 삶의 경험들이 그들의 치료 방식에 어떻게 영향을 미쳤는지에 대해 이야기해 보라고 한다. 그다음에 대학원생들이 발표한 가족 특성에 대해 설명해 보도록 한다. 그리고 나서 그들이 사용했던 기법들과 전략들에 대해 다룬다. 그리고 논의 부분에서 나는 계속해서 왼쪽 어깨 위에서 치료사의 정신 과정을 관찰하면서 작업하는 치료사와 조용히 대화를 이어 가는 호문쿨루스(Homunculus)의 모습을 취하고 있는 치료사라는 은유를 하곤 하였다.

---

[1] 미국 결혼 및 가족 협회는 가족치료 훈련생이 자격증 단계에서 갖추어야 할 128가지 핵심역량 부록을 개발하였다.

이 책은 가족치료 훈련생들과 저자들이 함께한 시간의 산물이다. 저자들은 훈련생들이 이론에서 치료 기술의 세계로 입문하는 데 도움이 되는 저서를 저술하고 싶었다. 그래서 두 저자가 저술한 두 권의 책을 한 권으로 합쳤다. 전반부는 미누친이 직접 진행했던 회기들 중 몇 회기를 살펴보면서[2] 가족치료 첫 회기에서 치료사들이 생각하고 실행해야 할 중요한 개념들을 다루고 있고, 후반부는 초보 치료사들이 이런 개념들을 실제에 적용하는 과정들에 대해 기술하고 있다.

---

2) 내담 가족의 익명성을 보장하기 위해 모든 사례의 고유 식별 정보를 변경하였다.

차 례

제1부

개념과 기술의 실제

제1장

가족치료의 숙련된 기술

가족이 치료실에 오면 당신은 어떻게 하십니까? 회기를 시작하는 적절한 방법을 갖고 있습니까? 문제에 대해 물어보십니까? 치유자로서 서비스를 제공하십니까? 미소를 지으면서 어떻게 치료실을 방문하게 되었는지 물어보십니까? 가족 중 한 사람이 말을 시작할 때까지 조용히 기다리고 계십니까? 예, 예, 예, 예.

치료에 들어간다는 것은 낯선 사람들이 만나서 중요한 여행을 함께한다는 의미다. 그러므로 초기의 합류 과정은 가족에 따라, 치료자에 따라 다를 수 있다. 불확실함 속에서 시작하는 여행이다.

초보 치료사 대부분은 치료사로서의 역할을 수행하는 과정에서 불안을 경험한다. 그들은 이런 불안을 감소시키는 방법의 하나로 이론에 의존한다. 그렇다면 어떤 이론이 도움이 될까? 도움이 되는 이론을 선택하는 방법이 있을까? 사실 명확한 답도 없고, 그 질문 자체도 너무 단순하다. 당신이 어떤 모델을 선택하든지, 설사 통합적인 입장에서 선택한 것이라고 할지라도, 치료에는 그 접근 방법의 개념과 기법들을 뛰어넘는 것이 많이 있다. 두 치료사가 같은 가족에게 같은 기법을 사용하더라도 한 치료사는 그 기법으로 가족을 도와줄 수도 있지만, 다른 치료사는 그 기법으로 실패할 수도 있다.

많은 미숙한 치료사가 이런 당혹스러운 상황을 겪을 수 있다. 그들은 치료를 '치료사가 가족을 관찰하고 가족의 문제에 도움이 되는 기법을 실행하는 행위 과정'으로 바라보기 때문이다. 그들은 그 과정의 복잡성을 이해하지 못한다. 치료 기술은 가족의 특성에 대한 이해와 변화 촉진을 가져다줄 기법뿐만 아니라 치료사들이 치료 체계 안에서 어떻게 기능하고 있는지에 대해 알아차림하는 것까지 포함한다.

우리는 이 책을 통해 치료 기술들에 대해 고찰해 볼 것인데, 시작하면서 독자들의 여행 준비를 위해 상상의 '치료사 파우치'를 나눠 드리려고 한다. 파우치는 일꾼들이 일할 때 가장 많이 사용하는 도구들을 담아 두는 주머니로, 여행자의 가방과 같은 것이다.

우리는 가족치료사의 파우치에 관계를 재구조화하는 작업에 도움이 되는 항목들을 넣어 둔다. 파우치 안에는 다음과 같은 주제들, 즉 기본 원칙, 기법, 하위체계를 대상으로 작업하기, 그리고 치료사의 자기가 들어 있다. 다음 절에서는 각 집단의 도구들을 개별적으로 다루겠지만, 이 도구들은 밀접하게 상호 연관성을 지니고 있어서 개별적으로 때로는 복합적으로 이용이 가능하다.

파우치는 이런 여행에 유용한 틀을 제공해 준다. 또한 치료 과정 동안에는 중요 자원이 되기도 한다. 치료사가 가족들과 다른 입장을 취하고자 할 때, 파우치를 꺼내 놓고 가장 적절하고도 효과적인 개입 방법을 선택하여 계획해 볼 수 있다.

가족치료사 파우치

기본 원칙

1. 합류하기가 가장 중요한 요소다

합류하기(joining)는 파우치에 들어 있는 첫 번째 항목이다. 합류하기는 기술이나 기법이 아니다. 그것은 존중, 공감, 호기심, 그리고 치유에 전념하려는 마음에서 나오는 마음자세다. 그것은 작업지향적 체계다. 합류하기는 가족과의 첫 만남에서부터 시작하여 종결하면서 마지막 작별 인사를 나눌 때까지 이루어진다. 이런 관계의 과정 속에서 치료사는 가족 속으로 들어가서 지지하고 도전하게 만들 수 있다.

2. 치료에 오는 모든 가족이 '잘못된' 가정을 갖고 있다

처음 이런 말을 들으면 깜짝 놀라는 것 같다. 그러나 숙련된 치료사들은 내담자가 치료에 오는 이유가 상황에 대해 편협한 관점을 갖고 있기 때문이라는 사실을 잘 알고 있다. 가족은 자신들이 처해 있는 상황에 대해 잘 알고 있다고 확신하고 있다는 점에서, 그리고 다른 대안이 없다고 확신하고 있다는 점에서 잘못된 가정을 갖고 있다. 가족은 그들의 문제가 전체 집단 체계의 문제라기보다는 개인 경험의 문제라는 인식을 갖고 있다. 체계 치료사로 일하는 치료사들은 개인의 문제로 보는 것이 문제라는 사실을 잘 알고 있다. 증상은 상호작용이 일어나는 관계 맥락 속에서 드러난다. 잘 알다시피 가족은 자신들이 갖고 있는 것보다 훨씬 더 적은 자원들을 사용하고, 이전에 했던 대로만 하려고 한다.

3. 가족의 신념이 변화의 적이다

내담자는 문제에 대해 갖고 있는 신념이 확고하면 할수록 기꺼이 마음을 열어 그 상황을 다르게 보려고 하지도 않고, 따라서 다른 이들과의 관계 방식을 바꾸려고 하지도 않는다. 치료사는 무엇이 문제인지에 대한 신념을 갖고 있지는 않지만, 그래도 가족 구성원이 현재 사용하는 렌즈보다 더 큰 렌즈로 바라보게 할 수 있다는 것도 알고 있다.

기법

4. 가족의 신념에 도전하기

치료사의 중요 역할은 문제에 대해 갖고 있는 가족의 신념에 도전하는 것이다. 그러기 위해서는 의문을 가져 보고, 호기심을 갖고 대안들을 찾아볼 수 있도록 하면서 다른 한편으로는 변화할 수 있다는 희망을 갖게 해 줘야 한다. 치료사의 제안에 저항하는 것은 자연스러운 일이고 때로는 강하기까지 하다. 가족은 자신들이 선택할 수 있는 대안들 속에서 선택한 방식으로 관계를 맺고 있기 때문이다. 가족의 신념에 도전하는 방식은 많다.

예를 들어, 항상 꼼짝달싹할 수 없는 상황으로 끝나는 병리적 상호작용이 반복될 경우에 치료사가 이에 대해 환기시킬 수 있다. 가족이 이런 도전을 잘 받아들이지는 않겠지만, 치료사가 다음과 같이 지지와 도전을 담은 메시지를 전달하여 가족의 수용을 촉구할 수 있다. "참 수수께끼 같은 일이다. 당신 가족, 네 명 모두 다 개인적으로는 매우 좋은 사람들이다[지지]. 하지만 당신들은 계속해서 각자의 삶을 불행하게 만드는 방식으로 서로 뒤엉켜 있다[도전]. 참으로 불가사의한 일이다."

치료사가 지나치게 자신들의 경험에 매여 있는 가족에게 그렇게 도전하면 가족 구성원들이 더 적극적으로 서로를 도울 수 있는 여지를 만들어 낼 수 있다. 그런 입장을 취하려면 치료사가 불확실하고도 즉흥적인 모습을 보여 줄 수 있어야 한다. 이처럼 치료사가 자기관찰적 변화 도구가 될 때, 작업 과정은 힘들어도 아주 천천히 변화해 간다.

5. 대안 탐색하기

치료사가 가족의 신념에 계속 이의 제기를 하면 가족의 진실과 치료사의 의견 간의 논쟁 속에서 고찰해 볼 수 있는 새로운 길이 드러난다. 치료사는 가족 구성원이 서로에게 치유자가 되어 줄 수 있는 지점에서 그에 대한 대안들을 찾아보게 한다. 가장 유용하고 효과적인 탐색 도구들 중 하나는 수년 전에 개발된 기법인 '실연(enactment)'이다. 이 책 전반부 여러 곳에서 제시되겠지만, 그것이 '치료사 파우치(therapist's pouch)'에서 유용하고 중요한 부분이기 때문에 여기서는 간략하게 논의하고자 한다.

실연은 치료사가 가족 구성원끼리 대화를 해 보도록 하는 과정이다. 그러면 치료사는 조용히 앉아 그들의 관계방식을 관찰한다. 그들의 대화 속에서 이전까지 인식하지 못했던 새로운 사실을 알게 되더라도 끼어들지 못하게 한다. 회기 후반에 가서 이야기하도록 한다.

기법은 간단하다. 본래는 치료사가 특정 가족 구성원에게 다른 가족 구성원이 있는 자리에서 서로 이야기를 나눠 보도록 요청하는 것이지만, 거기에 담겨 있는 의미는 매우 크다. 이런 맥락 속에서 가족 구성원 중 두 사람만 이야기를 나누게 되는데, 나머지 가족과 치료사가 보는 앞에서 이루어지다 보니 대화가 자발적이지도 않고, 대화 속도도 느리다. 참여자들이 지켜보는 가운데 대화를 나누고 있다는 행위자로서의 느낌이 커지면서 '사람들이 우리를 지켜보는 데에서 내가 너에게 말을 하고 있다'라는 의식을 하게 된다. 그래서 가족 구성원 각자가 '내가 가족 집단 내에서 어떤 위치에 있는지'에 대해 더 많이 깨닫게 된다.

실연의 원칙들은 이를 처음 언급한 자료(Minuchin & Fishman, 1981)와 저자의 보다 최근 자료(Nichols & Fellenberg, 2000)에 요약되어 있다. 실연이 진행되는 동안에 치료사는 개입하지 않아야 한다. 내담자나 그들의 논쟁 분위기를 바꿔 보려는 시도도 자제해야 한다. 더 중요한 점은 그들 간에 이야기되는 내용보다는 과정에 더 주의를 기울여야 한다. 초보 치료사들은 가족 이야기에 주의를 기울이지, 이런 이야기들이 만들어지는 관계 맥락에 주의를 기울이지 못한다. 실연은 내담자들이 말하고 있는 내용에서 어떤 사실을 찾아내기 위한 것이 아니라 오히려 그들의 상호작용의 기초가 되는 가족의 규칙을 찾아내기 위한 것이다. 이 과정으로 그림이 바꾸게 된다. 즉, 내용이 배경이 되고, 가족 역동이 전경으로 드러난다.

실연의 실례는 이 책에서 다루는 회기와 논의에 종종 제시되어 있다. 실연이 효과적이려면 치료사가 상호작용이 일어날 수 있는 장을 마련해 주고, 실연이 진행되는 동안에 그들의 역할을 점검하는 것이다. 치료사는 가족 구성원이 서로의 이야기를 더 명확하게 알아듣고, 그런 과정을 통해 가족 구성원이 변화를 탐색하면서 그들 스스로 상호 간에 치유 행위자가 되어 줄 수 있는 교류 방식들을 찾아낼 수 있도록 도와주어야 한다.

6. 가족 의사소통의 내용을 이용하여 가족역동 과정에 접근하기

이 도구는 실연과 관련해서도 중요한 도구이지만, 그 자체로도 중요한 도구다. 왜냐하면 이 도구는 실연이 이루어지는 동안뿐만 아니라 치료 회기 내내 이용할 수 있기 때문이다. 치료를 받으러 온 가족 대부분이 그들 호소 문제의 특수성에 대해 이야기한다. 누가 무엇을 했고, 누가 어떤 말을 했고, 증상은 어디서 왔다고 생각하는지 등등이다. 가족은 서로 간에 그렇게 하기로 동의하고, 동의하기 전에도 수도 없이 이런 생각들에 대해 이야기를 나눠 본 경험이 있다. 만약 치료사가 가족과 함께 이런 이야기에 머물게 되면 가족은 피상적인 경험 수준에 머무르게 될 것이다. 그러나 치료사가 이야기에 담겨 있는 정서적 교류를 포함하여 가족 역동을 이해할 수 있는 신호들을 알아들을 수 있으면 그 가족이 미지의 영역에 발을 내딛고 아직까지 시도해 보지 못했던 전혀 다른 새로운 관계 역동을 불러일으킬 수 있는 대화를 나눠 보게 하면서 지금까지와는 전혀 다르게 생각하고, 지각하고, 행동할 수 있는 길을 열어 줄 수 있게 된다.

7. 치료에서 유머와 은유적 언어 사용하기

유머, 은유적 언어, 그리고 시적 비유의 사용은 신념에 도전하는 방법이기도 하고, 가족에게 합류하기에 사용할 수 있는 훌륭한 수단이다. 내담자들은 그들에게 아주 익숙한 견지와 정서를 갖고 오기 때문에 치료사가 유머와 예기치 못한 비유적 표현을 하게 되면 그들 자신과 상황을 다른 방식으로 바라볼 수 있게 된다.

초보 치료사들은 유머와 은유적 표현의 사용을 주저하는데, 그것은 가족들이 유머나 창의적인 언어를 잘 수용하지 못할 것이라는 두려움 때문에 그렇다. 초보 치료사들은 치료 회기를 진지하게 진행하여야 한다고 생각한다. 우리는 이 생각에 동의하기도 하고, 동의하지 않기도 한다. 내담자들은 고통스러움에 치료를 받으러 오고, 그러다 보니 치료 과정은 매우 진지한 과정이 되어 버린다. 그런 이유로 치료사와 내담자들이 적절치 못한 부분을 알아차리지 못해서도 안 되고, 절박한 상황 속에서 유머를 잃어서도 안 된다. 치료사가 너무 일찍 철이 들어 간섭하기 좋아하는 아이에게 "네가 네 엄마의 엄마가 될 때는 언제니?"라고 말하면 가족은 웃으면서 그 상황에 대해 쉽게 납득한다.

8. 서로 다른 수준에서 특정 주제 도입하기

치료사는 회기 중 특정 시점에서 새로운 지식을 제공하고, 앞으로의 방향에 대해 논의하거나 윤리적 책임감에 대해 다뤄야 한다. 별개의 주제로 다루든, 함께 다루든 간에 그런 주제들을 다루면서 가족 구성원은 서로에 대해서 다르게 바라보고, 다르게 행동할 수 있다.

- 지식: 전문성과 경험을 바탕으로 가족치료사들은 대부분의 내담자에게 유용한 방식이라고 기술되는 가족의 기능 방식에 대한 전문 지식을 갖고 있다. 가족 조직(family organization), 연합, 갈등 패턴 혹은 경계 기능에 관한 구체적인 정보를 제공해 주면 가족은 항상 정신내적인 관점에서 바라보았던 것들을 보다 체계적인 관점으로 바꿔서 바라볼 수 있게 된다. 이런 종류의 새로운 지식은 혼잣말이나 개별 행동보다는 대화와 교류에 초점을 맞추는 데 도움이 된다.
- 앞으로의 방향: 태도와 특정개입을 통해 치료사는 가족에게 아직 손대지 않은 발전 가능성이 있고, 그들의 관계 방식이 변화되면 조화와 안녕감을 얻게 될 것이라는 메시지를 전달해 줄 수 있다. 이는 희망과 기대의 메시지다.
- 윤리적 책임감: 치료사는 치료 도중 사람은 자신이 사랑하는 이들과 가까이에 있는 이들의 안녕에 책임이 있다는 윤리적 원칙에 대해 언급해야 한다. 치료를 받게 만든 가족 간의 갈등, 좌절, 절망감에도 불구하고, 도움을 청하는 가족 대부분은 이런 윤리적 원칙을 갖고 있다. 가족에 대한 소속감과 책임감은 가족 구성원이 서로에게 치유자가 되어 줄 수 있는 능력이기에, 가족 구성원 모두 이런 능력을 높이기 위해 노력해야 하고, 치료사도 가족구성원들이 이런 능력들을 향상시킬 수 있도록 도와주어야 한다.

하위체계를 대상으로 작업하기

9. 하위체계로서의 개인: 가족 구성원의 정체성 확장하기

개인은 더 큰 가족체계의 복잡한 하위체계이므로 각 사람의 정체성의 범위를 확장시키는 것이 치료사의 과업 중 하나다. 항상 가족의 개개 구성원을 더 큰 관점에서 어떤 역할과 기능을 수행하고 있는 특정 유형의 성격을 가진 존재로 바라봐야 한다. 가족 구성원의 복잡한 정체성을 고찰하다 보면, 보다 넓은 관점으로 자신을 바라볼 수 있게 되고, 그로 인해 관계 방식을 달리해 볼 수 있게 된다.

가족 구성원은 자신이 생각했던 존재 그 이상의 존재가 될 때, 그리고 다른 가족 구성원이 바라보던 존재 그 이상의 존재가 될 때 다른 방식으로 바라보고 존재할 수 있게 된다. 각 가족 구성원이 새로운 역할을 하는 다른 구성원과 어떻게 상호 연결되고 있는지를 알게 해 주는 것은 치료사의 몫이다.

10. 하위체계를 활용하여 이해를 확장시키고 변화 가능성을 모색하기

가족 중에는 자신이 어떻게 기능하고 있는지에 대한 실제와 복잡성에 대해 이해하지 못하는 경우들이 있다. 그러나 가족 내에는 다양한 하위체계가 존재한다. 치료사들이 이런 측면들을 강조하다 보면, 가족 구성원은 자신들이 반복하고 있는 경직된 기능 패턴을 넘어 설 수 있다. 이런 변화를 이끌어 내기 위해서 치료사는 복잡한 전체 가족체계를 하위체계별로 나눠, 즉 배우자를 대상으로, 부모와 자녀를 대상으로, 자매와 형제를 대상으로 작업을 한다.

이 책에 제시된 회기들에는 하위체계를 대상으로 작업한 예들이 많다. 하위체계를 개별적으로 살펴보다 보면 각 체계들이 만들어 내고 있는 상호작용의 맥락적 요구들이 분명하게 드러난다. 이쯤 되면 치료사와 가족은 암묵적인 규칙을 부각시켜 여러 대안을 고찰해 볼 수 있게 된다.

11. 하위체계 균형 깨뜨리기: 한 체계 단위는 촉진하고 다른 체계 단위는 도전하기

하위체계의 균형을 깨뜨리거나 지지해 주는 과정 또한 중요한 도구다. 특정 시점에서 어떤 체계는 지지해 주고, 다른 체계는 스트레스를 유발시켜서 변화를 촉진시키면 시간이 가면서 차츰 변화가 일어난다.

초보 치료사들은 잠깐 동안이라도 편들어 주지 못한다. 초보 치료사들은 항상 가족과 균형을 잡고 있어야만 한다고 믿고, 균형을 유지하려 애쓴다. 예를 들어, 5분간 남편의 호소 문제를 들었으면 아내의 이야기도 5분 동안 들어야 하고, 가족 내에서 아내의 위치에 대해 도전했으면 남편의 위치에 대해서도 똑같이 도전해야 한다고 생각한다. 초보 치료사들은 스트레스의 차등이 변화의 중요한 도구라는 생각도 편히 받아들이지 못하고, 좀 더 장기적인 측면에서 균형을 고려해야 한다는 생각도 받아들이지 못한다.

회기를 끝낼 때도 똑같이 불편함을 느낀다. 초보 치료사들은 가족구성원이 불만족스러운 상태로, 미래에 대한 희망이 없는 상태로 회기를 끝내도 된다는 생각을 잘 받아들이지 않는다. 회기 종결 시간이 다가오는데 가족 구성원 중 누군가가 화나 있거나 좌절감을 느끼고 있으면 그 사람을 그 상태로 남겨 두는 것 자체가 치료 목적이 될 수 있는데, 그런 생각조차 못한다. 균형을 유지하려는 노력은 사려 깊음에서 나온 것이라기보다는 불안에서 나온 것이다. 치료사가 불안하면 할수록 바라보는 렌즈가 좁아진다.

하위체계의 균형 유지하기와 하위체계 균형 깨트리기는 치료사의 공감과 공정성에 대한 관심을 포함하고 있는 복잡한 기술이다. 이 과제는 다음에 기술되는 도구들에서 논의되는 자기인식을 필요로 한다.

치료사의 자기

유능한 치료사는 회기에 들어가면서 자신의 왼쪽 어깨에 눈에 보이지 않는 동료를 무동을 세워서 들어간다. 어떤 사람은 그것을 '호문쿨루스', 즉 치료사와 같이 바라보고 생각하면서 개입 과정을 관찰하고 반영해 주는 아주 작은 인조 인간이라고 한다. 눈에 보이지 않는 동료는 매우 중요한데, 이 동료는 치료사에게 자기(self)의 사용과 아직 강구해 보지 않은 길을 탐색해 볼 것인지에 대해 현명한 결정을 내릴 수 있도록 해 준다.

12. 어떤 기능을 할 수 있는 거리 선택하기

치료사는 회기를 진행하면서 언제 그리고 어떻게 변화가 일어나는지를 검토하면서 가족과 자신의 '거리'를 인식하고 있어야만 한다. 치료사는 가족과 거리를 가깝게, 중간 정도로, 혹은 아주 멀리 할 수 있는데, 서로 다른 거리는 서로 다른 목적을 갖고 있다. 치료사가 어느 위치에서 작업하느냐에 따라 가능성이 커지기도 하고 작아지기도 한다. 위치가 가까우면 가까울수록 치료사가 뒤로 물러나서 생각할 수 있는 가능성은 적어진다. 위치가 멀어질수록 가족에 덜 관여하게 된다.

경험이 부족한 치료사들은 근접 위치를 선택하는 경향이 있다. 그렇게 되면 거리를 두고 뒤로 물러나 앉아 있을 수가 없다. 그들은 치료사로서 뭔가를 해야 한다고 느끼고, 항상 회기 동안에 일어나는 상호작용에 개입해야 한다고 느낀다. 그들은 뒤로 물러나 호흡하며 생각할 공간을 만들어 주는 실연과 같은 도구들을 활용하지 못한다. 치료에 대한 경험을 쌓아 가면서 그들은 자신의 치료 개입을 계획할 수 있고, 또 자신들의 치료 목적에 맞게 거리를 조절할 수 있게 된다.

13. 가족과 작업할 전문 기술 갖추기

치료사는 전문가이므로 가족과 작업하는 자신만의 전문 기술을 갖추고 있어야만 한다. 당연히 초보 치료사들은 그런 전문 기술을 갖추고 있지 못하다. 그들은 자신의 내담자를 자신의 견지로 바라보는 데에도 조심스럽다. 가족은 그들 자신의 사고방식과 행동 방식이 현재의 고통스런 상황을 극복하는 데 도움이 되지 않기 때문에 치료에 온다.

우리는 치료사의 전문 기술이 어느 정도 문답식 대화가 가능한 공간을 만들어 준다고 믿는다. 그러나 인식해야만 하는 또 다른 측면이 있는데, 이 측면 역시 중요하다. 가족치료사들은 역기능적인 패턴을 파악해 내는 데 있어서도 전문가여야 한다. 치료사의 중요 과업은 가족이 역기능적인 패턴을 인식하고, 그 역기능적인 패턴의 대안들을 탐색해 가도록 돕는 것이다.

14. 치료사가 이용할 수 있는 가장 커다란 도구는 자기다

초보 치료사들은 자신을 기법과 가족 간 매개자라고 생각하는 경향이 있는데, 치료사는 그것보다 훨씬 더 통합적이어야 한다. 치료 과정에서 핵심 도구는 치료사다. 치료사에게 무의식적으로, 자동적으로 반응하는 가족들에게 도전장을 던지는 일은 고급 기술에 속한다. 우리는 독자들이 책을 읽어 가면서 차츰차츰 그 말의 구체적인 의미를 명확하게 이해해 가기를 바란다.

도구의 목적

도구는 목적을 달성하는 수단일 뿐이다. 목수가 작업을 시작할 때, 그의 마음속에는 최종 목적, 즉 나무를 어떻게 바꿀 것인가라는 목표를 갖고 있다. 톱, 끌, 망치와 못은 목수가 나무로 자신이 만들고 싶은 작품을 만드는 데 필요한 도구들이다. 유능한 가족치료사 역시 도구 자체가 목적이 아니라 목적을 달성하는 수단으로 도구들을 활용한다. 가족치료 기술은 가족의 변화, 즉 유용한 변화를 이끌어내는 도구로 활용되어야 한다. 실연 자체가 가족을 변화시키지는 않는다. 그러나 치료사가 실연이 가족의 상호작용을 관찰할 수 있는 도구라는 사실을 이해하고 사용할 수 있으면, 실연 과정을 통해 가족이 상호작용 과정을 바꿔 보게 할 수 있다.

초보 치료사가 도구 사용법을 잘 알기란 어렵다. 초보 치료사들도 기법에 대한 이해는 갖고 있지만, 자신들의 치료 목적 달성을 위해 그 기법을 활용하는 방법을 모르는 경우들이 있다.

독자들을 위한 마지막 노트

치료사 파우치는 치료 여정에 유용한 틀을 제공해 준다. 임상가로서 파우치를 활용하여 적절하고 효과적인 치료 개입을 계획하고, 관찰하고, 생각할 수 있을 때, 파우치는 치료과정에서 자원이 된다.

그러기 위해서는 단단하게 묶여 있는 파우치를 풀어서 파우치 안에 들어 있는 내용물들을 파악하고 활용할 수 있어야 한다. 그리고 이 장과 다음 장을 읽고 난 후에 되돌아와서 다시 한번 더 이 장을 읽어 보았으면 한다. 이 장을 다시 읽을 때쯤이면 그 내용과 사용 규칙들이 훨씬 더 친숙하게 느껴질 것이다.

다른 이야기로 넘어가기

제1부의 다음 장(章)으로 넘어가면서 우리는 여러분에게 몇 년 전에 미누친이 보았던 네 가족을 소개하고자 한다. 또 다른 이야기로 이어 가기 부분과 다음의 4개 장은 주로 첫 번째 저자인 살바도르 미누친이 썼다.

지금까지 여러분은 처음 본 가족이 여러분에게 어떤 수수께끼를 내놓고 그 수수께끼를 풀어

보라는 것처럼 느꼈을 수도 있다. 언뜻 보기에 그들이 여러분에게 하는 이야기가 완전한 것 같지만, 그들이 하는 이야기만 들으면 여러분은 그 수수께끼를 풀 수가 없다. 따라서 첫 번째 치료 목표는 그들로 하여금 이야기 맥락을 볼 수 있게 해 주는 것이다. 이야기의 맥락을 볼 수 있으면 수수께끼를 풀 수 있는 길이 보이기 때문이다.

치료사들은 각자 나름의 입장을 갖고 치료를 시작한다. 먼저 다른 치료사들이 이 과정을 어떻게 시작하는지 살펴보는 것도 도움이 된다.

예를 들어, 머레이 보웬은 "당신이 느끼고 있는 것에 대해 저에게 말하지 말고 당신이 생각하고 있는 것에 대해 저에게 말해 주십시오"라고 말할 것이다. 반면에 수잔 존슨은 "당신이 느끼는 솔직한 느낌을 저에게 말해 주십시오"라고, 칼 휘태커는 "만약 당신이 혼란스럽다면 그 혼란스러움을 키워 보세요. 사람들이 성장하는 때는 바로 이때입니다"라고 말할 것이다. 반면에 미카엘 화이트는 다른 이야기를 제안할 것이고, 나 미누친은 가족 구성원에게 "그렇게 확신하지 마십시오"라고 말할 것이다.

임상 현장에서 이렇게 다양한 방식으로 접근하고 있다는 사실을 알게 되면 대학원생들은 치료사가 치료 초기부터 치료 실제를 이끌 목표를 명확하게 갖고 있어야 한다는 사실도 자연스럽게 받아들이게 된다. 다음 장에서는 네 가족을 대상으로 작업하는 나(미누친)와 함께 치료사 파우치를 어떻게 사용하는지, 그리고 '치료의 기술'이라고 조작적으로 정의한 개념들과 기법들이 어떻게 연관되어 있는지에 대해 보게 될 것이다.

다양한 가족의 신념에 맞서서 대안들을 마련해 가기 위해 나는 세 가지 주요 도전에 초점을 맞춘다. '증상을 외재화하기'(제2장), '정체성 풀어 나가기'(제3장), 그리고 '가족조직 해체하기: 하위체계 탐색하기'(제4장)가 그것이다. 이 세 가지 도전은 '치료사의 스타일'로 통합되어 제5장에서 논의되고 있다.

교육용 기기(educational device)와 같이 나는 각 가족을 대상으로 한 가지 목표에만 초점을 맞추고 있는 것처럼 회기들을 제시하였다. 물론 실제로는 그렇지 않지만, 가족과 처음 만날 때 치료사는 이런 측면의 임상적 실제에 초점을 맞출 필요가 있다는 점을 강조하고 싶었다. 장을 읽어 가면서 치료는 대화이고, 논쟁이라는 사실을 기억해야 한다. 따라서 치료사는 그 둘, 즉 대화와 논쟁의 대가가 되어야 한다는 점도 기억해야 한다.

제2장

증상들

한 명의 가족 구성원에게서 증상을 찾아내야 한다는 개념에 도전하기

치료실에 오는 가족 대부분은 가족 내에서 일어났던 일들에 대해 자기 나름의 견지를 갖고 있다. 이것은 항상 확인된 환자(identified patient), 증상 전달자(symptom bearer)의 형태로 드러난다. 가족이 지니고 있는 견지는 매우 개인적인데, 가족 중 한 사람만, 즉 확인된 환자만 문제 행동을 그만두고 가족과 행동을 같이하면 잘 돌아갈 것이라고 생각한다. 그러나 가족치료사들의 견지는 상당히 다르다. 행동은 상황 맥락적이어서 한 개인이 보이는 증후들이 어떤 것이든지 간에 그 행동은 그 개인이 함께 살고 있는 가족 관계와 관련이 있다고 본다.

치료사들은 증상을 개인 문제로 볼 것인지 아니면 체계 문제로 볼 것인지를 두고 딜레마에 빠지기도 한다. "문제가 있기는 한데, 가족이 어떻게 그 문제를 가족과 연관시켜서 바라보게 할 수 있을까?" 문제를 더 복잡하게 만드는 경우는 가족이 보이는 증상과 상관없이 치료사에게 어떻게 해 달라고 요청하는 경우다. 예를 들어, 가족이 우울해 하는 아들의 문제를 꺼내 놓으면서 "아들이 덜 우울하게 해 주세요"라고 말하는 경우다. 애정 표현을 하지 않는 배우자에 대해 불만을 표현하면서, 치료사에게 배우자가 적극적으로 더 많이 애정 표현을 할 수 있게 도와 달라고 요청하기도 한다. 다루기 힘든 아이를 데려온 부모들은 치료사가 자녀의 훈육을 도와줄 것이라고 기대할 것이다. 만약 치료사가 증상과 관련된 가족 요구에 동의하게 되면 치료사는 증상 유지 행위에 참여하는 가족의 또 다른 일부가 되어 버린다.

가족치료사들은 어떻게 체계적인 방식으로 증상을 탐색하는가? 치료사는 수수께끼를 풀어 나가는 탐정과 같다. 치료사는 증상이 가족 모자이크 한 조각일 뿐이라는 사실을 알고, 증상에서 시작하여 관계 맥락에서 그 증상을 유지시키고 있는 관계 규칙들을 탐색해 나간다.

미누친(Miruchin, 1974)은 증상이 가족의 "맥락 문제를 표현하고"(p.152) 있다고 믿었다. 치료사가 증상을 이런 방식으로 바라볼 수 있으면 가족 안으로 들어갈 수 있는 선택 지점들이 생기게 된다. 치료사는 호소 문제에 선택적으로 초점을 맞출 수 있어야 한다. 가족이 제시한 호소 문제를 주요 문제로 바라보고 있기 때문이기도 하고, 혹은 증상 행동을 대인관계 경험으로 다시 명명해 보게 할 수도 있기 때문이다. 이 경우에 드러난 아동의 공격성 문제를 통해 어떻게 가족 규칙이 이런 문제 행동을 유발시키는지에 대해 탐색해 볼 수 있다.

이 장에서는 치료사가 증상을 통해 가족 안으로 들어가는 방법과 가족이 문제에 대해서 개인적인 모델에서 보다 체계적인 관점으로 관점을 확장시켜 가는 방법에 대해 다루고 있다. 본 사례는 미누친이 40년 전에 치료했던 식욕부진 문제를 갖고 있는 딸의 사례에서 발췌한 것으로, 치료사가 어떻게 적절한 조치를 취하면서 증상에 대해 논의해 갈 수 있는지를 잘 보여 주고 있다.

2년 동안 식욕부진 문제로 여러 차례 입원해 소아과의사와 정신과의사의 진료를 받았던 딸을 둔 가족을 치료하면서, 미누친은 가족뿐만 아니라 의학전문가들로부터 항의받을 수도 있는 미묘한 입장에 놓일 수도 있었다.

1970년대에 미누친이 가족을 만날 때는 특이한 것들을 했다. 그는 낮 12시에 가족을 만나 점심을 먹으면서 2시간짜리 회기를 진행하기도 했다. 미누친은 가족에게 환자가 식이 문제를 갖고 있기 때문에 함께 식사를 하면서 그 문제가 어떻게 드러나는지를 살펴 볼 필요가 있다고 설명하고, 어머니에게 치료에 올 때 통상적인 점심 식사를 준비해 오라고 요청했다.

사례[1)]

로레타 메노티(Loretta Menotti)는 열여섯 살로, 노동자 계층에 속하는 이탈리아계 미국인 가족의 큰 딸이다. 그녀의 부모는 결혼하고 얼마 안 돼서 시칠리에서 미국으로 건너왔다. 부모 가운데 그래머 스쿨(grammer school: 사립고등학교)을 졸업한 사람은 아무도 없지만, 둘 다 똑똑하고 유능했다. 아버지는 특별한 기술이 필요하지 않은 공무원으로 일하고 있었고, 어머니는

---

1) 이 사례는 Minuchin, Rosman, & Baker(1978)의 『Psychosomatic families』에 게재된 사례다.

주부였다. 그들은 이탈리아 억양이 두드러진 말을 사용했고, 그들의 영어는 때로는 유창하기보다는 빨랐다. 로레타는 열네 살에 심한 복부 통증으로 규모가 큰 시립병원에 입원한 적이 있었다. 두 달 동안 병원에 있었는데, 이따금씩 심한 통증 때문에 식사를 하지 못했다. 의학적 정밀 검사 결과, 통증의 기질적 원인은 없는 것으로 드러났다. 진단명은 '심리적 문제'였다. 로레타는 정신과의사를 만나려고 하지 않았다. 2년 후, 로레타의 체중이 계속 줄어들면서 이 문제에 병적으로 집착하게 되었다. 이 때 진단명은 "겉으로 드러나는 우울 특성이 있는 단순 정신분열병(simple schizophrenia superficial depressive feature)'이었다. 그로 인해 토라진(Thorazine)을 처방 받았다. 3개월 후, 로레타는 다시 신경성 식욕부진증이라는 진단명으로 입원했다. 입원 치료를 받으면서 체중은 80파운드(36.28kg)가 되었고, 입원 기간은 6주였다. 식사도 나아졌고, 체중도 늘었다. 외래 치료를 계속 받으라는 권고가 있었지만, 가족은 그 권고를 따르지 않았다. 4개월 후, 로레타는 다시 집중치료실에 입원했다. 그녀의 상태가 안정되기는 했지만, 별다른 진전을 보이지 않자 2개월 더 입원했다. 그녀의 가족은 의료진의 소견서에 서명을 하고 그녀를 퇴원시켰다. 이때의 체중은 75파운드(34.02kg)였다. 식이 문제는 계속되었다. 그녀는 무월경 상태였고, 우울해 했다. 몇 달 동안 학교를 쉬었다.

증상도 명확하고, 증상을 갖고 있는 사람도 명확하게 드러나 있다. 로레타가 2년 동안 아팠고, 그래서 계속해서 유능한 소아과의사들, 정신과의사들, 심리학자들로부터 진료를 받아 왔고, 진단명이 바뀌기는 했지만, 이 가족 중에서 아픈 사람이 누구인지에 대해서 문제를 제기할 사람은 아무도 없다. 로레타는 자신의 주치의의 의견에 동의했다. 그녀는 아팠고, 가족 구성원(어머니, 아버지, 형제들)은 지난 2년 동안 그녀의 치료를 위해 증상에 순응하고, 반응하고, 견디어 내려고 애써 온 가족드라마에 참여해 왔다. 그러나 체계적 관점을 지닌 임상가로서 나(미누친)는 이런 신념을 받아들이지 않았다. 증상을 짊어진 사람은 로레타이지만, 모든 가족 구성원이 이런 비극적인 춤을 추었다고 본다.

첫 면담은 이런 신념을 갖고 있는 가족과 가족치료사 간에 끊임없이 이어지는 적극적 대화의 전형이다. 로레타의 고통을 받아들이고, 가족이 어떻게 로레타의 증상과 일탈행동을 촉발 및 유지시키고 있는지를 살펴보는 것으로 시작되었다.

면담은 축어록 형태로 제시되어 있다. 중간 중간에 쓰여 있는 고딕체는 앞 절의 생각과 행동에 대한 치료사인 나(미누친)의 논거를 제시해 놓은 것이다.

미누친: 먼저 어떤 일이 있었는지 알고 싶습니다. 제가 알고 있는 것은 지난 3년 동안 로레타의 체중이 줄었다는 사실입니다. 맞나요?

로레타: 맞아요.

아버지: 2년 동안이요.

미누친: 로레타, 언제부터였지?

아버지: 2년 전부터요.

어머니: 사순절이 시작될 때쯤부터예요. 로레타의 기분이 너무 안 좋은 것 같아서 제가 성 프란시스 병원에 데리고 갔어요. 계속 고통스러워하니까 병원에서 위시내경을 해 보자고 했어요. 제가 안 하겠다고 했어요. "내 딸을 집에 데려 가겠어요"라고 했어요.

미누친: 로레타, 너도 그 일을 기억하고 있니? (로레타가 고개를 끄덕인다)

어머니: 누가 내 딸을 만지는 것이 싫어서 내가 로레타를 집으로 데리고 온 거예요. 그래서 제가 딸을 집에 데리고 와 버렸어요. 다음날 로레타가 먹은 것을 다 토해 버렸어요. 딸은 울면서 통증을 호소했어요. 그래서 내가 이송 서비스를 요청해서 로레타를 차에 태우고 스미스 박사에게 데려갔어요. 그가 테너플라이 병원에 전화를 했고, 그곳에서 우리는 곧바로 테너플라이 병원으로 갔어요. 로레타는 병원에서 2주 동안 침대에 누워만 있었어요.

미누친: (로레타에게) 나는 너에게 어떤 일들이 일어났는지 너의 관점으로 듣고 싶구나.

치료사는 가족이 하는 말을 잘 경청하고 있지만, 치료사가 로레타에게 던진 질문에 부모가 계속해서 대답하는 것을 계기로 해서 로레타에게 직접 자기 이야기를 해 보도록 하고 있다. 치료사로서 나의 경험에 의하면, 로레타가 열여섯 살이라는 나이에 걸맞은 자율성을 획득하게 되면 로레타의 증상들은 호전될 것이다. 로레타의 의존성과 어머니의 관심이 이 같은 패턴의 상보적 요소다. 즉, 치료사는 한 가지 측면을 언급하면서 그것의 다른 측면도 언급할 것이다. 그래서 침묵을 지키고 있다. 치료사는 가족에게 이방인일 뿐이다. 가족은 오랫동안 고통을 겪어 왔다. 가족은 자기 가족의 이야기를 할 필요가 있고, 하고 싶어 한다.

로레타: 배와 등에 통증이 심해서 성 프란시스 병원에 갔는데, 신장염이라고 했어요. 통증이 너무 심하다고 하니까 정맥주사를 놔 주었어요.

미누친: 그래. 병원에 갈 만한 구체적인 이유가 있어서 간 것이구나. 그리고 테너플라이 병원에 갔을 때에도 같은 이유로 간 것이니?

로레타: 잘 모르겠어요. 제 말은 병원에서 자세한 설명을 해 주지 않았다는 거예요.

미누친: 가족 중에서 어머니 목소리가 크니까 어머니가 말씀하시겠지만, 앞으로는 네가 그것에 대해 확인해 줄 필요가 있을 것 같구나. 어머니가 이야기하고 있는 것이 너의 삶에 대한 것이니까. 그래 줄 수 있지?

> 어머니가 가족 중에서 가장 큰 힘을 행사하고 있는 가족 구성원이라는 사실이 분명하게 드러나고 있다. 적어도 로레타의 질병과 관련해서는 그렇다. 내가 그들을 치료체계 속에 합류시키기 위해서는 어머니의 실제 권력, 예의를 지켜야 한다는 규칙, 가족의 익숙한 패턴을 충분히 준수(遵守)할 필요성이 있다는 것을 고려할 필요가 있다. 동시에 나는 회기를 이끌어 갈 메시지, 즉 로레타가 자신의 경험에 대해 자신이 이야기할 수 있어야만 한다는 메시지를 전달하고 있다.

어머니: 그래요. 제가 테너플라이 병원에 있는 제 주치의에게 딸을 데려갔어요. 2주 동안 그들은 로레타를 검사했어요. 로레타는 잘 먹지를 못했고, 의사가 내게 "딸을 정신과의사에게 데려가 보세요"라고 말했어요.

미누친: 잠시만요. 제가 확인해 보고 싶은 것이 있습니다. 잠시만 멈춰 보세요. 로레타, 네가 병원에 있을 때 아무것도 먹지 않았니?

로레타: 한동안은요. 병원에서는 무엇이 통증을 유발시키는지 몰랐기 때문에 금식 표시판을 제 침대에 걸어 두었어요. 그리고 그다음에는 입맛이 없어서 먹을 수가 없었어요. 그래서 입원하면서부터 집에 올 때까지 정맥주사를 맞았어요.

미누친: 이런 일들이 많은 사람에게 일어난다는 사실을 알고 있니? 많은 사람이 밥을 먹지 않고 2,3일 지내다 보면 식욕을 잃게 되지. 네가 먹지 않게 된 것도 이때쯤인 것 같은데, 이때가 언제였지? 2년 전이었니?

> 로레타는 어머니가 절대적인 권위자가 아니라는 나의 정중한 표현과 관심에 반응을 보였다. 이것은 좋은 징조다. 내 말의 의미는 로레타의 경험이 정상적인 것으로 돌아가기 시작했고, 이것은 로레타가 가족 내에서 차지하고 있는 환자로서의 지위를 개선시키는 한 가지 방법이다.

로레타: 맞아요.

어머니: 그래서 제가 로레타와 함께 2주 동안 병원에서 지냈어요.

미누친: 어머니가 병원에서 지내셨어요? 딸과 함께요?

> 나의 목소리 톤에는 시립병원의 관료주의에 거칠게 대항했던 어머니에 대한 진솔한 존경심이 묻어 있다.

아버지: 예, 아내는 딸과 함께 밤을 보냈어요.

미누친: 그거 대단한 일이었는데요. 그것이 딸에 대한 이탈리아 어머니의 마음이군요.

어머니: 하루는 남편이 저에게 아이들을 보러 집에 가자고 했어요. "만약 당신이 내일도 가고 싶다고 하면 내가 데려다 줄게."라고 했지요. 그래서 저는 내가 할 수 있는 것이 무엇인지 알고 싶다고 말했어요. 그래서 우리는 집으로 왔어요. 집에 왔을 때 이상한 느낌이 들었어요. 로레타의 기분이 안 좋다는 생각이 들었어요. 그래서 남편에게 "나를 다시 병원에 데려다 주는 것이 좋겠어요. 로레타에 대해서 이상한 느낌이 들어요."라고 말했어요. 남편이 "오, 아니야. 여기 집에 있어."라고 했어요. 내가 "병원에 데려다 줘요. 그렇지 않으면 혼자라도 갈 거예요"라고 말했지요. 그러자 남편이 병원에 데려다 주었어요. 다시 병원에 가서 보니 로레타의 온몸에 멍이 들어 있었어요. 딸은 고통스러워 했고, 울부짖으면서 "이쪽도 아프고, 저쪽도 아파요."라고 소리쳤어요. 내가 "의사에게 물어볼게"라고 말했어요. 그랬는데 병원에서는 로레타에게 별 문제가 없다는 거예요. 그래서 내가 "로레타에게 별 문제가 없다는 말이 무슨 말이냐. 온몸에 멍이 들어 있는데"라고 말했어요. 그러나 병원에서는 "괜찮습니다. 신경쓰지 마십시오."라고 말하며 주사를 놔 주었어요. 그러자 로레타는 저녁 내내 잠을 푹 잤어요.

미누친: (어머니에게) 그 말은 당신이 로레타가 죽을 수도 있다고 느꼈다는 뜻이군요.

문제가 있다. 분명한 사실은 로레타에 대한 메노티 부인의 과잉관여(over-involvement)가 파괴적인 수준이라는 것이다. 그러나 시칠리아 가족 문화에서는 어머니라는 존재가 가족의 큰 버팀목 역할을 하는 것이 용인되고 있다. 어머니라는 존재에 도전하지 않으면서 과잉관여에 도전하는 방법을 찾아야만 한다. 치료사가 치료체계의 일부분이 되어 가면서 치료사는 가족 이야기에 반응을 하기는 하지만, 그가 바라보는 춤에 맞는 적절한 반응이 어떤 것인지에 대해 곰곰이 생각해 봐야 한다. 이런 과정이 가족에게는 드러나지 않지만, 가족에게 반응하는 치료사 자신을 관찰할 때 치료사는 솔직해질 필요가 있다.

미누친: 마리아에 대해서도 같은 느낌을 갖고 있습니까?

어머니: 예, 모두에게요. 제 아이들 모두에게…….

미누친: 마리아가 그런 느낌을 보낸다고 생각되지 않습니다. 마리아, 너는 어떻게 생각하니? 만약에 네가 고통을 느끼면 엄마가 안다고 생각하니?

마리아: 예.

미누친: 엄마가 아신다고! 아버지는 어떠니? 그건 특별한 재능이지. 아빠도 그럴까?

마리아: 예.

미누친: 칼로 씨, 그렇습니까? 당신 아내가 그러는 것처럼 당신도 자녀들이 느끼는 통증을 알아차릴 수 있습니까?

아버지: 글쎄요. 저는 눈으로 볼 때만 알 수 있습니다. 만약 안 좋아 보이면 뭔가 안 좋은 일이 있구나라고 생각하지요.

미누친: 그런데 마거리타씨는 병원의 기운(氣運, vibration)을 느낄 수 있다고 말하고 있습니다.

아버지: 제가 병원에서 아내를 데리고 왔지요. 그랬어요. 우리 집에 왔는데 그 순간에 아내가 "다시 병원에 가고 싶다"고 말했어요. 아내가 되돌아갔을 때 로레타의 상태가 안 좋았어요.

우리는 로레타에 대해 이야기하면서 이미 가족 관계를 탐색하기 시작했다. 나 역시 어머니의 과잉보호와 과잉관여에 대해 도전하기 시작했지만, 이런 개입이 아직은 뚜렷하게 이루어지지 않고 있다. 그 도전을 서서히 확장시켜서 가족 구성원이 도전을 인식하게 될 쯤에는 이런 도전을 익숙하게 받아들일 수 있게 될 것이다.

아버지는 자녀들의 안녕에 대해 마술적인 방식으로는 알아차리지 못한다고 주장했지만, 아내의 주장에 도전할 의도는 갖고 있지 않다는 점을 분명히 하고 있다. 이전에는 몰랐지만 아직은 내가 이 가족에게서 어머니라는 존재 혹은 모성에 도전할 수 없다는 것도 알고 있다. 그러나 모성애의 정의에 대해서는 의문을 제기해 볼 수 있을 것이다.

미누친: 아이들이 어릴 때는 그 감정이 매우 매우 중요합니다. 대단히 중요합니다. 로레타, 너에게 물어봐도 되니? 지금 네가 열여섯 살이지?

로레타: 예.

미누친: 너도 이제 컸으니까 가끔은 어머니가 여전히 너한테 신경을 써 주는 것이 귀찮게 느껴지지는 않니?

로레타: 가끔은요.

미누친: 마리아, 너는 어떠니? 때로는 어머니가 네 나이가 열세 살이라는 것을 모르고 있다고 느껴지지 않니, 너를 아직도 열두 살이나 열한 살로 생각하고 있다고 느껴지지는 않니?

마리아: (한숨을 쉬며) 모르겠어요. 아니…오…오.

미누친: 소피아, 너는 어떻게 느끼고 있니? 때때로 네가 열다섯 살이라는 것을 엄마가 잊어버리지는 않니? 엄마가 네 나이보다 더 어린애로 너를 대하니?

소피아: 예.

미누친: 이런 일은 항상 일어납니다. 당신은 나이 어린 자녀들의 고통에 너무 민감합니다. 그런데 이것이 다 큰 자녀들의 어머니 역할을 하는 데에는 문제가 되기도 합니다. 나이 어린 자녀들에게는 좋은 어머니일 수 있지만, 다 큰 자녀들에게는 힘든 어머니가 되기도 합니다. 그래서 마리아, 지우세피, 엔리코에게는 여전히 좋은 어머니이지만, 소피아와 로레타에게는 약간 문제가 될 수도 있다고 생각됩니다. 그들을 너무 지나치게 과잉보호한다는 생각이 들거든요.

어머니: 아니요. (아버지가 웃는다) 어떻게?

로레타: 엄마하고는 항상 말다툼을 하게 돼요. 그리고 소피아하고도 말다툼을 해요. 항상⋯⋯.

그리고 로레타의 증상이 드러난 이후에 짧은 시간 동안 우리는 가족의 발달, 청소년기의 자율성, 어머니의 양육 방식, 남편과 아내의 갈등에 대해서 이야기했고, 가족 구성원은 이런 탐색 과정을 로레타의 증상 해소에 도움이 되는 과정의 일부로 받아들이고 있다.

가족은 도전에 직면하고 있다. 나는 뒤로 물러나서 그들이 어디까지 밀고 나갈 수 있을지 지켜보면 된다.

미누친: 칼로 씨, 엄마가 너무 강하니까 두 딸이 자기 이야기를 할 수 있게 도와주세요. 그들은 지금 전쟁 중입니다. 가끔은 그들이 얼마나 엄마를 좋아했는지에 대해 말할 수 있도록 도와주세요.

아버지: 의사가 했던 말에 대해서 네가 이야기해 보지 않겠니? 열다섯 살이면 스스로 말하는 법을 알고 있어야 해, 그렇지?

소피아: 엄마하고 그렇게 많이 싸우지는 않았어요.

아버지: 우리는 네가 열다섯 살이 되었으니까 지금부터 엄마가 너에게 어떻게 해 주기를 원하는지에 대해 이야기하고 있는 거야.

소피아: 모르겠어요. 엄마가 나에게 잘못한 것은 없어요.

소피아는 이미 뒤로 물러나 버렸다. 이 가족 중에 어머니에게 편안하게 도전할 수 있는 사람은 아무도 없다는 사실이 분명하게 드러났다.

아버지: 네 기분이 더 나아지기 위해서 엄마가 변해야 한다고 생각하니?

로레타: 아빠, 제 생각에 중요한 것은 그것이 아니에요. 달라지지 않을 거예요.

아버지: 중요한 것이 뭐니?

로레타: 아빠, 정말로 완전히 달라질 거라 생각하지 않아요. 아빠는 일단 시도해 보고 난 다음에 타협을 하잖아요.

아버지: 엄마가 너를 다르게 대해 주었으면 하는구나.

로레타: 확 달라져야 한다고 말하는 것은 아니에요. 나는 엄마가 걱정을 덜 했으면 해요.

미누친: 로레타, 네 말은 완전히 달라질 수는 없지만 너의 엄마가 너와 다른 애들에 대해 걱정을 덜 했으면 한다는 거구나.

로레타: 으~흥.

> 로레타와 아버지 사이에 논의가 잘 이루어지지 않고 있다. 회기 후반에서 분명하게 아버지 역시 구세대의 완고함과 딸의 성장에 대한 방어적인 측면, 아내에게 과감하게 맞서지 못하고 있는 상황들이 드러나고 있다. 딸들이 자신의 아버지를 신뢰하고 적절한 동맹을 맺을 수가 없다. 나의 개입은 로레타의 도전에 대해 받아들일 수 있는 정도의 부드러운 말로 재진술해 주면서 로레타와 아버지 사이에 이루어진 동의에 지지를 표하고 있다.

미누친: 엄마의 애정이 너무 커서 가끔은 필요 이상으로 걱정하고 있다고 생각되는구나?

아버지: 음, 제가 보기에는 엄마가 딸들이 스스로 할 수 있는 것들까지 너무 많이 해 주고 있어요. 엄마가 딸들을 너무 편하게 만들어 주었죠. 이제는 딸들도 스스로 관리를 시작한다는 것이 조금은 어렵다는 것을 알게 되었으니 이 상황을 잘 마무리해야겠지요.

미누친: 그것은 매우 흥미롭고 민감한 견해네요. 다시 한 번 말씀해 주실 수 있나요? 제 생각에 마거리타의 귀가 알아들으려고 하지 않을 것 같거든요. (마거리타의 귀를 가볍게 친다).

> 나는 아버지를 나의 공동 치료사로 선택하여 그의 권위를 아내, 아내와 딸들과의 관계를 관찰하는 관찰자의 위치로 올려놓았다. 내가 신중하게 선택한 심리적 과정의 복잡성을 이해하는 사람이라는 말이 아버지를 나의 동료로 만들고 있다. 동시에 약간 매혹적이고, 유머러스한 몸짓으로 그의 아내에게 부드럽게 도전을 했다. 나는 이 사람들이 이야기할 수 있기를 원한다.

아버지: 저는 마거리타가 이미 내 말을 이해하고 있다고 확신합니다.

미누친: 남편이 한 이야기를 이해하십니까? 남편이 한 이야기에 대해 어떻게 생각하십니까?

어머니: 왜 내가 생각해야 합니까? 저는 어머니입니다. 딸들이 할 수 없는 것들을 내가 해 줘야지요.

미누친: 그럼 칼로 씨가 한 말은 어떻습니까? 당신이 아이들에게 필요 이상으로 해 주고 있다는 말
　　　　에 대해서는 어떻습니까?

아버지: 당신은 아이들을 위해 다 해 주고 있는데, 아이들을 위해 무엇이든 해 줘도 괜찮다는 말이야?

어머니: 나는 괜찮아요. 나는 언제나 어떤 방법으로든지 내 아이들을 도와주려고 해요. 만약 아이들
　　　　이 돕고 싶다면 아이들에게 그렇게 하라고 해요. 내가 내 아이들에게 해 주고 싶은 것을 해
　　　　주는 것뿐이에요.

미누친: 저는 당신이 아직도 당신 남편이 한 말과 로레타가 한 말을 제대로 이해하지 못했다는 생각
　　　　이 듭니다. 로레타, 마거리타가 잘 이해할 수 있도록 다시 한번 말해 줄래?

> 마거리타는 자신이 하고 있는 모든 것이 좋은 어머니로서 한 것이라고 철통방어(stonewall defense) 하
> 고 있다. 그러나 이젠 칼로 씨와 로레타가 과잉보호 패턴에 도전할 준비가 되어 있다. 특히 나의 악의 없는
> 농담이 분위기를 보다 가볍고, 보다 안전하게 만들어 주었기 때문이다. 나는 이런 가벼운 농담을 즐긴다.
> 좋은 치료사와 만남 안에서 가볍게, 안전하게 탐험해 가야 한다. 그럼에도 회기의 초점이 달라졌다. 우리
> 는 로레타의 증상을 다루지 않고 가족 구성원 간의 관계 패턴을 다루고 있다.
> 익숙했던 신념에 의문을 갖게 되면 대안적인 관계 방식들을 살펴보는 것이 더 쉬워진다.

로레타: 엄마는 너무 걱정이 많아요. 엄마가 걱정을 덜 했으면 좋겠어요. 왜냐하면 저는 열여섯 살
　　　　이고 소피아는 열다섯 살, 마리아는 열세 살이에요. 엄마는 걱정이 너무 많아요. 마치 우리
　　　　가 열여섯 살이나 열다섯 살이 아니고 열 살인 것처럼요. 우리가 뭔가 하려고 할 때, 엄마는
　　　　"안 돼! 내가 해 줄게. 내가 하는 것이 더 나을 거야"라고 말해요.

어머니: 잠깐만, 로레타! 나는 너에게 기회를 주고 있어.

로레타: 하기 쉬운 것들은요. 그러나 다른 것들을 해 볼 수 있는 기회를 주지 않아요.

미누친: 로레타, 너를 축하해 주고 싶구나! 네가 너무 잘하고 있다는 생각이 든다. 소피아, 너도 가
　　　　끔은 언니를 도와줄 수 있지?

> 내가 관찰자가 된 회기에서 가족 구성원들이 서로의 이야기를 받아들일 수 있다는 것을 알게 되었지만,
> 그래도 나는 확인된 환자의 편에서 정당한 행동을 강조하고 있다.
> 식욕부진자를 대상으로 한 치료경험으로, 나는 음식과 관련 없는 한 영역에서 직접적으로 도전할 수 있
> 는 능력이 증상 개선의 필수 요건이라는 점을 알게 되었다. 따라서 자매들의 리더로서 로레타의 위치를 강
> 화시키는 방식으로 로레타에 대한 지지를 끌어모을 수 있는 가능성을 탐색하면서 나는 로레타의 정당한

요구에 대해 적극적으로 보상해 주고 있다.

소피아: 어떤 것을요?

미누친: 로레타를 도와줄 거지? 로레타가 너희 세 사람을 지켜 주는 리더의 위치를 맡게 되었거든. 너도 가끔은 로레타에게 합류할 거지?

소피아: 아니오.

미누친: 그럼, 로레타 너 혼자 싸우고 있는 거니?

로레타: 예.

미누친: 칼로 씨, 당신은 사랑스러운 아내를 갖고 있군요. 당신의 자녀들은 멋진 어머니를 갖고 있고요. 그러나 그녀가 성장하는 아이들에겐 문제가 될 수도 있다고 생각됩니다.

아버지: 예, 저 역시도 그렇게 생각합니다. 두 딸의 경우를 생각해 보면 이제는 딸들이 하고 싶어 하지만 그렇게 할 준비가 되어 있지 않으니 말이에요.

미누친: 그들이 어떤 경험을 할 수가 없었네요?

로레타: 맞아요.

아버지: 당신도 알다시피 우리가 유별나다고 생각되는 어떤 것들을 두 딸이 하고 싶어 할 때, 그럴 때 제 아내는 걱정을 많이 합니다.

회기를 시작하고 15분쯤 지나서 나는 치료적 재명명을 하기 시작했다. 가족은 확인된 환자와 한 가지 증상, 즉 로레타의 식욕부진 문제를 갖고 왔다. 가족 구성원 간의 자연스러운 교류 가운데서 나는 어떤 주제를 강조하기 시작했고, 그러고는 가볍게 다른 것으로 넘어갔다. 나는 가족의 위계를 존중하면서 모성애를 다루었고, 그들의 태도와 아이디어의 내용에 흥미를 보이면서 로레타의 공헌과 아버지의 공헌에 초점을 맞추었다. 그녀의 특별한 '재능'인 어머니의 민감성이라는 주제가 나타났을 때, 나는 그것을 활용하여 부모의 통제에 초점을 맞추었고, 그리고 식사와 관련 없는 영역에서는 로레타 또래들이 하는 반항을 해 보도록 지지해 주었다. 한편, 나는 가족의 병든 구성원으로서 자신의 고립에 도전장을 던지는 청소년 자녀들의 리더로서 자리 잡아 갈 수 있도록 로레타의 위치에 대해 지지해 주었다.

이후 회기 동안에 다른 전형적인 주제들(식욕부진자의 외모에 몰두하기와 과체중에 대한 두려움, 식욕부진 문제를 가진 딸이 식이 문제와 관련된 정신질환을 앓고 있다고 생각하는 부모의 절망감, 외로운 투사로서 늘 전투태세를 갖추고 살아가야 한다고 느끼는 딸)이 드러났다. 그러나 치료의 초점은 통제와 연령에 적합한 자율성을 획득하려는 싸움에서 드러나는 배우자와의 갈등, 딸들과 거리를 두고 있는 아버지, 그리고 부모로서 아내의 행동에 대해 문제 제기도 하지 못하는 남편의 무능력으로 확장되었다. 가능한 한, 나는 아버지와 로레타를 연결시켜 주려고 한다. 너무 가까운 어머니와 자녀들 간의 거리를 경험하게 하는 한 가지 방법은 아버지와 로레타의 관계를 지지해 주는 것이다.

　　나머지 회기에서 발췌한 다음의 대화에서는 로레타의 비기능적 행동을 유지시키는 이 가족의 특성, 즉 가족의 밀착(enmeshment), 과잉보호, 그리고 (로레타의 식사 영역을 제외하고는) 직접적인 대면을 회피하는 것, 남편과 아내 사이의 갈등 속에 자리 잡고 있는 로레타의 위치에 도전하는 데 초점을 맞추고 있다. 도전과 가족의 확고한 반응 패턴이 함께한 점심 식사 시간에서 드러났다. 사전에 협의하여 회기에 올 때 모든 구성원의 식사를 가져오도록 하였고, 치료는 가족의 다툼을 보여 주고 재명명할 수 있는 맥락 속에서 계속된다.

체계의 탈구축: 외재화

　　외재화(externalization)라는 용어는 화이트(White, 2007)에게서 차용해 왔지만, 나는 다른 의미로 사용하고 있다. 사회구성주의자인 화이트는 증상전달자에게서 증상을 분리해 내고, 외부 문화가 가족에게 어떤 방식으로 그들의 요구를 강요하고 있는지를 가족들이 이해할 수 있도록 도와준다. 그는 가족 구성원이 함께 외부 침입으로부터 자신들을 방어할 치료 틀을 만들도록 한다. 나는 이 과정을 치료사가 증상전달자에게서 증상을 끄집어내어 가족 구성원으로 하여금 가족이 증상전달자의 증상 구축과 유지 과정에 참여하고 있음을 알게끔 만들어 주는 과정이라고 설명하고 싶다.

　　회기가 시작된 지 한 시간쯤 지나서 시계를 보았다.

미누친: 12시 15분이군요. 로레타의 문제가 우리가 지금 하고 있는 이야기와 관련이 있다고 생각하기 때문에 지금부터는 식사를 하면서 이야기를 나눴으면 합니다. 로레타, 내 생각에 너는 좋은 투사(鬪士)야. 나는 너에게 감동을 받고 있어.

아버지: 그렇습니다.

미누친: 저는 딸이 어떻게 느끼고 있을지 걱정이 됩니다. 만약 딸이 싸워서 이길 수 없다고 느낀다면 아마도 먹지 않을 것이기 때문입니다.

어머니: 딸은 하고 싶은 것이 있으면 어떤 것이든 할 수 있을 만큼 충분히 컸어요. 소피아도 마찬가지이고요.

　　방으로 음식을 갖고 들어왔다. 로레타는 먹지 않겠다고 울면서 방을 뛰쳐나갔다. 내가 뒤쫓아 나가서

5분 후에 같이 들어왔다. 복도에서 5분 동안, 나는 회기의 첫 부분에서 보여 준 로레타의 긍정적인 경험에 대해 얘기했다. 로레타와 나는 이후 시간에 부모에게 협상을 제기하기로 했다. 로레타는 먹지 않겠다고 하면서도 부모와 협상에서는 이겨야 한다고 했다. 내가 도와주기로 약속했고, 로레타도 그렇게 이해하고 치료실로 되돌아왔다.

식욕부진 문제를 갖고 있는 가족과 점심식사를 하면서 식사를 둘러싸고 일어나는 가족 간의 교류를 직접 관찰할 수 있었다. 때로는 이런 시간들을 통해 가족의 주의를 환자의 식이 문제에서 식사와 관련된 가족 구성원간 교류, 즉 통제, 불복종, 협박, 그리고 충성 요구 문제로 옮겨 갈 수 있다. 실연을 통해 노골적인 갈등이 드러나게 되면 확인된 환자와 가족은 큰 충격에 빠지고, 가족의 병리적 패턴도 혼란에 빠질 수 있다.

어머니는 샌드위치와 음료수를 나누어 주었고, 로레타의 의자에 샌드위치를 올려놓았다. 나는 자리에 앉으면서 가족에게 로레타가 회기 중에 먹지 않는 것에는 내가 동의했지만, 나머지 가족과 나는 점심 식사를 해야만 한다고 말했다.

미누친: 로레타, 너의 어머니는 네가 몇 살이라고 생각하고 계시는 것 같니?

로레타: 잘 모르겠어요. 분명히 열여섯 살은 아니에요.

미누친: 네 생각에 나도 동의해. 네가 열여섯 살이 될 때까지 너는 먹지 않겠지?

어머니: 내 딸은 항상 나를 이겨 먹으려고 해요! 내가 말하면 로레타는 "안 먹어요"라고 말하고는 먹지를 않아요. 우리가 로레타의 방식대로 하지 않으면 우리가 손들어 버리게 만들죠. 나는 소피아에게도 가만히 있으라고 해요. 남편에게도요. 전화벨 소리도 울리지 않게 하죠. 로레타가 신경질을 너무 내니까 아무에게도 말을 건넬 수가 없어요. 딸은 나나 남편이나 형제들에게 말을 하죠. 자신이 원하는 것은 어떤 식으로든지 해야 직성이 풀리죠. 그럼 우린 뭔가 다른 것을 해야 해요. 그래야 로레타 안 먹겠다고 말한 일을 잊어버릴 수가 있거든요.

어머니가 말하는 동안 우리는 먹기 시작했고, 마치 일부러 그러는 것처럼 우리는 로레타가 있는 쪽을 쳐다보지 않았다.

미누친: 로레타, 어머니의 말에 응답해 볼 수 있겠니? 칼로 씨, 아내가 로레타 옆에 앉을 수 있도록 해 주십시오. 로레타, 엄마와 이야기를 해 볼래? 엄마는 네가 집안을 통제하고 있다고 말하고 계시니까.

나는 어머니를 로레타 가까이에 앉게 하고는 음식과 관련 없는 영역에서 직접 직면을 해 보도록 하였다. 로레타가 어머니에게 도전하도록 도와주는 것이 로레타와 나 사이에 맺은 암묵적인 동맹이기도 했다.

로레타는 자신이 무기력하게 통제 당하고 있다는 경험을 하고 있지만, 음식을 둘러싸고 이루어지는 가족에 대한 그녀의 통제는 보호를 둘러싸고 이루어지는 어머니의 통제에 뒤지지 않는다. 그러나 정신신체형 가족은 갈등 회피자들이기 때문에 모든 통제 수단이 관심과 보호라는 제목으로 짜 맞추어져 있다.

이 가족패턴에 대한 나의 도전은 정상적인 자율성 영역을 중심으로 갈등을 노골화시키는 것이다.

로레타: 엄마, 저는 어느 누구도 통제하고 있지 않아요.

어머니: 너는 너네 아버지를 통제하고 있어. 나도, 소피아도, 엔리코도, 마리아도, 지우세피도 통제하고 있어. 로레타, 그렇지 않니?

로레타: 나는 어느 누구도 통제하지 않아요. 단지 누군가는 뭔가를 해야 한다는 거예요.

어머니: 그것은 나와 네 아버지 일이야. 너는 너 스스로 뭔가를 해야 해. 너는 소피아, 마리아에게 간섭해서는 안 돼…….

로레타: 저는 스스로 서고 싶어요. 엄마가 저를 막지 마세요!

어머니: 로레타, 그렇지 않아.

로레타: 엄마가 그래요! 엄마는 모르겠지만 어떻게든 그렇게 하려고 해요.

어머니: 그런데 로레타, 때로 네가 우리를 아무것도 할 수 없게 만들어 버려. 우리가 너에게 동의하도록 만들어 버리지. 그러나 가끔은 우리도 그럴 수가 없어. 네가 원하는 것을 못하게 하면 너는 울어 버리잖아.

로레타: 아니에요, 엄마.

어머니: 소리를 지르고, 의자를 던지고… 네가 원하는 방식대로 하려고 하잖아.

미누친: 딸이 분노발작을 한다고요? 어린아이처럼요?

갈등이 드러나고 있다. 나는 로레타의 행동을 로레타가 부모의 과잉통제에 대해 자신의 나이에 맞게 반항하고 있는 것이라고 지지해 주었다. 그럼으로써 나는 로레타의 어린애 같은 행동에 대한 부모의 도전을 지지해 줄 수 있게 되었고, 이것이 도레타에게는 자신의 능력(권한)을 지지해 주는 것으로 지각되고 있다. 서로에게 맞서는 로레타와 부모를 지지해 주면서 갈등을 공개적으로 표현하고, 서로에게 보다 적절한 행동을 요구하도록 하였다.

아버지: 딸이 좋을 때는 완전히 좋고, 찬바람이 불 때는…….

미누친: 로레타가 집안을 휘두른다는 아내의 의견에 당신도 동의하시나요?

로레타: 절대로 그렇지 않아요! 당신은 저를 나쁜 사람으로 만들어 버리고 있군요.

어머니: (부드럽게) 아니야, 네가 나쁜 사람은 아니야.

로레타는 갈등 수준에 대해 불편하다는 신호를 보내고 있고, 어머니는 항상 그랬던 것처럼 방어적으로 반응하였다. 치료자로서 나의 일은 행동 통제의 문제를 정서적 협박으로 바꾸어 버리는 가족의 패턴을 차단하는 것이다. 그러나 나는 갈등이 계속되도록 놔두고 있다.

미누친: 엄마는 네가 분노발작을 한다고 말하고 있단다. 엄마 말은 네가 아이 같다는 것이지.

로레타: 고함칠 거예요. 소리 지를 거예요. 그렇다고 내가 어린아이는 아니에요. 항상 옆에 있는 물건을 던지지는 않아요.

어머니: 로레타, 나는 그렇게 말하지 않았다.

로레타: 어느 쪽이냐 하면 엄마가 나에게 신발을 던지기도 하고… 어쨌든 엄마가 하고 싶은 대로 하는 것이 엄마의 방식이에요. 엄마는 나를 나쁜 사람으로 만들어 버리려고 해요.

어머니: 아니야, 로레타! 나쁜 사람은 아니야.

다시 한번 경고의 불빛과 반응이 있었지만, 이번에는 로레타가 자신의 주장을 계속해 나갔다.

로레타: 우리 가족 중에서 내가 가장 나쁜 사람이에요. 내가 느낀 것들을 대놓고 말한다는 이유로 저는 집에서 말썽꾼이 돼 버렸어요. 다른 애들은 항상 좋은 사람이고요. 다른 애들은 입을 다물어 버리니까 엄마에게는 귀여운 애들인 것이지요.

어머니: 아니야, 로레타. 모두 다 귀엽지…….

로레타: 다른 애들은 엄마와 아빠가 하는 말에 모두 동의하잖아요. 엄마가 하는 말마다 맞다고 하잖아요.

어머니: 네가 원하는 것들을 내가 사 주지 않으면, 넌 3일 동안 울면서 짜증을 냈어. 먹지도 않고… 바로 굶어 버리지. 침대에서 일어나지도 않고……. 아무도 보려고 하지도 않았어. 아무하고도 말을 안 했어. 그래서 엄마가 울었어.

어머니와 딸 사이의 직접적인 갈등이 고조되면서 통상적인 틀은 쓸모없게 되었다. (로레타는 아파 하고 엄마는 울었다.)

미누친: 너의 엄마는 네가 그들에게 협박을 했다고 말하고 있는 것이니? 네가 먹지 않는 것이 그들을 통제하는 방식이라는 것이니?

로레타: 그렇지 않아요!

어머니: 네가 병원에서도 그렇게 한 이유가 뭐야? 네가 의사에게 협박했구나.

로레타: 협박하지 않았어요.

어머니: 병원에서 나에게 그렇게 말했어. 네가 먹지 않았다고… 음식을 가져다 주었는데 네가 다른
　　　　사람에게 줘 버렸다고…….

로레타: 내가 거짓말쟁이라는 거예요?

> 치료사는 증상을 재명명한다. 즉, 안 먹는 행동을 음식과 관련시키는 것이 아니라 대인 통제의 문제로 재명명한다. 어머니와 딸이 관계의 일부로 증상을 사용하고 있다는 데 초점을 맞추고 있다. 이제 어머니와 나는 분명하게 안 먹는 행동을 조종행동이라고 이름을 붙였다. 종종 일어나는 일이기는 하지만, 진실이 드러나면서 빠르게 어머니와 딸의 관계가 감정을 주고받는 관계로 변형되고 있다. '너는 병원에서 먹지 않았다.'가 '너는 나를 믿지 않아.'로 급선회하고 있다.

어머니: 이제는 네가 미누친 박사님에게 거의 두 달 동안 음식을 먹지 않고 지냈던 것에 대해 이야
　　　　기를 해야 해. 병원에서 너에게 튜브를 통해 주었던 음식만 먹었던 것……. 너는 울었어. 병
　　　　원에서 콧속에 튜브를 집어넣을 때 엄마도 복도에서 울었단다. 엄마도 울었어.

로레타: 엄마에게 미안한 마음은 없어요. 엄마가 잘못 알고 있어서 유감이에요. 저는 거짓말쟁이가
　　　　아니에요.

어머니: 하루는 네가 케이크를 만들어서 나에게 먹으라고 주었어. 하지만 나는 먹고 싶지 않았어.
　　　　그러자 너는 "내가 만들어서 먹고 싶지 않은 거지"라고 말했어. 병원 의사가 내게 "당신 딸
　　　　이 위험합니다. 죽을 수도 있어요"라고 말했어. 저도 아무것도 먹지 않고 있다는 것을 알고
　　　　있었어요. 오늘 아침에도 딸은 일어나자마자 곧바로 여기로 왔어요. 물도 마시지 않았어요.
　　　　아무것도 먹지 않았어요. 그래서 딸에 대해 염려하는 거예요.

> 우리는 먹는 것에 대해서 끝도 없는 싸움을 하고 있었다. 나는 대인관계적 견지를 도입했다.

미누친: 로레타는 가족 안에서 자신이 패배자라는 느낌을 갖고 있는 것 같습니다. 당신은 로레타가
　　　　승리자라고 말하고 있네요. 내 생각에는 딸이 패배자인 것 같습니다.

어머니: 로레타에게 뭐라고 말을 못해요. 로레타는 "엄마가 나를 사랑하지 않으니까 그러는 거잖아"
　　　　라고 말하니까……. 로레타가 하라는 대로 해야만 해요.

미누친: 당신이 딸에게 열여섯 살로 대우해 주고 있다는 느낌을 주지 못하고 있군요.

어머니: 그렇지 않아요. 딸이 승리자예요. 로레타, 엄마가 너에게 너는 열여섯 살이라고 말해 주지
　　　　않았니?

로레타: 네. 엄마가 그렇게 말은 해 주었지만, 엄마는 내가 그렇게 느끼도록 해 주지는 않았어요. 엄마는 나를 열여섯 살로 대해 주지 않아요. 엄마는 나는 두 살짜리처럼 대해요.

> 로레타는 자신의 어머니와 반대 입장을 취하기 위해 나의 발달적 구성 개념을 버팀목으로 사용하고 있다.

미누친: 마거리타, 당신이 딸들에게 너무 많은 것을 해 주어서 딸이 아주 어리고, 불완전한 사람이 돼 버렸어요.

> 여기서는 로레타 증상의 참여자인 어머니에게 도전하고 있고, 그리고 로레타의 증상을 아이같은 행동으로 재명명함으로써 증상의 본래 의미가 상실되어 가고 있다. 이제 아버지가 공동치료사가 되어 어머니에게 도전하는 딸을 지지해 주는 새로운 가족 춤을 추고 있다.

아버지: 맞습니다. 저도 당신 의견에 동의합니다.

미누친: 어느 시점에 가서는 딸이 성장할 필요가 있습니다. 그러기 위해서는 당신 아내가 먼저 성장할 필요가 있습니다. 그래야 당신 딸도 성장할 수 있습니다. 로레타, 엄마가 너무 멋진 어머니여서 엄마와 싸우는 것이 힘들지? 칼로 씨, 당신 딸이 어떻게 열여섯 살이 되도록 도울 수 있을까요? 당신 딸은 열여섯 살이 되어야지만 먹기 시작할 것입니다. 아마도 그 전에는 먹지 않을 것입니다.

아버지: 저는 딸이 하고 싶은 것들에 대해서 저에게 분명하게 말해 주었으면 합니다. 딸이 합리적이었으면 합니다. 때로는 가능하지 않은 일도 있다는 것을 이해했으면 합니다.

미누친: 당신도 알다시피 로레타는 아주 어린아이 같습니다만… 제 생각에 가족 특히 당신과 마거리타 씨가 딸을 어린아이로 머물러 있게 만드는 것 같습니다.

어머니: 어떻게요? 로레타에게 어떻게?

미누친: 당신이 딸에게 의자를 옮기는 방법에 대해 말할 때, 마치 딸이 여섯 살인 것처럼 대하고 있었어요. 당신은 아버지의 분노로부터 딸을 보호하려고 아버지한테는 물어보지도 않고 딸에게 남자친구를 데리고 나가라고 말하는 방식으로 하고 있습니다. 당신은 딸을 어린 아이 다루듯이 다루고 있습니다.

> 이런 유형의 개입은 내 작업 방식에서는 다소 전형적인데, 여기에는 인간 행동의 상보성에 대한 나의 신념이 반영되어 있다. 나는 가족 구성원에게 꼬리표를 붙이면서("로레타, 너는 어린아이 같아.") 다른 사람에게 그 꼬리표에 대한 책임을 지도록 했다("마거리타, 당신이 딸을 어린아이로 만들고 있어요."). 그것

은 해결로 나아가는 여정을 암시해 주는 틀(framing)이 된다. '로레타는 어린아이와 같다. 그러므로 마거리타가 성장시켜야만 한다.'

아버지: 둘 사이에 긴장감이 돌면 로레타를 이해하는 것이 어렵습니다. 그때는 긴장감 때문에 사소한 일들도 불가능해지는 상황들이 생깁니다.

미누친: 제 생각에는 당신이 당신 아내와 같이 어린아이로 붙잡아 두고 있는 것에 대해 이야기를 나눠 볼 필요가 있습니다.

아버지: 제가 몇 번 아내에게 하는 일이 많은데도 애들이 할 수 있는 일을 스스로 하도록 내버려 두지 않는다고 화를 낸 적이 있습니다. 애들이 더 어렸을 때에도 그렇게 말한 적이 있습니다. 그래서 저는 그 부분에서는 많은 것이 변화되지 않았다고 생각하지는 않습니다.

미누친: 마거리타가 당신 말을 알아들었을까요? 아니면 못 알아들었을까요?

어머니: 아니요, 저는 남편 말을 알아들었어요. 나는 남편이 하는 말을 들어요.

미누친: 제가 당신에게 하고 싶은 말이 있습니다. 로레타는 오래 전에 다 컸어요. 로레타가 되고 싶어 하는 것은 10대가 되는 것입니다. 너는 네 엄마에게 너무 많이 매어 있어서 스스로 결정할 수도 없고, 주도권을 가질 수도 없다는 생각이 드는구나. 너는 성장을 위한 전투를 가장 나쁜 방식으로 하고 있어. 음, 엄마에게 엄마가 잘못하고 있다는 것을 알려 주려고 너 자신을 죽이고 있어. 나는 네가 승리자가 될 수 있다고 생각하지만, 네가 아직도 그것을 원하고 있는지는 모르겠다. 네가 열여섯 살이 되면 식사를 하게 되겠지? 그런데 나는 네가 열여섯 살처럼 느끼고, 행동하고, 생각하고 있다는 생각이 들지 않아. 가족 특히 네 엄마가 항상 네가 할 일을 너 대신 해 주기 때문에 그런다는 생각이 드는구나. 어머니가 너의 손을 움직여 주고 있고, 너의 팔도 움직여 주고 있고. (내가 로레타의 손과 팔을 잡고 움직여 주며) 너는 너 스스로 하는 것이 아무것도 없어. 그래서 네가 지금은 먹어서는 안 된다고 생각해. 네가 열여섯 살이 되면 먹게 되겠지?

가족 구성원을 공동 치료사로 활용하는 가족치료의 장점 중 하나는 서로에게 치유자가 되어 준다는 점이다. 미누친은 칼로 씨에게 로레타와 어머니 사이의 상보성(complementarity)에 개입하는 과제를 부여하고 있다. 로레타를 인형처럼 대하고 있는 나의 행동이 로레타의 주의를 나에게 돌리게 만들었다. 이것이 어머니와 로레타의 거리감을 넓혀 주었다. 한편, 내가 로레타의 증상 통제를 수용함으로써("네가 열여섯 살이 되면 식사를 하게 되겠지?") 자율성의 상징으로써 그것의 은유적 의미는 사라져 버렸다. 이제 식사를 하지 않는 것이 로레타의 의존성의 상징으로 틀지워지고 있다. 내가 자율성을 위해 투쟁하는 로레타와 합류했기 때문에 우리는 지금 식사를 하면서 로레타가 성장해 나갈 수 있는 가족 맥락을 만들어 내기 위해 협력하고 있는 중이다. 나는 가족 내 거리를 확장시키는 전략을 시작했다.

미누친: 로레타, 너는 가족과 식사를 하니?

어머니: 로레타는 먹지 않아요…….

로레타: 제가 식사를 하지 않는다는 의미예요?

어머니: 당신은 진실을 원하잖아요. 그래서 내가 당신에게 진실을 알려 주는 거예요.

로레타: 제가 선생님과 식사를 하지 않기 때문에 식사를 하지 않는다는 말이에요? 아니요, 걱정하지 마세요. 저는 선생님 없이 혼자 식사하는 것이 더 나은 것뿐이에요.

로레타의 목소리가 커지고 다시 절망감을 드러내 보이고 있다. 다시 나는 그녀를 지지하기 위해 온 힘을 다해 지속적인 노력을 해야 할 것 같은 느낌이 든다.

미누친: 로레타, 지금 너의 체중이 어떻게 되지? 아무도 볼 수 없게 이 냅킨에 적어 볼래. 비밀로 하마. 나 또한 너의 체중을 기록해 두고 싶어. (내가 로레타에게 냅킨을 건네주자 로레타는 자신의 체중이 82파운드라고 적었다.)

로레타의 체중에 대해 비밀보장을 해 주는 것으로 로레타에게 자신의 신체에 대한 통제권을 넘겨주려는 것이다. 지금까지 먹는다는 것은 대인관계 문제였고, 먹지 않는다는 것은 어머니의 의지에 대한 로레타의 의지의 승리였다. 로레타의 체중을 로레타와 나 사이의 비밀로 한 것은 심리적 통제 영역에서 벗어나서 그것을 생리적인 문제 영역으로 돌려놓고 있다.

미누친: 좋습니다. 칼로 씨, 이제는 당신이 나를 도와주었으면 합니다. 집에서는 먹는 것으로 어떤 말다툼도 하지 않으셨으면 합니다. 어떤 것이 가장 최선의 방법일까요? (로레타에게) 한 주 동안만 너 혼자서 식사를 해 보면 어떻겠니?

로레타: 상관 없어요.

미누친: 네가 결정을 했으면 해. 가족 중 누구와 같이 먹고 싶은지, 아니면 혼자 먹고 싶은지, 아니면 식탁에서 가족과 다같이 먹고 싶은지? 한 가지 대안을 선택해 봐. 어느 쪽이 좋을 것 같니? 어떤 것이 너한테 가장 편안할 것 같니?

로레타가 부모의 소망에 대한 반응자라고 느끼고 있기 때문에 로레타가 한계를 설정하도록 하는 것이 중요하다.

로레타: 무엇을 먹을 것인지, 아니면 얼마나 먹을 것인지에 대해서 아무도 나를 귀찮게 하지 않는다
면 상관없어요.

미누친: 로레타, 너는 가족의 견해에 대해서도 이해할 필요가 있어. 만약 네가 가족과 같이 먹지 않
는다면 가족이 네가 무엇을 먹는지, 그리고 먹지 않는지 보게 될 거야. 왜냐하면 네가 그들
의 상황을 불편하게 만들 수도 있을 테니까. 딱 한 주 동안만 네 방에서 먹었으면 해. 그렇
게 할 수 있겠니? 너의 가족이 네가 무엇을 먹는지 몰랐으면 하거든.

로레타: 일요일에는 가족과 같이 먹고 싶어요.

이 반응은 식욕부진자들의 전형적인 반응이다. 로레타는 결정을 내릴 때까지 자신이 뭔가 다른 것을 원
하고 있다는 사실을 깨닫지 못했다. 이번에는 내가 로레타의 주장을 자율성의 표현으로 지지해 주었다.

미누친: 좋아, 일요일에는 가족과 같이 먹어도 돼. 이제 다음 한 주 동안은 먹는 것으로 로레타와 다투
게 될 일은 없습니다. 칼로 씨, 당신이 그 상황의 감독자가 되어 주십시오. 당신의 아내는 관
심이 너무 많고 과잉보호하는 사람이기 때문에 객관적일 수가 없다고 생각됩니다. 아이들의
상태에 따라 잘 흔들립니다. 자, 그럼 당신은 그렇게 할 수 있을 것 같습니까?

아버지: 예.

로레타: 체중을 재고 싶지 않아요. 내가 모르는 게 더 나아요.

미누친: 로레타, 네가 네 체중을 유지할 수 있는지 알 필요가 있기 때문에 너에게 체중을 재라고 할
거야.

로레타: 좋아요.

나의 우선순위와 로레타의 바람이 협상을 통해서 관철되고 있다. 이것이 가족에게 유용한 모델이 될 수
있다.

미누친: 너도 알다시피 협상될 수 있는 것도 있고, 협상될 수 없는 것도 있어. 너와 함께하려면 네가
죽지 않을 거라는 사실을 알고 있어야 하거든.

로레타: 음, 체중을 잴 수는 있지만 알고 싶지는 않아요. 듣고 싶지도 않아요. 내 체중을 알고 싶지
않아요.

미누친: 그것이 네가 원하는 것이라면… 좋아. 그렇지만 너의 체중이 줄어들면 너한테 말해 줄게.

로레타: 좋아요.

미누친: 좋아, 이것이 네가 바라는 것이구나. 칼로 씨, 그리고 마거리타 씨, 편안하게 지낼 수 있을 것입니다. 우리가 로레타의 체중을 확인할 것입니다. 한편으로 로레타는 두 분을 감당하는 법을 배울 필요가 있고, 당신 두 분은 로레타를 지도하는 법을 배울 필요가 있습니다.

로레타: 제가 화를 내고, 고함을 치고, 소리를 지르는 이유는 무슨 말을 해야 할지 몰라서예요. 그렇게 하지 않으면 안 되거든요. 이 일이 있고 난 다음부터 몇 년 간 그렇게 했어요. 더 이상 견딜 수가 없어요. 저도 지쳤어요. 모든 상황이 지치게 만들어요. 뭔가를 말하고 싶은데 뭐라고 말해야 할지 모르겠다는 거예요. 그리고 제가 그것에 대해 생각나는 대로 말했던 것에 대해 미안한 마음도 들고요.

> 회기가 끝나갈 즈음에 나는 다시 자율성의 문제로 재명명하여 식이 문제에 초점을 맞추었다.

미누친: 로레타, 나는 네가 열여섯 살이 될 때까지 가족과 같이 식사를 하지 않아야만 한다고 생각해. 지금 너는 몇 살이니?

로레타: 열여섯 살이요.

미누친: 네 생일이 언제였지?

로레타: 지난주요.

미누친: 그런데 너는 아직 열여섯 살이 아니야. 로레타가 열여섯 살이 될 때까지는 식사를 하지 않을 것이기 때문에 나는 네가 혼자서 식사를 했으면 해. 로레타가 식사를 하기 시작하는 그 시점에 정확히 열여섯 살이 되는 거야. 내 생각에 로레타 너는 체중이 너무 많이 불어나서는 안 돼. 너의 얼굴이 다소 긴 것이 좋아 보이기 때문에 그래. 그러나 네 체중을 10파운드 정도 더 늘릴 필요는 있어. 열여섯 살이 되면 너 스스로 네 일을 해야 할 필요가 있기 때문이지. 칼로 씨, 집에 가서서 열여섯 살짜리가 가져야 할 권리와 의무가 어떤 것인지에 대해 당신 아내와 이야기를 나눈 다음에 로레타와 같이 이야기를 나눴으면 합니다. 당신 아내가 그것에 대해 생각해 볼 수 있도록 당신이 도와주실 수 있지요? 열여섯 살짜리가 가져야 할 의무에 대해서요.

아버지: 그렇게 해 보겠습니다.

미누친: 마거리타 씨도 알아들으셨겠지요?

어머니: 저도 잘 알아들었습니다.

아버지: 그 의사가 당신에게 말해 줄 필요가 있다고 생각해요?

어머니: 그렇지는 않아요.

미누친: 좋습니다. 칼로 씨, 당신이 마거리타 씨와 이야기할 필요가 있을 것입니다. 제 생각에 당신도 알다시피 마거리타 씨는 혼자 너무 오랫동안 집안일들을 해 왔습니다. 로레타, 네 아버지와 그 일에 대해 이야기를 해 볼 필요가 있을 거야. 아마도 아버지가 이 일과 다른 일들에 대해 너를 도와주실 수 있을 거야. 로레타가 알 수 있도록 당신이……

아버지: 제가 로레타에게 원하는 것은 제가 끼어든 것에 대해 이해해 주십시오. 나에 대해 달리 생각해 달라는 것입니다. 로레타가 나를 방해물로 생각하지 않았으면 하거든요.

로레타: 음, 아빠! 아빠가 그런 모습을 보여 주지 않는다면 저는 그렇게 생각할 수가 없어요.

아버지: 내가 너한테 달라진 모습을 보여 줘야 네가 나를 믿을 수 있다는 말이지? 흠!

미누친: (로레타에게) 이번 주 동안 다음 상담 전까지, 네가 네 아버지와 30분 넘게 두 번 이야기를 나눠 봤으면 해. 처음에는 네가 아버지에게 너에 대해서 이야기해 줄 수 있겠니, 괜찮지? 그러면 아버지가 너를 이해하게 될 거야. (칼로 씨에게) 칼로 씨, 두 번째는 당신이 로레타에게 당신에 대해 이야기를 해 주었으면 합니다. 로레타가 당신에 대해 이해할 필요가 있다고 생각됩니다. 그리고 그것이 도움이 될 것입니다. 이제는 칼로 씨가 로레타를 더 많이 도와주게 될 것입니다. 마거리타 씨, 그것이 도움이 되겠지요? 마거리타 씨, 로레타는 열여섯 살이 되어야 밥을 먹기 시작할 거예요. 로레타는 안 죽을 것입니다. 체중이 줄어든다면 우리는 다른 방법을 생각해 볼 것입니다. 로레타가 지금의 체중을 유지하는 동안은 안전합니다. 그러니 걱정하지 마십시오.

2시간 동안 어떤 일이 일어났는가? 나는 메노티 가족이 변화되었다고 생각한다. 좀 덜 과장되게 표현하자면 구성원으로 하여금 다른 관점으로, 새로운 관점으로 그들 자신을 관찰해 볼 수 있도록 해 주었다. 그들은 일탈한 한 명의 가족 구성원을 데리고 왔다. 로레타의 행동이 갖고 있는 흡입력(magnetic pull)은 그들의 경험을 혼란스럽게 만들었고, 그들의 견지를 끌고 다녔다. 회기 동안에 마거리타가 갖고 있는 모성(motherhood)에 대한 가치에 의문이 제기되었고, 도전을 받았으며, 과소관여와 유약함(tenderness)에 대한 칼로의 두려움이 드러났고, 자녀들의 과의존성(overdependency)과 자율성 욕구가 탐색되고 지지되었으며, 자매들의 리더 역할을 행하고 있는 로레타의 강점이 보상을 받았다. 더 중요한 것은 각 개인의 움직임의 기초가 되는 그들 움직임의 상호 연관성을 살짝 엿볼 수 있었다는 것이다. 가족은 그들의 문제에 대해 좀 더 새롭고, 생산적인 정의를 하게 되면서 희망을 갖게 되었다.

나는 2시간 동안 이 가족과 머물면서 치료 회기라는 '응축된 시간' 속에서 총체적인 시각을 가져볼 수 있는 교류를 경험할 수 있었다. 나는 이 가족의 강점, 유연성, 그들의 경험의 폭을 넓힐 수 있는 능력을 알게 되었다. 나는 이미 로레타의 변화가 시작되었다고 느꼈고, 칼로와 마거리타가 나와의 교류에서 그들의 경험의 폭을 확대하고 있음을 볼 수 있었다. 메노티 가족에 대한 나의 예후는 긍정적이었다.

치료는 4개월 동안 계속되었다. 치료는 개별화와 연령에 적합한 자율성 문제에 초점을 맞추었다. 로레타의 체중은 첫 3개월 간 21파운드 늘었다. 로레타의 체중은 약 105파운드로 안정화되었다.

한 번의 후속 회기와 반년 후에 이루어진 만남에서 로레타가 지난 6개월 동안 웨이트리스로 일하고 있는 중이라는 사실도 알게 되었다. 다시 학교에 등록했고, 고등학교를 마칠 계획도 갖고 있었다. 친구들도 많이 사귀었고, 부모와는 격렬한 관계를 유지하고 있었다.

무엇을 배울 수 있는가

• 메노티 가족은 누구였고, 그들은 언제 치료를 받으러 왔고, 어떻게 그리고 왜 변화했는가

가족이 그들의 문제를 처음 이야기할 때 가족드라마의 주요 참여자들인 그들 자신을 어떻게 경험하고 있었는가? 그들은 다른 사람들을 어떻게 이해하고 있었는가? 그리고 그들은 그들끼리의 관계를 어떻게 개념화하고 있었는가?

로레타와 마거리타

로레타와 어머니 마거리타는 그들의 근접성의 포로였다. 그들은 밀착된 관계로 인해 한 개인으로서 개성(personhood), 행위자로서 힘 혹은 자율성을 경험할 공간이 적었다. 각자는 마치 다른 사람의 통제에 반응하는 사람처럼 느끼고 있었다. 상대방 요구의 포로인 것처럼, 감정 조절에 실패한 범죄자인 것처럼 느끼고 있었다. 다른 가족 구성원에 대한 그들의 관찰과 경험은 덜 중요하게 되었고, 그들을 함몰시킨 정서적 동요의 배경일 뿐이었다.

칼로

중간 정도의 거리에서 칼로는 파괴적인 방식으로 서로를 끌어안고 있는 그 둘을 지켜볼 수 있었고, 그 한계에 대해 비판을 하면서도 둘 중 어느 누구와도 건설적인 방식으로 관계를 맺지 못하고 있었다. 그는 아내 및 자녀들과 관계를 맺고 있는 자신의 모습을 예리한 관찰자적인 입장에서 바라보고 있었지만, 그 자신을 효과적인 의사결정자로는 바라보지 않고 있었다.

치료 과정에서 일어난 가족 구성원의 변화를 어떻게 설명할 수 있을까

2시간 반 동안 이루어진 치료체계의 구성원 간의 만남은 가족 구성원에게 자신들을 다른 맥락에서 바라볼 수 있는 기회를 제공해 주었다. 즉, 새로운 관계 방식을 고찰하면서 그들 자신을 관계방식을 선택할 수 있는 복잡한 개인으로 바라보고 개념화하여 그들 자신을 또 다른 하위체계의 일원으로 바라볼 수 있는 기회를 제공해 주었다.

로레타

로레타는 처음부터 스스로 자신의 경험에 대해 이야기해 보도록 한 치료사와 합류하였다. 그것을 기반으로 해서 그녀는 치료사와 성공적으로 협상을 할 수 있었고, 언제 어디서 식사할 것인지에 대해 자신의 의견을 표현할 수 있게 되었다. 비록 자신의 체중에 대해 알고 싶지 않다고 요구하기는 했지만 체중을 재야 한다는 치료사의 요구를 받아들이면서 한계를 받아들일 수 있게 되었다.

그녀는 소피아와 합류하여 엄마 마거리타에게 대항했고, 더 많은 자율성을 요구하면서 리더로 받아들여지는 느낌을 경험해 보기도 했다.

그녀는 마거리타를 배제시키고 칼로와 합류하여 하위체계를 형성하였고, 그 하위체계에서 어머니의 관찰자가 되어 마거리타와 칼로 사이의 관계를 지켜보았다.

마거리타

마거리타가 자신의 경험, 즉 로레타를 위한 과도한 노력과 자녀들에 대한 책임감과 간섭에 대해 이야기할 수 있는 연단을 제공하였다.

치료사는 어린 자녀들의 어머니 역할에서 유능성을 확인해 주었고, 전문가 견지에서 청소년에게 적절한 양육 방식으로의 변화 필요성에 대해서도 설명해 주었다.

치료사는 마거리타의 모성애 개념에 대해 도전하면서 칼로와 합류했고, 그녀는 자신을 배제시킨 관계 속에서 로레타와 합류하는 칼로의 권한을 받아들였다.

그녀는 로레타와 많은 대화를 나눴는데, 정서적 강도가 낮은 대화들이었다.

칼로

칼로는 그의 가족에서 행위자로서 힘을 발견하였다. 치료사와 연합(coalition)하여 그에게 강력한 힘을 행사하고 있는 아내에게 대항하였다. 그는 로레타와 친밀한 관계를 발달시킬 수 있었다.

소피아와 마리아

소피아와 마리아는 가족 춤의 구경꾼들이다.

치료사

치료사는 주요 배우들의 연극을 감독하는 사람이라는 느낌을 받았고, 두 가지 입장에서 유능감을 경험하였다.

- 그는 메노티 가족과 같은 가족들을 잘 알고 있다. 그는 많은 나라에서 그와 같은 사람들을 만난 적이 있고, 그들이 관계를 맺는 방식에 그리고 그들이 그와 관계를 맺는 방식에 익숙하다.
- 그는 마거리타와 합류하였고, 그녀와 농담을 하면서 그녀에게 도전하였다.
- 그는 칼로와 관계를 맺고, 그를 공동 치료사로 만들었다.

• 그는 로레타에게 청소년기에 대해 코칭해 주었다.

모든 참여자가 자신들의 현실에서 변화를 경험하였다. 다소 복잡한 만남 속에서 그들은 한 개인이 된다는 느낌과 많은 집단에 소속된다는 느낌의 다양한 층을 만들어 가게 되었다. 그들만의 독특한 방식으로 말이다.

다음 장에 제시된 미누친의 모든 회기는 이와 유사한 과정들을 보여 줄 것이다.

제3장

가족 구성원의 정체성 풀어 나가기

가족은 치료에 오면서 구성원의 정체성이 독특하고 바뀌지 않을 것이라는 신념을 가지고 오고, 이러한 신념은 수년 간 가족 구성원 간의 일상적 교류를 통해 유지된다. 그러므로 다중 정체성에 대한 발상은 그들의 삶의 경험에 반한 것이며 도전 받게 될 것이다.

치료사의 목표 중 한 가지는 가족 구성원으로 하여금 가족 내의 일원이 되고, 가족에 소속감을 느낄 수 있도록 초대하는 것이다. 문제는 이것을 어떻게 해야 할지, 즉 하나의 단위로서 자기라는 개념에 어떻게 도전할 것인가다.

'정체성의 표층'이란 아르헨티나 시인 보르헤 루이스 보르헤스(Jorg-Luis Borges)의 개념으로, 그는 자신의 단편 소설「보르헤스와 나(Borges and I)」에서 보르헤스라는 사람이 작가 보르헤스와 나누는 역설적인 관계를 묘사했다. 작가 보르헤스는 보르헤스라는 사람을 작가 보르헤스의 독자들에게 노출시킴으로써 자신이 가장 소중히 여기는 경험들을 서둘러 출판하려고 하였다.

표층에 대한 또 다른 예는 아주 가까이에 있다. 미대생인 손녀 콜린은 종이 위에 그림을 그렸다. 그런 다음 처음에 그렸던 그림 위에 투명한 종이를 대고 또 다른 그림을 그리면서 자신이 성취하려는 목적, 즉 우리가 보는 그림은 각 부분마다 단일한 정체성을 갖고 있지만 그 모든 그림이 전체가 되었다고 만족할 때까지 덧대는 이 과정을 계속해서 했다.

자기와 정체성에 대한 나의 생각은 손녀의 그림이나 보르헤스의 이야기와도 비슷하다. 자기란 개인의 삶의 여러 시기에 만나는 중요한 '타인들(others)'과의 관계 맥락 속에서 만들어지지만, 그 자기는 인생을 살아가면서 다른 자기들에게 영향을 받기도 하고 영향을 주기도 하는 단일한 정체성을 가지고 있다. 우리는 정체성을 마치 하나의 단위인 것처럼 얘기하지만, 실제로는 삶을 통해 형성되어 온 잠재된 정체성들을 풀어 낼 수 있다. 치료사란 사람들이 자신에게 중요한 '타인들'과 관계 맺는 과정에서 유연성을 키우도록 유용한 대안을 찾아 주는 산파와 같은 기능을 한다.

정체성의 표층

치료사는 가족 구성원이 유용한 자원을 갖고 있다고 가정한다. 그러므로 가족 구성원을 합류시켜서 그들로 하여금 자신들이 생각하는 사람이 자신이 아님을 납득시키는데, 이것이 치료 기능 가운데 하나다. 이것은 오직 한 가지 답만 있는 역설적인 상황이다. 그들은 자신들이 생각하는 자기 자신 그 이상이다. 의심과 혼란을 도입해서 가능한 대안들을 보여 주는 것이 신념에 도전하는 한 가지 방법이다. 하지만 가족 구성원에게 자신들이 그들의 본모습 그 이상임을 보여 주는 것은 우리의 정체성이 유일한 것이고 독특한 것이라는 믿음에 저항을 받게 될 것이다.

치료사가 가족 구성원이 서로를 구성한다는 상보성에 대한 '단순한' 체계론적 생각, 즉 "당신은 그 혹은 그녀를 변화시킬 수 있습니다."라고 제시할 때, 가족 구성원은 "그 혹은 그녀는 그 자체입니다." 그리고 그들은 오직 자신만이 변화시킬 수 있다고 대답한다.

개인이 독특하다는 실체에 도전하는 방법 중 한 가지는 가족 구성원으로 하여금 개인 또한 복잡한 실체임을 보여 주는 것이다.

이 장에서는 치료사의 기법이 가족 구성원으로 하여금 자신을 정의하는 방식을 확장시켜서 새로운 정체성 간의 관계를 재정립시킨 한 가족을 보여 줄 것이다.

스미스 가족은 다섯 명으로 이루어져 있는데, 어머니와 아버지는 50대 후반이고, 아들은 열다섯 살이며 또한 결혼한 두 딸이 있다. 아들은 우울감에 빠져 있어 집에서 대부분의 시간을 침대에서 잠을 자며 보냈다. 그는 학교에서 퇴학을 당했고, 현재는 불안한 아이들(정신장애가 있는 아이들)을 위한 프로그램에 참여하고 있다. 이 가족은 노동자 계층에 속하는데, 아버지는 공장 감독으로 일하고 있고, 어머니는 주부이다.

이번 장의 우측 열에 있는 논평은 가족 구성원이 스스로에 대한 관점에 명명(labeling)하는 순간이나 명명에 변화가 일어나는 것을 표시한 것이다. 교육적인 취지에서 가족 구성원이 정체성에서 변환이 일어나는 순간을 기호로 표시했다.

면담

(톰 = S, 엄마 = M, 아빠 = F)

미누친: 우리는 이번에 우선 자신이 누구인지, 자신의 문제가 무엇인지, 그리고 우리가 그 문제들을 변화시킬 수 있을지 알아보는 시간을 가질 것입니다. 자신이 지금 여기에 가지고 온 문제가 무엇인지 저에게 말해 줄 수 있나요?

엄마: 네. 우리가 이곳에 온 지금 당장의 가장 주된 문제는 톰이 아침에 침대에서 나와 가기로 한 곳에 가는 걸 싫어한다는 거예요. 지금도 톰은 아침 9시 30분이면 진료 때문에 이곳에 와야 해요. 단지 진료를 위해 침대 밖으로 나와야 하는 것이 아니라 이것은 자기가 해야 하는 다른 일들을 위해서이기도 해요… 일반 학교에 가기로 되어 있을 때 아이는 가지 않았어요.

> 엄마는 톰(S1)을 책임감이 없고 반항적인 확인된 환자로 정의하고 있다.

미누친: (톰에게) 세상에는 아침형인 사람들도 있고, 늦게 활동하는 사람들도 있다는 것을 너도 알 거야. 너는 네가 저녁형 인간이라고 생각하니?

아들: 별로 그렇게 생각하지는 않아요. 그냥 저는 단지 아침에 아무 일도 하고 싶지 않은 거예요. 저는 하루 종일 활기차기는 한데…….

> 확인된 환자를 정상화시키려고 시도하며 병리적인 설명에 도전을 가한다.

미누친: 단지 아침에만 그렇구나. 네가 좋은 알람 시계를 가지고 있다면 그것을 해결할 수 있겠니?

아들: 제가 지금 가지고 있는 알람 시계는……. (톰이 엄마를 쳐다본다)

미누친: 누가 그 알람 시계이니?

아들: 글쎄요, 제 방에 하나 있어요.

미누친: 네가 알람 시계를 갖고 있니, 아니면 엄마가 알람 시계이니?

아들: 제가 갖고 있어요.

> 증상이 엄마와 아들에 속한다.

아빠:　그 애가 하나 가지고 있어요.

미누친:　엄마가 알람 시계가 아닌 게 확실하니?

아들:　네.

미누친:　누가 너를 깨워 주니?

아들:　대부분 엄마가요.

미누친:　그럼 엄마가 너의 알람 시계로구나.

아들:　맞아요. 그런 것 같아요.

미누친:　(엄마에게) 좋아요, 그래서 당신은 어떤 기능을 수행하고 있군요? 당신이 알람 시계로군요.

엄마:　네, 현재 아들 침실에 두 개의 알람 시계가 있고, 저도요.

미누친:　그래도 여전히 당신이 안에까지 들어가야 하나요?

엄마:　네. 그래야 아들에게 도움이 되지요.

미누친:　(톰에게) 난 너처럼 잠자는 요령을 터득하고 싶은데… 넌 제일 늦게까지 자 본 게 몇 시까지이니? (톰이 엄마를 쳐다본다) 엄마에게 묻지 말고. 엄마는… 우리 모두는 어떤 역할을 한다. 엄마가 알람 시계이고, 또 기억 장치이기도 한 거니?

아들:　대략 낮 1시, 2시까지요.

미누친:　1시, 2시. 그건 네가 잠을 잘 수 있다는 뜻이구나.

아들:　그럴 일은 없어요.

미누친:　그럼 넌 12시간을 쭉 잘 수 있다는 말이구나. 나는… (아빠에게) 당신도 그런 능력을 갖고 싶으실 테고요.

아빠:　네. 맞아요.

미누친:　당신은 몇 시에 일어납니까?

아빠:　저요? 아침 4시나 5시예요. (아내가 거들어 주기를 요청하는 것처럼 그녀를 쳐다본다)

미누친:　톰이 정보를 구할 때 엄마를 쳐다보는 것처럼, 당신 또한 정보를 구할 때 아내를 쳐다보는군요. 그녀는 놀라운 사람

엄마(M1)는 알람 시계다.

엄마(M2)는 톰을 위한 기억 장치다.

엄마(M3)는 아빠의 기억 장치다.

이네요. 그래서 당신은 아침 5시에 일어나서 출근은 언제 합니까?

아빠: 저요? 저는 대략 아침 5시 45분이나, 6시쯤 집을 나서지요.

미누친: 그러면 당신의 근무시간은 언제입니까?

아빠: 음, 때로는 아침 6시, 때로는 7시에서 4시 30분, 3시 30분, 5시 30분까지예요. 실제로는 아무 때나이지요.

미누친: 그럼 당신은 10시간을 일하는 거네요?

아빠: 때로는 10시간, 때로는 11시간, 또 때로는 8시간이에요. 대부분은 9시간이지요.

미누친: 그럼 초과근무수당을 주나요?

아빠: 네.

미누친: 당신이 10시간을 일할 때, 2시간 가량의 초과근무수당을 받기 때문에 그렇게 하는 거네요. 어떤 종류의 일을 하십니까?

아빠: 저는 공장 감독이에요. 파이프를 조립해요. 철강 파이프요. 그걸 잘라서 끼워요.

미누친: 감독이 되기까지 많은 시간이 걸렸겠군요.

아빠: 수년이 걸렸지요.

미누친: 몇 년이나 걸렸습니까?

아빠: 30년이요.

미누친: 30년. 지금 연세가 어떻게 됩니까?

아빠: 쉰 살입니다.

미누친: 스무 살에 일을 시작해서 쭉 한 가지 일만 해 오신 겁니까? 그리고 일반 작업자에서 조직의 장으로 이동한 것인가요? 그럼 당신은 지금 확실하게 연공서열을 가지고 있군요.

아빠: 그렇죠.

미누친: 작업자들이 몇 명이나 됩니까?

아빠: 17명입니다.

책임감 있고 유능한 아빠(F1)

아빠(F2)는 경영 간부다.

미누친: 17명. 그러면 감독님은 몇 명이나 됩니까?

아빠: 2명입니다.

미누친: 2명. 그럼 다른 감독님 또한 그 직급을 거쳐 왔고, 함께 일했던 사람인가요?

아빠: 네, 하지만 그 사람은 저만큼 오래 하지는 않았습니다.

미누친: 그러면 당신이 직업에 있어서는 확실하군요.

아빠: 네. 맞아요.

미누친: 그렇군요. 우리에게 당신처럼 시간, 스케줄, 책무에 대해 알고 있고 평생을 일해 온 한 사람이 있어요.

아빠: 으음……

미누친: 그렇군요. 그런데 당신은 어떻게 시간, 스케줄, 의욕에 대해서 잘 모르는 자녀가 있죠? 어떻게 하신 겁니까?

아빠: 잘 모르겠어요. 그게 바로 우리가 이해할 수 없는 부분이죠.

미누친: 이상해 보이지요, 그렇죠?

아빠: 네. 만약 아들이 옳은 것들을 따라 해 왔다면 유능했을 텐데, 저는 잘 모르겠네요.

유능하지 못한 아빠로서의 아빠 (F3)

미누친: 그렇겠죠. 아마도 당신이 그에게 잘못된 본보기를 보여 줬을지도요. 그 애는 당신처럼 되기를 원하지 않을 수도 있죠. (톰에게) 너는 어떻게 생각하니? 너는 아빠처럼 되고 싶지 않지?

아들: 아빠처럼 되고 싶어요.

충실한 아들(S2), 역할 모델로서의 아빠(F4)

미누친: 그리고 싶다고?

아들: 네, 그랬으면 좋겠어요.

미누친: 30년 동안 같은 직업에서 아침 6시부터 오후 4시까지 일하는데, 그렇게 하고 싶다는 말이니?

아들: 네.

미누친: 음, 대부분의 아이들은 어른들을 보면서 '아니, 나는 저런

인생을 살고 싶지 않아'라고 말을 하는데… 넌 정말 아빠처럼 되고 싶은 거니?

아들: 네.

미누친: 참 흥미롭구나. 그것이 네가 하고 싶은 일이니?

아들: 네, 저는 아빠가 일하는 곳과 같은 곳에서 일하고 싶어요.

미누친: 아빠와 같은 곳에서 일하길 원한다고? 아빠와 함께하기를 원하니?

아들: 네.

미누친: 전에 네가 엄마를 쳐다보았고, 네가 엄마의 반응을 일으켰지? 하지만 네가 엄마를 쳐다보지 않을 때에도 엄마는 반응을 한단다. 엄마가 너에게 질문을 하면 너는 '예'라고 답했고, 엄마 또한 '예'라고 답했어. 엄마는 여러분과 마치 회로로 이어진 것처럼 연결되어 있어요! (엄마에게) 당신은 아들이 대답을 하면 동요될 정도로 연결이 되어 있나요?

엄마: 그런 것 같아요.

미누친: (아빠에게) 어떻게 가족이 서로 연결되어 있는지 놀랍지 않으세요?

아빠: 맞습니다.

미누친: (엄마에게) 멋져요. 분위기를 느꼈군요. 항상 그렇게 느꼈습니까? 사람들과 연결되어 있다고…….

엄마: 네, 그랬던 것 같아요. 왜냐하면 저는 항상 사람들한테 책임감을 느껴 왔거든요.

미누친: 그래서 두 분은 항상 책임감 있는 사람이었군요. 남편 분은 자신의 직업에 책임을 지고 있고, 아내 분은 가족에게 책임을 지고 있군요. 이것이 두 분이 일을 나누는 방식입니까? 남편 분의 책임은 가족을 부양하는 것이고, 아내 분의 책임은 아이들을 돌보는 것이었습니까? 그래서 이게 효과가 있었습니까?

톰과의 연결로 인해 제약받는 엄마(M4)

얽혀 있는 체계로서의 가족(도전이 숨겨져 있다)

보호자로서의 엄마(M5)

아빠/엄마 두 부분으로 돌봄에 대한 책임을 나눔.

엄마: 지금까지는 괜찮았어요.

미누친: 결혼한 지는 몇 년이나 되었나요?

엄마: 30년 되었어요. 그리고 저희에게는 톰말고도 다른 두 명
의 자녀가 있어요. 결혼한 딸들이죠.

미누친: 하지만 네가 가족 중에 유일한 남자이고 가장 어리구나.
네 누나는 몇 살이니?

아들: 한 명은 아마 스물여덟살이고…….

엄마: 스물여덟이랑 서른넷이에요.

미누친: (톰에게) 네가 엄마 아빠 모두의 반응을 일으키는구나. 아
주 좋아. 네가 아빠를 쳐다봤을 때 아빠의 반응을 야기시
켰고, 엄마는 혼자 스스로 반응을 일으키는구나. 네가 어
떻게 그렇게 하는지 알고 있니? 눈에 보이지는 않지만 매
우 강하게 연결되어 있구나. 스물여덟 살과 서른네 살과
도……. 둘째 누나도 너와 나이 차이가 많구나. 아기네.
너는 얼마 동안이나 가족 내에서 아기일 거야? 네가 쉰 살
이 될 때까지? 아니면 스무 살 때까지? 나도 잘은 모르겠는
데, 몇몇 가족은 오랫동안 아이를 아기처럼 생각하고 키우
곤 하지.

아들: 음…….

미누친: 언제까지 네가 아기로 살지 엄마에게 물어보렴.

아들: 엄마?

엄마: 네가 다 클 때까지란다.

미누친: 음, 평생이 될 수도 있겠네. 네가 일흔 살이 되고도 너는 여전
히 아기일 수도 있어. 네가… 엄마가 하는 말이 무슨 말인지
체크해 줄래? 그러는데 얼마나 걸릴까? 엄마에게 확인해 봐.
언제까지 네가 아기가 될 것 같은지 말이야.

엄마: 나도 네가 언제까지 아기로 생각될지 모르겠어. 네가 너

얽힌 가족체계.

과잉보호에 도전하는 과정을 실행
하기 시작한다. 아기로서의 톰(S3)

의 책무를 받아들일 때까지 그럴 거야. 내가 너에게 기꺼이 그런 책임을 줄 수 있지만 너는 그것들을 받아들여야만 해. 네가 스스로 책무를 받아들일 때 나는 네가 성장했다고 생각할 거야.

미누친: 너도 그 말에 동의하니? 엄마가 너에게 모든 책임을 넘겼으니 엄마 말에 대답해 보렴. 성장을 하느냐는 너에게 달려 있단다. 그것에 대해 엄마와 얘기를 해 볼래?

아들: 네, 왜 나한테 책임이 있나요?

엄마: 왜냐하면 이건 네 인생이기 때문이야. 너의 책임이지.

미누친: 네 엄마와 연결되어 있는 사람들은 너와 너무 가깝게 얽혀 있어서 네가 거리를 많이 갖지 못한다는 걸 알아. 네가 연관되고 얽혀 있는 것은 계속 너를 어린아이가 되게 할 거야. 엄마는 네가 성장할 수 있게 해 줄까? 나는 잘 모르겠네. 엄마가 그럴 거라고 생각하니?

아들: 네.

미누친: 대답이 너무 빠르구나. 나는 확신을 못하겠는데. 나는 엄마가 네가 너무 가까이 연결되어 있는 걸 보니 엄마가 너를 성장하게 할 거라는 확신을 할 수 없구나. 네가 성장하게 되면 무슨 일이 일어나게 될까?

아들: 저도 잘 모르겠어요.

미누친: 엄마에게는 무슨 일이 일어날까?

아들: 잘 모르겠어요.

미누친: 이것에 대해 아빠와 얘기해 보렴. 네가 성장하게 되면 엄마한테는 무슨 일이 일어나게 될까?

아들: 무슨 일이 일어날까요?

아빠: 아마도 엄마는 편안하게 인생을 즐길 것 같은데. 이게 일어날 일 중 한 가지일 거야.

미누친: 이제 엄마한테 물어보렴. 그것은 네 아빠 의견이니까. 엄

치료사는 톰에게 자신의 유능하지 못함에 대한 엄마의 관점에 도전할 것을 제안하며 톰과 합류하고 있다.

과잉보호적이고 톰의 자율성의 발달을 가로막는 엄마(M6)

엄마에 대한 아빠와 아들 간의 실연화 대화.

마한테 물어봐.

아들: 엄마, 제가 성장하면 무슨 일이 벌어질 것 같아요?

엄마: 네가 성장하면 무슨 일이 벌어질 것 같냐고? 나에게는 더 이상 아기가 없는 거잖아. 그렇지? 내가 확실하게 말할 수 있는 건 나는 더 이상 아기를 원치 않는다는 거야.

미누친: 엄마의 대답을 너무 급하게 받아들이지는 마, 알겠지? 그것에 이의를 제기해 봐. (아빠에게) 보세요, 저는 아내가 방금 자신에게 이제 아기가 없을 것이라는 말이 매우 심각한 이야기로 여겨지네요. 왜냐하면 아내처럼 가족과 연결되어 있는 사람들은 아이가 성장하게 되면 우울감에 빠지기 때문이죠. 그것에 대해 남편 분은 어떻게 생각하나요? 아내에게 문제가 생길 수도 있어요.

아빠: 흠… 저는 그렇게 생각하지 않아요. 그렇지 않을 거예요. 저는 아내가 단지 톰이 성장하기를 기다리고 있다고 생각해요, 저처럼요. 우리는 아마 저희가 원하는 것을 할 수 있을 거예요. 우리는 가 보고 싶은 곳을 가고 싶어요. 우리 아들이 자라기 전까지 할 수가 없죠. 우리는 결혼한 지 30년이 되었고, 알다시피 우리는 나가서 무언가를 좀 더 보고 싶고 그래요. 그런데 톰이 우리를 붙잡고 있어서 우리는 그럴 수가 없어요.

미누친: 톰이 당신을 붙잡고 있다고요?

아빠: 네.

미누친: 그것은 톰이 매우 통제하고 있고, 당신을 인질로 잡고 있다는 의미네요.

아빠: 어… 당신도 알다시피 때로는 톰이 나쁜 짓에 빠질 수도 있어요. 그래서 우리는 차라리 집에 있으면서 그런 모든 걸 피하려고…….

톰은 도전자로서의 목소리(S4)가 증가함. 엄마는 우울증 가능성이 있음(M7).

부모님을 통제하는 톰(S5). 희생자로서의 부모님.

아들:　제가 그렇게 한 적이 마지막으로 언제죠?

아빠:　글쎄… 잘 모르겠어.

아들:　그럼 왜 그렇게 말하는 거예요?

아빠:　글쎄, 그런 두려움이 여전히 있으니까.

아들:　그래도 저는 아무 일도 하지 않았어요. 그러니까 아빠는 그렇게 말할 이유가 없어요.

미누친:　아주 좋아. 네가 방금 했던 건 열다섯 살다웠어. 네가 열다섯 살이니?

아들:　네.

미누친:　아주 좋아. 그것은 나에게 아주 중요한 단서를 주는구나. 네가 방금 한 말은 때때로 너는 성장하는데 부모님은 그것을 알아채지 못하기 때문에 성장할 필요가 있는 건 너뿐만이 아니구나. 아빠와 그것에 대해 얘기를 나눠 보렴. 그거 멋지네. 어서 그것에 대해 아빠와 이야기해 보렴. 아빠도 네가 아기라고 말하고 있으니까. 그리고 아빠도… 너의 간수나 너의 죄수가 될 필요가 있어. 아빠와 얘기해 보렴.

아들:　왜 아직도 그걸 두려워하세요? 저는 아무 짓도 하지 않았어요.

아빠:　난 그냥 두려워.

아들:　아빠가 저를 혼자 놔뒀어도 저는 아무 짓도 하지 않았어요.

아빠:　나도 알아. 하지만 우리는 여전히 너를 집에 두고 밖에 나가는 게 별로 내키지 않아.

아들:　하지만 저는 아무것도 하지 않아요.

아빠:　나도 알아. 쭉 이렇게 좋은 쪽으로만 유지하자, 알겠지?

아들:　알겠어요.

미누친:　(톰에게) 아빠가 나에게 한 말은 아빠가 너를 계속 아기로 여기겠다는 거야. 왜냐하면… 네가 단지 애라는 게 아니

아들과 아빠 간의 대화. 아빠에게 도전을 가하는 아들.

톰의 유능감을 지지해 주는 치료사(S6)

톰(S7)을 간수 혹은 죄수라고 명명함. 아빠(F5)에게도 간수 혹은 죄수라고 명명함.

치료사는 톰의 유능감에 대한 아버지의 입장에 도전을 가하며 톰

라, 아빠는 네가 이제 더 이상 성장하지 않을까 봐 두렵다고 말하고 있단다. 아빠가 너를 믿게 하기 위해 너는 무엇을 해야 하겠니?

아빠: 아기를 키우는 한, 아이스박스를 부수고 내 맥주를 훔치지는 않을 거라고 생각해.

아들: 제가 마지막으로 언제 그런 짓을 했죠?

아빠: 내 위스키를 훔치고…….

아들: 제가 마지막으로 언제 그런 짓을 했어요?

아빠: 잘 모르겠다. 그런데 그건 아기 같은 행동은 아니야. 그것은 정말 큰 아이의 행동이라고 생각해. 이게 내 의견이야.

미누친: 그런데 톰은 자기가 변했는데 아빠가 자기의 변화를 알아차리지 못하고 있다고 아빠에게 말하고 있네요. 네가 한 말이 맞니?

아들: 네.

미누친: 좋아, 그럼 아빠와 얘기해 보자. 너는 부모님을 설득해야 할 거야. 그렇지 않으면 부모님은 그것을 알아차리지 못할 거야. 그래서 너는 부모님을 설득해야 해.

아들: 제가 말했던 것처럼 저는 변했어요.

아빠: 음, 우리는 그 변화를 알아차렸어. 우리가 전에 그랬다고 말했잖아, 안 그랬니?

아들: 글쎄요, 저는 그렇지 않다는 걸 증명하기 위해 아무것도 하지 않았어요. 하지만 아빠는 여전히 두렵다고 말하고 있어요.

아빠: 음, 내가 그랬지. 그리고 나는 여전히 마음속에 네가 그런 일들, 음, 애같은 행동들이라고 하자, 그런 일들을 할 거라는 두려움이 있어. 냉장고와 지하 창고에 자물쇠가 있는 이유이기도 해.

아들: 그거 풀어 놔도 돼요. 저는 아무 짓도 하지 않을 거니까요.

을 합류시킨다. 아들의 자신감을 깎아내리는 아빠(F6)

톰에 합류한 치료사 - 그의 유능감을 지지함.

아빠와 아들 간의 대화. 아들의 유능하지 못함을 주장하는 아빠. 톰은 평범한 청소년처럼 도전을 가하고 있음.

아빠: 알았다, 나도 그렇게 하도록 해 볼게. 내가 지하 창고를 열어 놓으면 네가 페인트로 그곳도 어질러 놓겠지?

아들: 저는 그냥 놀고 있었어요. 지하 창고를 어지르지 않았어요.

아빠: 어질러 놨어. 너는 지하 창고에서 페인트를 가지고 어린아이처럼 행동하고 있었어. 그렇지 않니?

아들: 저는 그냥 노는 거였어요.

아빠: 음, 나사돌리개에 페인트가 잔뜩 묻었던데…….

아들: 그건 싱크대에 있었어요.

아빠: 구리관도 페인트로 가득 차 있었지.

아들: 그건… 그것 둘 다 싱크대에 있었어요.

아빠: 그게 다 노는 거였니?

아들: 맞아요, 왜냐하면 제가 그것을 거기에 놔둘 때 둘 다 싱크대 안에 있었거든요.

아빠: 네가 그곳에서 했던 행동은 아주 무책임한 행동이었어. 내가 너에게 말해 줄게.

미누친: 너는 그 행동을 나쁜 의도로 한 거니? 아니면 네가 어설픈 사람(klutz)이라서 그런 행동을 한 거니?

아들: 제가 어설픈 사람이라서가 아니에요. 저는 금색 페인트로 제 자전거에 페인트칠을 하고 약간 남아서 싱크대에 뒀던 거예요. 그런데 제가 그것을 엎질러서 물을 틀었는데 페인트가 넘쳐서 싱크대에 묻은 거예요.

미누친: 그래서 그 장난스러운 행동들은 고의로 한 게 아니라, 네가 단지 서툴렀기 때문이었네.

아들: 제가 서투른 게 아니에요.

미누친: 그게 서투른 거란다. 하지만 그건 아기 같다는 것과는 달라. (아빠에게) 저건 아이의 서투른 행동이었네요. 아마도 아들은 당신에게 능숙함을 배우지 못했나보군요. 당신은 매우 유능한 사람이에요. 당신이 지금껏 일을 해 왔고 감

'어설픈 사람'이란 명명은 '아기'라는 명명보다 향상된 단계다.

"한 개인으로서는 유능하지만" "아빠로서는 유능하지 못한" 아빠 (F7).

독님이라면 당신은 아마도 자신의 모든 연장을 잘 관리하고 다루는 사람일 거예요. 맞습니까?

아빠: 네.

미누친: 하지만 아들은 그렇지 않았네요… 아니 아직까지 배운 적이 없고요.

아빠: 네, 그 애는 연장을 전혀 주의해서 다루지 않아요.

미누친: 당신은 아들에게 그걸 가르치고 싶어 했군요.

아빠: 네.

미누친: 아들은 당신이 가르칠 수 없는 매우 유능하지 못한 대학원생입니까?

아빠: 아니요. 그 애는 할 수 있어요… 그 애는 똑똑해요. 단지 말을 듣지 않는 게 문제인 거죠.

미누친: 제가 확실히는 모르겠지만 톰의 이야기를 듣고 있자니 제 느낌에 톰에게는 두 부분이 있는데, 당신은 그중에서 아들의 가장 안 좋은 부분을 보고 있는 것 같아요. 아들의 가장 안 좋은 부분은 분명 나쁜 것이지만, 그의 어떤 면은 지금 내가 듣고 있는 거네요. 네 자전거를 페인트칠했다고 했지?

아들: 네.

미누친: 그래, 너는 네 자전거를 직접 칠하는 책임감을 보여 줬어. 아빠에게 그건 실수한 일들 중 하나이지만 네가 이것으로부터 배웠다고 설득해 보렴. 나는 잘 모르지만, 네가 어설픈 사람이 아니라는 점을 아빠한테 설득해 보렴.

아들: 그것은 단지 실수였어요, 아시죠? 다음부터는 어떻게 해야 하는지 저도 알아요. 다음 번에 제가 페인트를 엎지르게 되면 바닥을 닦아 볼게요. 저는 그게 하수구로 흘러내려 갈 거라고 생각해서 그랬어요.

아빠: 갑자기 모든 게 좋아졌구나, 그렇지?

아들: 알겠어요, 다음번에 제가 무엇을 할 때는 아빠한테 말을

치료사가 톰은 책임감 있는 아이로 지지하고, 아빠는 편견이 있다고 명명함.

치료사의 지지를 받아 책임감 있고 유능하게 된 톰(S9).

할게요.

미누친: 당신한테는 약간 어설픈 청소년 자녀 한 명이 있네요. 그 애는 이렇게 말하는 걸 좋아하지 않지만 제 생각에 그 애는 좀 어설픈 아이네요. 하지만 저는 그 애가 당신처럼 되고 싶다고 말했을 때 감명을 받았어요. 그 애가 당신처럼 되게 가르칠 수 있나요?

아빠: 글쎄요, 저도 아들이 아침에 일찍 일어나 침대 밖으로 나오게 하면서 저처럼 되도록 가르치려고 노력하고는 있지만, 제 생각에 아들은 일어나지 않을 것 같아요. 그건 저처럼 되는 행동이 아니에요. 저와는 거리가 먼 행동이죠.

미누친: 저는 왜 당신이 아들을 침대 밖으로 강제로 끌고 나오지 못하는지 이해할 수 없군요.

아빠: 글쎄요, 제가 일하고 있어서요. 일하다가 집에 와서 다시 일하러 갈 수는 없어요. 그게 문제예요.

미누친: 제가 왜 당신의 아내 대신에 당신과 이야기를 하고 있는지 말해 줄게요. 제 생각에 아내는 아들과 너무 가깝게 연결되어 있어서 아들이 당신처럼 될 수 있게 아내가 도울 수 있을 거라고는 생각하지 않아요. 아내는 딸들과 놀라운 일을 해냈고, 아내는 또한 톰을 위해 할 수 있는 일에 최선을 다하고 있다고 생각해요. 하지만 아내가 딸들과 했던 일을 톰과는 할 수 없어요. 그녀는 그걸 잘 모를 거예요. 여기에는 당신처럼 되고 싶어 하는 한 아이가 있어요. 하지만 그 애는 어설프고 당신은 매우 유능하답니다. 그리고 아내는 그 애를 도울 수 없어요.

아빠: 제가 어떻게 그 애를 도울 수 있을까요?

미누친: 그 애가 어설프게 행동하는 것을 당신이 어떻게 멈출 수 있을지에 대한 이야기를 아들과 나눠 보세요.

아빠: 내가 널 어떻게 도와줄까?

치료사는 아빠가 치유자가 될 수 있다는 생각을 전한다(F8).

치료사는 아빠를 톰과 연결시켜 주고 있고, 엄마한테서는 톰을 떼어 내고 있다.

아빠를 선생님으로 다시 연결시

켜 줌(F9).

아들: 저를 도와주면서 가르쳐 주세요.

아빠: 네가 아침에 일어나는 걸 내가 어떻게 가르칠 수 있을까?

아들: 저도 아침에 일어나려고 노력해요.

미누친: 계속 이야기를 나누시면서 정확하게, 열다섯 살처럼, 어른
        처럼 행동하라고 요구하세요. 얘기를 나눠 보세요.

아빠: 나는 네가 어른이 되었으면 좋겠어. 그리고 아침에 일어
        나면 좋겠어. 네가 꼭 해야 할 것은 침대에서 일어나는 거
        야. 일어나 있는 것은 네가 깨어 있는 거니까. 그게 네가
        해야 할 일이야. 하지만 너는 침대에서 일어나지 않지. 어
        떻게 열다섯 살 소년이 침대에서 못 일어나지? 나는 네 엄
        마가 너를 세네 번 부르는 소리를 들어.

미누친: (엄마에게) 여기 앉아 주세요. 제 생각에 당신이 톰과 너무
        밀접하게 연결되어 있는 것 같아요. (톰에게) 함께 어떻게
        할지 이야기해 보렴. 네가 내일을 책임감 있게 시작하도록
        아빠가 도울 수 있는 방법을 말이야. 아빠와 이야기를 나
        눠 보렴. 그러면 아빠가 너를 도와줄 거야.

톰을 아빠 옆에, 그리고 엄마를 치료사 옆에 배치하며 치료사는 앉아 있는 위치를 재배열함.

아빠: 너는 아침에 어떻게 일어날 생각이니? 무엇을 할 수 있을까?

미누친: (엄마에게) 진정하세요. 세상에, 당신은 톰과 너무나도 밀
        접히 연결되어 있군요.

엄마가 긴장한 것처럼 보인다. 그녀는 톰을 쳐다보기 위해 목을 쭉 빼고 있다.

아들: 아빠는 제가 더 일찍 자게 해 줄 수 있어요. 아니면 제가
        더 일찍 자려고 노력할 수도 있고요.

아빠: 그렇다면 더 일찍 잠자리에 드는 것은 어떠니?

아들: 그게 바로 제가 하려던 거예요. 시도해 보려고요.

미누친: '시도한다'라는 말은 사용하지 마세요. 왜냐하면 내일이면
        아들은 변화할 것이고, 당신이 그 애의 본보기이니까요,
        아시겠지요? 그럼 아들을 가르치는 것을 시작해 보세요.

당신은 인생 경험이 있습니다. 이 아이가 그런 경험들을 쌓을 수 있도록 도와주세요.

아빠: 음, 우리가 너한테서 물건 하나를 치워 버려야겠다. 너의 새로운 녹음 기계를 치워야겠어.

아들: 제가 그냥 아침에 일어날게요.

아빠: 내가 한 말을 들었니?

아들: 네.

미누친: 그것에 대해 얘기해 보세요. 이것은 열다섯 살 아이와 아빠 간의 훌륭한 소통입니다. 당신은 책임질 것이고, 그 애는 당신에게 책임감 있게 해야 된다는 소통으로 얘기해 보세요. 프로그램을 개발해 보세요. 저는 당신이 이 여성 분을 쉬게 해 주길 바라요. 그래서 그녀가 엄청난 시간의 휴식을 취하도록……. 만약 톰이 당신과 가까이 연결된다면 당신이 아내를 돕는 거예요. 당신도 아내를 도와주고 싶지요, 맞지요?

아빠: 오, 그럼요.

미누친: (엄마에게) 저는 당신 편입니다, 아시겠지요?

엄마: 네, 알겠습니다.

아빠: 우리는 이와 똑같은 주제로 지금 열다섯 번이나 이야기를 했어. 너는 계속 내일은 일찍 일어나겠다고 말하고 있지만, 똑같은 일만 계속되고 있구나.

미누친: 그렇다면 당신이 하는 행동이 뭔가 잘못되었군요. 당신이 한 무언가가 잘못된 거예요. 그게 무엇인지 저는 모르지만, 일어나는 이 일을 당신이 좋아하지 않고 그도 좋아하지 않으며 당신이 그것을 바꾸지 않는다고 말한다면 당신이 하는 무언가가 잘못된 것이죠. 집 안에서 뭔가 변화가 필요해요.

아빠: 저도 무엇이 바뀌어야 할지 잘 모르겠어요. 우리는 아들에

아들의 치유자 역할을 했던 아빠가 아내의 치유자가 됨(F10).

아들이 자신의 행동에 유일한 '주인'이 되기를 주장하는 아빠. 치료사는 아빠를 실패한 것으로 명명함(F11).

게 벌을 주려고 해요. 우리가 할 수 있는 일은 또 무엇이 있을까요?

미누친: 당신의 아내를 끌어들이지 마세요. '우리'가 아니라 당신입니다.

아빠: 내가 너의 바지를 벗기고 호되게 체벌을 할 수도 있어. 아마 이것이 너를 바로 잡게 해 줄 수 있을 것 같은데……. 너도 그렇게 생각하니?

아들: 저는 잘 모르겠어요.

아빠: 모른다고? 이게 바로 다음 번에 일어날 수도 있는 일인데……. 너도 그러면 좋을 것 같니?

아들: 아니요.

아빠: 그러면… 내일은 너 스스로 아침에 일어날 거지, 그렇지?

아들: 네.

아빠: 그건 네가 저번 주에도 한 말이었지.

미누친: 아들이 저번 주에 그렇게 말을 했는데도 아침에 일어나지 않았다면 당신은 무언가 잘못된 방법을 사용한 것입니다. 분명해요. 아들이 변화하기 위해서는 당신도 변화가 필요하고 아내도 변화가 필요합니다. 이건 분명합니다. (엄마에게) 당신에게는 휴식이 필요해요. 당신은 벗어날 필요가 있어요.

엄마: 노력하고 있어요.

미누친: (엄마에게) 당신은 너무 할 필요가 없어요. (아빠에게) 혹시 절단기를 갖고 있나요? 그게 우리가 해야 할 일이에요. 연결선을 자르는 것. 아내가 너무 가까이 연결되어 있어요. (엄마에게) 당신은 아들이 성장하게 해야 합니다. 당신이 기억 장치라면, 당신이 알람 시계라면 그가 성장할 필요가 없을 겁니다. 이 일은 당신에게는 쉬워요. 당신의 남편이 그 연결선을 끊어 줄 거예요.

치료사가 아빠를 확인된 환자라고 명명함(F12).

중재자이자 조력자로서의 아빠(F13).

엄마: 이 시간 이후로 제가 뒤로 물러선다는 것은 선생님도 알다시피 쉽지 않을 거예요. 왜냐하면 몇 년 동안이나 해 온 방식이니까요. 저는 톰과 함께하려고 노력했어요. 저는 몇 년 전에 깨달았어요. 제가 아들의 알람 시계이고, 기억 장치이며, 그리고 그 밖의 모든 것이었다는 점을……. 그리고 나서 저는 뒤로 조금 물러서서 아들에게 더 많은 것에 대한 책임을 갖게 하려고 시도했는데, 제 생각에 이때부터 우리가 그런 많은 문제를 갖기 시작했던 것 같아요.	엄마는 그녀 자신에 대해 치료사의 언어를 사용하여 설명하고 있다. 엄마는 그녀 자신을 실패한 것으로 명명함(M8).
미누친: (아빠에게) 당신이 아내를 도와줄 필요가 있네요. 당신은 어떻게 할 수 있을까요? 아내는 분명 쉬운 일이라고 생각하지는 않는다고 말을 했어요.	
아빠: 아내는 계속 그 일에 제가 관여하지 않기를 바랐어요.	남편과 아내 간의 갈등
엄마: 매일 아침마다 저는 이런 상황에 처하게 돼요. 저는 아들이 이 치료실에 있는 걸 보는 게 저의 책임이라고 느끼기 때문에 아들을 깨워요.	
미누친: 당신이 책임감을 갖고 있기 때문에 정작 아들은 책임감을 느끼지 않고 있군요. 당신은 아들이 다섯 살일 때 이같은 행동을 하기 시작했지요?	엄마와 아들의 상보성
엄마: 네.	
미누친: 그리고 지금 아들은 열다섯 살인데 당신은 여전히 그 일을 하고 있군요.	
엄마: 맞아요.	
미누친: (아빠에게) 그녀는 감독관이군요. 보세요, 아내가 감독관이기 때문에 당신은 깨우는 일을 할 필요가 없어요. 그러니까 아내와 이야기를 하면서 어떻게 해야 당신이 아내를 도울 수 있는지 알아보세요.	
아빠: 우리는 이것에 대해 이야기를 하고 다른 것을 시도해 봤어요. 저는 그 시간에 직장에 있으니 제가 매일 집에 갔다가	자녀 양육에 협력하는 엄마와 아빠

다시 일하러 가지 않는 이상 제가 할 수 있는 일은 없어요. 집에 갔다가 다시 일하러 가는 것도 제가 잘할 수도 없고요.

엄마: 제가 전에 말했던 것처럼 당신은 다시 집에 돌아올 수도 있어요. 지금보다 좀 더 단호하게 하세요. '네가 만약 침대 밖으로 나오지 않는다면 내가 집으로 갈 거야'라고 일어날 일에 대해 아들에게 좀 더 분명한 생각을 심어 주세요. 그리고 집에 와서 침대 밖으로 나오게 할 거라는 걸요. 그렇게 하는 것이 나를 도와주는 거예요.

미누친: 당신은 마음이 여리군요.

엄마: 저는 제가 마음이 여린 사람인지 그건 잘 모르겠어요. 저는 아들에게 벌을 주고 빼앗을 물건을 생각해서 일어나도록 유인책을 쓰려고 하는데, 그게 효과가 없네요. 아들이 아빠는 그걸 강요하지 않을 걸 알고 있기 때문에 이게 효과가 없는 거예요.

아내가 남편에게 도전을 가함.

미누친: 당신에게는 연결선을 끊을 절단기가 필요하군요. 아내는 아들이 당신처럼 되도록 도울 수가 없어요.

엄마: 저도 선생님 의견에 동의해요.

똑같은 메시지를 반복하는 치료사

미누친: 그럼 당신이 그런 일로부터 어떻게 하면 자유로워질 수 있을지에 대해 남편과 이야기해 보세요.

엄마: 글쎄요. 제가 보기에 유일한 방법은 제 남편이 그냥 이어받아서 하는 거예요.

엄마와 아빠가 다시 연결됨.

미누친: 그와 이야기해 보세요.

엄마: 그리고 아들에게 좀 단호해지세요. 아들을 때려야 한다면 때리세요. 비록 내가 그런 걸 좋아하지 않는다고 하더라도 말이죠. 만약 당신이 아들에게 큰소리를 치거나 거칠게 대할 것 같은 어떤 일이 있다면 나에게 잠시 나가 있으라고 말을 해 주세요.

아들: 맞아요. 저도 규칙이 무엇인지를 아빠가 저한테 말해 주면

좋겠어요.

미누친: 당신은 매우 유능한 남자인데, 어설픈 아이가 한 명 있군요. 그게 마음에 드나요?

아빠: 아니에요, 저는 좋지 않아요. 아니죠!

미누친: 그럼 아이를 변화시켜 보세요. 이것이 당신의 일이에요. 왜냐하면 당신이 그 본보기이니까요. 톰이 했던 말이 참 좋네요. 아들은 당신 같은 사람이 되고 싶다고 했습니다. 그건 굉장히 멋진 칭찬이죠.

아빠: 아들이 저처럼 되고 싶다면 그 애는 침대에서 나와야만 해요. 알겠니, 톰? 네가 만약 침대에서 나오지 않으면 나는 너의 바지를 벗긴 후에 호되게 때릴 거야. 어떻게 들리니? 내일부터 시작하는 거야. 알겠지?

아들: 네.

아빠: 좋아. 그리고 네 엄마는 이 일에 관여시키지 않을 거야. 내가 알람을 맞춰 줄 거야, 알겠니? 아침에 네 알람이 울리는 거 들리지?

아들: 들려요, 가끔씩.

아빠: 그럼 내일 아침에는 잘 듣고 일어나야 할 거야.

아들: 네. 잘 들을게요.

미누친: 아내에게 아들을 깨울 필요가 없다고 말했습니까?

아빠: 하려고요.

미누친: 아내에게 아주 확실하게 말해 주세요.

아빠: 아빠는 아침에 집에 있을 거야. 알았지? 이것과는 상관없이 너는 너 스스로 일어나야 해, 알겠니?

아들: 네.

아빠: 어느 누구도 너를 부르지 않을 거야.

아들: 네.

아빠: 만약 네가 일어나지 않으면 내가 거기 있을 거야. 알겠니?

변화: 유능감에 관한 대화에서 아빠와 아들이 재연결됨.

그리고 너는 그 대가를 치를 거야. 그리고 내가 네 엄마한 테는 나가 있으라고 말할 거야. 나는 지금 진지하단다!

아들: 알겠어요.

미누친: 좋아요. 아들을 도울 수 있는 게 또 뭐가 있을까요? (일방 경 뒤에서 이 치료를 관찰한 프로그램 치료사를 초대해서 입실시킨다.) 카알, 우리와 합류하겠어요? 우리가 치료 전에 카알과 함께 했는데 당신은 나에게 아이가 어설프다고 말하지는 않았어요. 당신은 나에게 아이가 스스로 잘 움직이지 않지만 총명한 아이라고 말했어요. 아이가 그의 아빠처럼 기지가 있고 똑부러지게 보이도록 어떻게 도울 수 있을까요?

상담자: 제가 생각할 수 있는 것 중 한 가지는 만약 문제가 생기면 제가 아버님께 연락을 취하는 거예요. 우리가 알고 있는 몇 가지 문제들이 뭔지를 톰이 당신에게 설명할 수 있으리라 생각해요.

아빠: 제가 도울 수 있다면 정말 기쁠 것 같아요.

상담자: 그리고 저는 톰이 집단에서 해 왔던 일들이 어떤 것인지 아버님이 알 수 있도록 날마다 아버님께 보고서를 드릴게요.

아빠: 그거 저한테 좋은 일이군요!

미누친: (톰에게) 내가 너에게 일어난 일에 대해서 말해 줄게. 나는 이 프로그램이 네가 성장하는 데 도움이 되지 않을 거라고 생각한단다. 이제부터 너는 엄마 대신 아빠와 카알과 연결 될 거라는 거야. 엄마를 대체하는 거지. 이게 그렇게 도움이 되지는 않을 거야. 왜냐하면 너는 꼭두각시처럼 되고, 너를 그 꼭두각시로 조종하는 사람들이 있기 때문이지. 다시 말해 엄마가 너의 조종자였지만, 이제는 아빠와 카알이 너의 조종자가 될 거라고 이야기하고 있는 거야. 이건 네가 진정한 열다섯 살이 되기 위한 방안이지. 그리고 만약

아빠(F14), 엄마(M9), 그리고 상담자(C1)는 톰의 조종자들로 명명됨.

너를 조종하는 사람들이 있다면 네가 진정한 열다섯 살이
되지 못할 거야. 하지만 너는 능력이 있단다. 네가 조종자
들을 뽑는 거야. 엄마는 15년 동안 너의 조종자였고, 우리
는 지금 그렇게 하지 말자고 이야기를 나누고 있는 거야.
무엇이 목표인지 알겠니?

아들: 네. 성장하는 거요.

미누친: 조종자들을 쫓아내는 거지. 그래서 조종자들은 지금 좋은
프로그램을 개발하고 있단다. 그것은 네가 더 능력 있는
꼭두각시가 되는 게 아니고, 목표는 네가 엄마, 아빠, 카
알과 같이 너를 꼭두각시로 대하는 모든 사람을 쫓아내는
거야. 그들은 너의 내면에 그럴 만한 힘이 없다고 생각해.
나는 밖에서 너를 조종할 사람이 필요하지 않을 만큼 네
안에 힘이 있다고 믿거든. 너는 손을 스스로 움직일 수 있
니? (미누친이 일어나서 그의 손을 조종자처럼 움직인다.)

> 꼭두각시로서의 톰(S10).

아들: 그럼요.

미누친: 그래, 너는 조종자가 필요하지 않아. 너는 모든 사람들을
속여 왔어. 모든 사람은 네 안에 동력이 없다고 생각하거
든. 너는 마음이 없구나. 어떻게 그들 모두를 속일 수 있
었니?

> 유능한 조종자로서의 톰(S11),
> 그의 증상을 기술로 변화시킴.

아들: 모르겠어요.

미누친: 운인 거야? 아니면 영리한 거야?

아들: 운?

미누친: (톰에게) 그래, 너는 아빠를 납득시키기 전에 내일 이 분을
납득시켜야 할 거야. 너는 카알에게 이젠 너한테 그런 조
종줄이 필요 없다고 납득시켜야 될 거야. 왜냐하면 그에게
확신을 주는 것이 부모님을 납득시키는 것보다 더 쉽기 때
문이지. 따라서 너는 카알부터 납득시켜야 해. 왜냐하면
너는 그와 가까이 연결되어 있지 않기 때문에 그는 설득

> 치료사가 톰을 유능하고 회복
> 력 있는 청소년으로서 합류시킴
> (S12).

당할 거야. 그리고 내일 카알과 이 중 일부에 대해 이야기 해 봐. 어떻게 그가 내면에 있는 것을 사용할 수 있었는지 에 대해 그와 이야기를 나눠 봐. 여기에서부터 변화를 시 작해 봐. 나는 카알도 너의 괜찮은 부분을 잘 알지 못한다 고 생각해. 카알과 엄마아빠가 아는 유일한 것은 네가 줄 이 필요하다는 거지. 그건 너에게 나쁜 것이지. 그들은 너 에 대한 다른 부분들을 알지 못해. 네가 똑똑하다는 사실 도, 네가 때때로 도움이 된다는 사실도 알지 못하지. 가끔 씩은 네가 그렇게 유능하지 않기는 하지만 네가 예의 바르 고, 사려 깊고, 책임감이 있다는 것 등등 말이야. 잘 보렴! 그들은 네가 어설픈 사람이라는 사실만 알았지, 네가 자전 거에 페인트칠을 했다는 사실을 알지 못했어. 네가 자전거 에 페인트칠을 했지?

아들: 네.

미누친: 무슨 색, 금색?

아들: 네.

미누친: 그거 좋은 자전거이니?

아들: 네.

미누친: 10단 자전거?

아들: 네.

미누친: 종류가 뭔데?

아들: 저도 잘 모르겠어요. [엄마를 쳐다보자 미누친이 일어나서 톰의 눈을 가린다]. 그것은 독일 자전거예요.

미누친: (톰에게) 너는 그걸 엄마가 말해 줄 거라고 생각하니?

아들: 네.

미누친: 엄마를 이용하지 마라. 우리는 변화를 위한 시작에 대해 이야기하고 있단다. 나는 네가 자전거 이름을 말하지 못하

청소년의 일반적인 과제에 대한 대화(S13).

는 것을 받아들일 수 있어. 괜찮아. 너에게는 엄마가 필요하지 않아. 그 자전거는 좋은 자전거이고, 너는 그 자전거에 페인트도 칠했어. 너는 왜 페인트칠을 했니? 너는 그것을 좀 다듬은 거야, 아니면 완전히 페인트칠을 한 거야?

아들: 전 그냥 그것을 손질했을 뿐이에요.

미누친: 너는 어떤 종류의 페인트를 사용했니? 스프레이로 할 수 있는 거니?

아들: 아니요, 병 안에 있어요.

미누친: 병이구나. 너는 아빠가 알고 있는 것보다 훨씬 많은 것이 너의 내면에 있다고 아빠한테 확신시킬 필요가 있어. 그러면 아빠는 엄마에게 말할 거야. 그러면 아마도 엄마는 편안해질 거고, 너는 성장하게 될 거야. 프로그램은 어때, 괜찮니?

아들: 네.

미누친: 이 사람들은 너를 믿지 않을 거니까 네가 설득하는 데 굉장히 많은 노력을 해야 할 거야.

아들: 알겠어요.

미누친: 즐거웠어요. 제가 당신에게 무언가를 말씀드릴게요. 당신에게 당신처럼 되고 싶어 하는 아들이 있다는 것은 정말 대단한 일이에요.

아빠: 맞아요.

톰은 이번 회기에 이어 2주만에 이 프로그램을 끝냈고, 일반 고등학교를 꾸준히 다녔다. 가족은 가족치료를 계속했다.

무엇을 배울 수 있는가

이 사례는 가족 구성원과 치료사의 이동(movement)을 뚜렷히 볼 수 있는 흔치 않는 회기였다. 내가 느끼기에 아빠는 책임감 있고 정직하고 순진무구한 면은 있지만 자녀들에게 그리 신통치 않다는 것을 알게 되었다. 그리고 엄마는 많은 문화권에서 수차례 봐 온 책임감 있고 보호적이며 자신에게 쏟을 비용으로 다른 사람을 염려하는 분이다.

그래서 참 만남의 첫 순간에 엄마를 알람 시계와 기억 장치로 명명함으로써 엄마의 방식에 도전을 가할 수 있다고 느꼈고, 엄마가 나의 진단 안에서 스스로를 인식할 것이라고 믿었다. 그런 다음 아빠의 감독님으로서의 유능함을 합류시킨 후에 그를 '유능하지 못한 아빠'로 명명할 수 있었다. 나는 아들이 부모의 갈등적 양육 방식 사이에 붙잡혀 있다고 생각했다.

이러한 지엽적인 가족 정보를 통해 아직 분명하지는 않지만 다음 세 가지의 목표를 설정했다.

① 엄마를 아들과 단절시키기
② 아빠를 아들과 연결시키기
③ 아들이 부모 사이에서 도전하도록 합류하기

나는 가족 구성원이 관계에 대한 이러한 대안적 방식으로 향하게 하는 법을 몰랐지만, 한 시간 반 이상의 대화를 나누며 우리는 대상과 관계에 대한 새로운 방식을 수렴하였다.

정체성에 대한 개념 정리에서 정체성이란 상이한 맥락 속에서 확장하고, 치료적 전략은 가족 구성원으로 하여금 관련 맥락을 전환하는 방향으로 나아가게 하는 것이다. 이렇게 하기 위해 나는 명명화, 진단, 혹은 아빠, 엄마 및 아들의 정체성을 크게 확장시켰고, 새롭게 대화를 조성하고 관계 방식을 새롭게 하도록 도와주면서 가족을 상이한 하위체계에서 새롭게 연결시켰다.

교육적인 취지로 사람들이 몇 차례나 명명화되는지를 번호로 표시했다. 아빠는 14번, 엄마는 9번, 톰은 12번이었다. 그리고 물론 나는 한 명의 가족 구성원과 접촉할 때 다른 두 명과는 상이한 방식으로 접촉했다는 것을 인식하면서 나의 개입 방법을 계속 전환시켰다. 나는 명명화로 나타냈다.

엄마	1. 알람´시계 2. 톰을 위한 기억 장치 3. 아빠를 위한 기억 장치 4. 톰과의 친밀한 연결로 인해 제약 받기 5. 보호자 6. 과잉보호적인 7. 우울한 8. 엄마는 스스로를 실패한 것으로 명명함 9. 톰의 조종자
톰	1. 엄마에 의해 무책임하고 반항적이라고 명명됨 2. 아빠에 충성스러운 3. 아기 4. 부모님을 통제하기 5. 엄마에 대한 도전자 6. 유능한 7. 간수 또는 죄수 8. 어설픈 사람 9. 책임감 있고 유능한 10. 꼭두각시 11. 조종자들을 능숙하게 조종하는 사람 12. 유능하고 회복력 있는 아이 13. 평범한 청소년
아빠	1. 책임감 있고 유능한 2. 경영 간부 3. 유능하지 못한 아빠 4. 아들의 역할 모델 5. 간수 또는 죄수 6. 아들의 유능함을 약화시킴 7. 감독으로서는 유능하고 아빠로는 유능하지 못함 8. 치유자로서 9. 선생님으로서 10. 아내와 아들의 치유자로서 11. 유능하지 못하고 편협한 12. 증상 전달자 13. 조력자로서 14. 톰의 조종자

　회기 동안에는 나와 이 가족이 가족 구성원에게 부여한 많은 모순된 명명화를 잘 자각하지 못했다. 하지만 정체성이 논리적이지 않다는 것을 알고 있고, (치료사를 포함한) 팀 구성원들은 회기 동안에 이러한 내용들을 가로질러 가며 혼란스러운 순간들이 구성원의 신념에 도전을 가했고, 이러한 중간의 휴식 속에서 치유는 시작되었다.

제4장

가족 조직을 해체해 보기

하위체계를 탐색하면서

이 장은 가족 조직(family organization)에 초점을 두고 있다. 특히 치료사들이 하위체계를 변화 과정의 경로로 탐색하도록 치료 과정을 강조하고 있다.

가족이란 시간이 흐르면서 구성원들은 공통의 역사와 복잡한 변화 과정을 겪는 사회체계다. 가족이 제대로 기능하기 위해서는 구성원들의 발달 과정의 변화를 고려해야 하고, 그들의 문화적 기대에 대처해야 하며, 새로운 현실에도 적응해야 한다. 예를 들어, 세대 간의 관계 속에서 부모는 자녀가 어릴 때는 보호하고 양육하고 통제하는 게 당연하겠지만, 아이가 청소년이 되었을 때는 변화된 역량과 필요에 따라 상이하게 관계할 필요가 있다. 또한 자녀는 그들의 현재 문화의 현실 안에서 기능해야 한다. 초기에 여성은 '정서적인' 역할을 수행하는 반면, 남성은 '집행하는 구성원(executive member)'으로 남성과 여성의 역할이 명확하게 정의되었다 (Parsons & Bales, 1955). 그러나 현재 서구 사회에서는 각 성별에 대해 폭넓고 좀 더 복합적인 개념을 반영할 뿐만 아니라 가족의 형태도 다양해 지면서 성역할이 급속히 변화하고 있다. 이혼, 공동 자녀 양육권, 재혼, 게이, 레즈비언, 혼합 가족 등이 지금의 사회 구조의 한 부분에 속한다.

젊은 치료사가 만나게 될 대다수의 가족은 증상 및 증상 보유자와 사투를 벌이고 있을 것이고, 그들은 치료사에게 이렇게 말할 것이다. "우리는 우리가 할 수 있는 모든 것을 했습니다. 그리고 지금 우리는 지쳤어요." 그들은 협소하게 초점을 맞추며 즉각적으로 주의를 기울여 주기를 바란다. 신규 임상가에게 있어 그러한 요구는 가족들이 하는 지시를 따라야 하는 명령처럼 느껴질 것이다. 그러나 이것은 지나치게 단순화된 공식이며, 가족의 고통 완화를 계속 실패하게 하는 처방이다. 가족은 복잡한 체계다. 가족을 하나의 전체로서 파악하기 위해서는 그들의 경직성과 병리뿐만 아니라 회복탄력성과 강점들, 그리고 가족의 복잡성을 이해하는 것이 중요하다.

이 장에서는 '전형적인' 기술에 해당되는 한 가족의 초기 치료 단계를 서술할 것이다. 그들은 확인된 환자와 문제에 대한 단순한 정의, 그들의 아이를 치료해 달라는 요청, 그리고 절망과 무기력감을 호소하며 찾아왔다. 이 치료는 그 가족이 어떻게 조직되었고, 가족 구성원이 어떻게 역기능적 패턴이 되었는지에 대해 좀 더 복합적으로 이해하도록 이동해 가는 것이다.

회기가 진행되면서 이 과정이 가족의 전체 조직뿐만 아니라 그 전체를 구성하는 부분들도 분명 다루게 될 것이다. 가족체계는 하위체계들을 포함하며, 그 하위체계들은 다시 세분화된 부분들이 있다. 예를 들어, 어린아이가 있는 가정의 어른들은 '부모'이면서 또한 '배우자'이기도 하고, 학교 교육, 재정 등에 관한 의사결정을 하면서 가족 외의 세계와도 관련해서 기능을 한다. 한 가족의 모든 구성원처럼, 발달 단계를 통해 변화하는 일련의 기술과 꿈, 그리고 욕구와 함께 각자는 한 개인의 하위체계인 '개인'인 것이다.

한 가족의 하위체계들은 서로 밀접한 관계에 있는 특정 구성원들의 총체다. 정의하자면 하위체계들은 다른 사람을 배제시키는 암묵적인 '경계선'을 갖추고 있다. 형제자매들은 부모를 배제시킨 그들 자신만의 세계를 가질 수 있다. 나이가 많은 형제자매들은 어린 동생들을 배제시킬 수 있다. 성별 또한 특별한 유대 등을 생성할 수 있다.

이러한 밀착(affiliations)은 힘의 원천이자 스트레스 발생 요인이 될 수 있다. 예를 들어, 구성원에 대한 지지와 배제된 사람들의 분노의 원천이 될 수 있다. 가끔 특정한 가족 구성원이 같이 합류하여 다른 사람에게 도전하거나 공격한다면 밀착은 연합(coalitions)이 된다. 만약 세대 간 연합이 일어난다면 그것은 흔히 병리의 표현이자 스트레스의 원천이 된다. 마치 갈등하는 배우자가 한쪽 배우자에 맞서기 위해 자녀들과 연합하여 끌어 들이거나 조부모가 손주들로 하여금 부모한테 반기를 들게 요청하는 것과 같다.

무엇보다 하위체계의 지형적 특성을 인식하는 것이 중요하다. 이것은 어떻게 개입할 것인지, 어떻게 합류할 것인지, 그리고 어떤 길을 택할지 말지에 관한 암시적ㆍ암묵적인 지침을 포함하고 있다.

가족 치료: 사례 분석[1]

이 사례의 자문가인 미누친은 보이드 가족과 만남을 가진 뒤, 주 치료사는 관찰자가 되는 것에 동의하였다. 치료사는 가족에 대해 다음과 같은 정보를 제공해 주었다. 리차드와 메리는 40대이고, 휘트니는 열다섯 살, 조우는 두 살이다. 휘트니는 메리가 첫 결혼을 해서 얻은 딸이며, 그 결혼은 휘트니가 유아일 때 이혼으로 끝이 났다. 조우는 메리와 리차드 사이에서 태어난 아들이다. 메리는 이혼한 지 1년 후 리차드와 결혼했고, 현재 휘트니가 믿음을 주지 못해서 치료를 받으러 왔다. 그녀는 강박적으로 거짓말을 하고, 대부분 거짓말에 사로잡혀 있다.

다음은 처음 두 회기를 요약해서 제시한 것이다. 이 장의 주된 목적은 한 가족을 탐색한 뒤 치료를 진전시키기 위해 하위체계를 이용한다는 점을 증명하는 것이고, 제시된 것은 그러한 목적을 위해 채택되었다. 왼쪽 열에 나오는 대화는 축약된 것이다. 숫자가 적힌 제목은 회기가 진행되면서 관련된 하위체계들의 속성과 전환을 강조한 것이다.

고딕체로 쓰인 부분은 독자들을 위해 제시한 것이며, 컨설턴트·치료사가 개입하거나 무슨 일이 일어났는지 평가할 때의 생각과 추론을 요약한 것이다.

첫 번째 회기

우리가 치료실에 착석했을 때 메리는 나에게 "그녀(휘트니)는 제가 기억할 때마다 우리에게 거짓말을 해 왔어요"라며 먼저 말을 꺼냈다.

이것은 명백히 불가능하다. 하지만 문제는 이 진술의 논리에 있는 것이 아니라 '제가 기억할 때마다'라는 말의 강도에 있다. 이 가족의 상호작용은 서두에 시작된 한 이야기에 국한되어 있었다.

1. 부모로서의 부부: 부모 하위체계

미누친: 저에게 좀 더 말해 주시겠어요? 더 구체적으로 말이에요. 당신은 자신의 이야기에 익숙하겠지만, 저는 낯선 사람일 뿐이라는 걸 명심하세요. 휘트니가 거짓말을 했을 때의 일에

나는 회기 시작부터 도전에 직면했다. 어떻게 합류할 것인가? 나는 가족이 제시하는 문제는 항상 부분적이고, 망설임을 요구하는 멈춤 신호라는 것을 기억할 필요가 있었다. 내면의 목소리가 "넌

대해서 그녀와 함께 이야기해 줄 수 있나요?

리차드: (이야기를 계속하며) 우리는 왜 우리가 이 문
제를 우리 스스로 고칠 수 있다고 생각했는
지 모르겠어요. 상황이 점점 더 악화되고 있
어요.

메리: 우리는 모든 걸 시도해 봤어요. 우리는 그 애
가 왜 그러는지도 이해하려고 노력했어요. 그
애는 아주 사소한 것도 거짓말을 하고, 현재
는 학교에서도 거짓말을 하며, 성적은 계속
떨어지고 있어요.

이 가족에 대해 모르는데 그들은 네가 전문가여
야 한다고 요구하고 있어"라고 나에게 말한다. 나
는 내가 '불확실한 전문가'임을 기억해야 했다. 그
러므로 나는 질문을 해야만 했다. 그러나 대체 누
구에게, 그리고 무엇에 대해서 그것이 바로 나의
딜레마다. 만약 부모와 합류한다면 나는 휘트니
를 잃을 것이고, 확인된 환자처럼 그녀의 딸에 대
한 협소한 정의만으로는 그들과 함께할 수 없었
다. 나는 부모가 그들 스스로를 유능하고 자원이
풍부한 사람으로 여기도록 불확실성과 호기심,
그리고 희망을 도입시켜야 한다. 나는 휘트니와
이야기할 수 있게 부모의 허락을 요청했고, 그녀
의 삶에 호기심을 느낀다고 말하면서 시작했다.

2. 확인된 환자: 개인 하위체계 – 치료사와 휘트니 (논의에 대한 요약)

우리는 그녀가 다니는 학교나 친구들, 그리고 관심사
에 대해 이야기했다. 그녀는 항상 일기를 쓰고 있으
며, 시를 좋아하고 짓기도 하지만 아무한테도 보여 주
지는 않는다고 말했다. 나는 그녀에게 은유가 뭔지 아
는지 질문해 보고, 은유라는 것이 어떤 것을 다른 이
름으로 불러 줌으로써 주의를 이끈다는 점에 동의했
다. 나는 은유가 실제로는 시적인 거짓말이라고 말
했다.

나는 이러한 이미지에 만족했다. 이미지는 증상
을 기술로 변경시키고, 명랑하고, 나에게 쉽게 다
가오며, 여느 어린아이처럼 자신이 거짓말쟁이
그 이상이라는 것을 내가 이해하게끔 설명하고
싶어 하는 휘트니에게 매력을 느낄 것이라고 확
신했다. 동시에 가족은 아마도 내가 휘트니의 꼬
임에 넘어갔고, 그녀의 거짓말에 빠졌다고 느낄
것이라는 것도 알고 있다.

---

1) 이 사례는 Minuchin, Nichols, & Lee(2007)의 『가족과 부부를 평가하기: 증상에서부터 체계까지(Assessing Families
and Couples: From Sysptom to System)』에 제시되어 있다. 승인을 통해 복제와 전자복제할 수 있다. 사례에 대한
자세한 사항은 이 문헌을 참조하기 바란다.

3. 가족 체계: 아이를 관찰하는 부모

미누친: (다시 부모를 향해서) 당신들이 휘트니와 이야기할 수 있겠어요? 저는 낯선 사람인데 당신들은 가족에게 매우 중요한 어떤 것 때문에 저를 보러 오지 않았습니까? 함께 이야기해 보는 것이 어쩌면 저에게는 당신들이 서로를 어떻게 대하는지 알게 해 줄 수 있습니다.

리차드: 저는 그걸 설명할 수 없어요. 그래서 우리가 여기에 왔는걸요.

메리: 처음에는 아이가 우리에게 대단찮은 거짓말을 했어요. 이제는 애가 다른 사람들과의 사이에서 문제를 일으켜요. 아이가 우리한테는 절대 전체적인 이야기를 하지 않아요. 아이가 감당이 안 되고 있어요.

휘트니와 이야기하는 개입법은 가족 구성원의 예상과 대조된다. 그들은 집에서는 서로 이야기하고, 회기에 와서는 전문가에게 질문한다. 따라서 그들은 이러한 사건의 전환에 매우 놀라워했다. 나는 그들이 아마도 내게 계속 직접적으로 관여할 거라는 걸 알지만, 이는 치료의 규칙을 소개하는 초기 과정이다. 나는 치유란 가족 구성원의 관여를 필요로 한다고 제안하면서 직접 지도하는 입장이 되는 것을 암묵적으로 거절하고 있다. 가족 규칙에 대한 도전과 치료는 특별한 맥락이라는 나의 주장을 이 가족이 처음 들어 보는 것은 아닐 테지만 씨를 뿌린 것처럼 남을 것이다. 차후에 받아들일 생각일 것이다.

4. 가족 하위체계: 부모를 관찰하는 아이

미누친: (휘트니에게) 부모님이 말하는 게 뭔지 나를 이해시켜 줄 수 있겠니?

휘트니: 글쎄요, 내가 어떤 일을 하면 그분들은 나에게 그걸 했냐고 물어보고 난 아니라고 하지요.

미누친: 나한테 예시를 들어 줄 수 있겠니?

나는 왜 휘트니에게 이동할까? 나는 부모에게 딸과 이야기하라고 요청했으나 이들은 내 제안을 거절했다. 난 다른 방침이 필요하다고 생각했다. 난 확인된 환자에게 새로운 것을 시도했다. 난 그녀에게 발언권을 주었다. 난 그녀를 가족 논쟁 안에서 중개인(agent)으로 만들었다. 또한 그녀에게 도와주는 사람과 나의 협력자로서의 새 역할을 부여했다. 겉보기에는 모든 것이 중립적으로 포장되어있다. 나는 그녀를 부모와 대칭적인 관계에 둠으로써 위계 속에서 그녀의 위치를 끌어 올렸다.

5. 부모 하위체계: 휘트니를 관찰하는 아빠

리차드: (휘트니가 대답하기 전에) 1주일 전에 낮은 성적 때문에 딸은 외출 금지를 당하고 휴대폰도 사용을 못하게 했어요. 하지만 저는 애가 휴대폰을 사용했다는 사실을 알아요.

미누친: 어떻게 알았나요? 어떻게 당신이 탐정이 된겁니까? 그런데 당신과 메리 중에 누가 더 나은 탐정인가요?

나는 문제가 휘트니한테 있다는 생각에 계속 도전하고 있다. 그러나 나의 도전은 눈에 보이지 않는다. 나의 언어는 엉뚱하다. 그것은 마치 내가 아빠의 기술을 탐정이라고 이야기하며 아빠와 합류하는 것처럼 보이나 실제로는 아이와 부모 사이에서 통제하는 요인들을 탐색하기 시작한 것이다.

6. 자녀와 엄마 하위체계

미누친: (메리에게) 당신은 그녀가 성적인 관계에 연루될까 봐 두려운가요?

메리: 난 정말 몰라요. 그 애가 무엇을 하든 그것은 비밀이 돼요.

미누친: 난 당신이 염려가 됩니다. 청소년기 자녀를 따라다니려고 한다는 건 상근 직업이 될 수도 있어요. 당신 둘 다 똑같이 딸이 걱정되나요? 아니면 당신들 중 한 명이 다른 한 명보다 더 걱정을 하나요?

리차드: (메리를 쳐다보며) 메리가 좀 더 그 일에 휘말리죠.

메리: 그건 상황에 따라 달라요.

우리는 가족무용을 탐색하며 또 다른 전환을 하게 된다. 우선 나는 은유를 시적인 거짓말로 기술하면서 휘트니의 거짓말에 도전을 가했다. 그런 다음 아빠의 통제에 대한 걱정은 탐지하는 기술의 문제라고 제안하면서 아빠에게 도전을 가했다. 현재 나는 엄마의 안녕감을 위험하게 만드는 휘트니를 바라보는 엄마의 긴장 어린 관찰을 강조하고 있다. 초기의 '휘트니는 거짓말쟁이다'라는 단순한 확신은 내가 새로운 가족 사진에 혼란, 의심, 불확신, 그리고 호기심을 도입시켜서 하나의 복잡한 가족망이 되고 있다.

7. 엄마와 딸의 관찰자로서의 치료사와 아빠

미누친: (리차드에게) 왜 그런 일이 일어난다고 생각하세요? 메리가 딸한테 뭘 바라는 걸까요?

부모가 처음에는 휘트니의 거짓말과 관련해서 자신들이 이해하고 있는 것 같다고 했다. 이것은 결

리차드: 메리는 딸이 믿음직스럽기를 바라요. 그들은 원래 정말 가까웠어요.

미누친: (메리에게) 거짓말은 일종의 방어일 수 있지요. 이 시점에서 볼 때 당신과 딸은 서로 얽혀 있군요. 딸은 당신을 당기고 있고, 당신은 계속해서 딸을 주시하고요. 어떻게 하면 당신이 딸로부터 자유로워질까요?

메리: 제 딸이 자기가 하겠다고 말한 것을 실천하는 아이라고 믿을 수만 있다면요. 저는 제 딸이 하고 싶은 것을 하도록 할 거예요. 쇼핑하러 간다고 말하고 정말 쇼핑을 간다면요. 저는 딸이 그렇게 하도록 하고 싶어요.

미누친: (리차드에게) 아내 분이 딸에 대한 감시를 줄이려고 했어요. 그런데 휘트니가 '나를 봐 줘!'라고 말하듯 행동을 하니까 다시 아내 분이 얽혀 버렸어요. 서로에게 매여 있어요. 휘트니는 엄마가 자기를 봐 줬으면 좋겠고, 메리는 휘트니를 관찰하고 반응하는 데 얽혀 있군요. 하나의 순환이네요. 당신이 그들을 도울 수 있나요? 이 악순환에서 그 두 사람을 자유롭게 할 수 있나요?

코 사실이 아니다. 부모는 특이한 반응을 했고, 휘트니의 생물학적인 엄마인 메리가 리차드 보다 좀 더 강렬하게 연루되어 있음을 가정하면서 나는 이 혼합 가족 부모가 하는 상이한 반응들을 탐색해 본다.

나는 리차드를 메리로부터 분리시켜서 그가 나의 동료 치료사, 즉 아내와 그녀의 딸과의 관계를 탐색하는 나의 조력자가 되도록 초대한다. 나는 상보성에 대한 상호 간의 끌어당김을 강조하면서 엄마와 딸 한 쌍을 탐색한다. 나는 확인된 환자라는 명명화를 휘트니로부터 휘트니-메리의 하위 체계로 이동시켰고, 리차드는 가족 춤을 관찰하는 협력자로 이용한다. 또한 나는 리차드로 하여금 문제가 있는 이 한 쌍에게 적극적인 치유자가 되도록 요청한다.

8. 치료사가 남편을 아내의 치유자로 고용하다

리차드: 메리가 어디에서 과잉반응할지 알겠어요. 몇 달 전까지만 해도 우리가 아이를 벌 주려고 할 때 메리는 소리 치고 고함을 지르더니 한 시간 후에는 그들이 함께 쇼핑을 가더군요.

아마 죄책감을 느끼고는 굴복한 것 같아요.

미누친: 그때 당신은 뭘 했나요? 메리한테 뭐라고 말했나요?

리차드: 저는 그게 옳지 않다고 생각했어요. 그들은 가깝다가도 또 어떤 때는 가깝지가 않아요. 제가 말했어요. "그애를 혼자 내버려 둬. 그애가 그것에 대해 생각하도록……."

미누친: 그게 효과가 있었나요?

리차드: 아니오.

9. 엄마의 관찰자로서의 치료사와 확인된 환자

미누친: (휘트니에게) 나는 네 엄마가 이해가 안 돼. 왜 그렇게 너를 많이 주시하시는 거지?

휘트니: 엄마는 나를 신뢰하지 않거든요.

미누친: 너는 엄마가 너를 신뢰하지 않게끔 하는구나. 네 엄마가 그렇게 가까이에서 널 주시하게끔 넌 뭘 하는 거야? 어떻게 하면 엄마가 너에 대한 집착을 좀 내려놓게 할 수 있을까?

휘트니: 엄마가 저를 계속 주시하도록 제가 만드는 게 아니에요. 저는 도무지 엄마가 왜 그렇게 사소한 것에 화내는지 이해가 안 돼요.

미누친: 부모님이 너를 죄수라고 생각하고, 너는 부모님이 죄수라고 생각하는 데에는 뭔가 잘못된 거야. 간수가 죄수이고, 죄수가 간수인 그런 가족에게 어떤 이상한 일이 벌어진 거야.

나는 휘트니와 합류함으로써 엄마와의 관계에서 휘트니의 소속감을 늘리고, 휘트니를 치유적 역할로 부여했다.

10. 부부 하위체계: 경계선 세우기

미누친: (부부에게) 당신들은 당신들만의 공간이 있나요?

메리: 제가 원하는 만큼은 아니에요.

미누친: 누가 간섭하는 거죠?

리차드: 가끔씩 휘트니의 행동이요.

미누친: 리차드, 감시받고 있는 거의 대부분의 청소년은 거짓말을 하게 돼요. (리차드를 향해서) 제 생각엔 당신이 그들을 도와줘야 할 것 같아요. 메리는 당신과 함께 즐기기보다는 휘트니를 걱정하는 데 더 많은 시간을 쓰는군요. 어떻게 하면 메리가 좀 더 자유롭게 당신의 아내가 될 수 있을지 메리에게 말해 주세요.

나는 지금 부부 쪽으로 이동할 것이다. 엄마와 딸 사이의 근접성이 부부 사이의 관계를 방해하는 방식에 초점을 맞추며 남편-아내 한 쌍을 보호해 줄 경계선을 세우길 바란다.

나는 다시 나를 포함시키지 않는 대화를 제안하고 있다. 하지만 메리와 리차드는 이전보다 더 자연스러워 보이고 이야기를 하기 위해 서로에게 향한다.

11. 부모 하위체계

메리: (리차드에게) 만약 내가 휘트니를 신뢰할 수 있기만 하다면!

리차드: 나도 당신 생각에 동의할 때가 많아. 나 또한 휘트니를 신뢰하지 못해. 이렇게 논쟁에만 매달리지 말고 좀 더 적당한 한계와 규칙을 세울 필요가 있어.

미누친: (리차드에게) 제 생각에 메리가 탐정이 되어버린 것 같아요. 그래서 정말 메리가 걱정되네요. 메리는 불가능한 것을 시도하려고 하는 것 같아요. 메리는 스트레스를 과도하게 받아서 망가질지도 모르겠어요.

나는 메리가 과도하게 스트레스를 받고 있다는 생각을 강화시켜서 리차드가 메리를 휘트니로부터 보호하도록 하고, 부부 하위체계 내에서 서로의 근접성을 높이고, 또한 엄마와 청소년기 딸 사이의 거리감은 늘린다.

리차드: (메리에게) 내가 보기에도 당신의 삶은 너무 소진되어 있고, 나도 그래. 우리는 항상 휘트니의 행동에 대해 걱정을 하지. 우리끼리의 즐거움이 이제는 더 이상 없어.

12. 엄마와 그녀의 원가족

미누친: (메리에게) 당신은 언제부터 그런 '걱정이 많은 사람'이 되어 버렸나요? 왜 항상 파국적인 일이 아주 가까이에서 기다리고 있다고 생각하세요?

메리: 제 친구도 제가 회오리바람이 아주 가까이에서 저를 기다리고 있다며 두려워하는 것 같다고 말했어요.

미누친: 제가 보기에 당신은 자신의 과거 세계로부터 휘트니의 미래를 예측하려고 하는 것 같네요. 저는 당신이 어디서부터 그런 행동을 했는지 탐색해 보고 싶군요. 점심을 마치고 돌아와서 다시 만남을 가질까요?

이 회기는 메리가 어린 시절부터 걱정이 많은 사람이었음에 틀림이 없다는 점과 어릴 때 익힌 시각이 현재 가족 구성원 사이의 상호작용에 영향을 준다는 점, 또한 다음 회기에서 이것을 탐색하는 게 도움될 거라는 점을 소개함으로써 끝을 맺는다.

첫 번째 회기의 마무리

가족뿐만 아니라 독자들은 두 번째 회기 이후의 그 경험에 대해 더 풍부히 파악하게 될 것이다. 하지만 그 전에 무엇이 성취되었고, 중요한 첫 번째 참 만남의 끝에서 가족과 치료사, 그리고 치료 과정에 대해 무엇을 알게 되었는지 검토해 볼 필요가 있다.

무엇이 완수되었나? 두 가지 중요한 목표가 충족되었다. 확인된 환자에 대한 상이한 지각과 모든 가족 구성원이 그들의 문제와 가능한 해결책에 연루되어 있다는 메시지가 확립되었다.

또한 첫 번째 참 만남의 이동 과정에 유용한 정보를 제공했다. 치료사가 생각하고 개입하는 방식, 치료사가 사용하는 기법, 그리고 그 가족 조직에 관한 것들이 해당된다.

치료사가 기능하는 방식, 기법이 사용되는 방식, 가족이 조직되는 방식에 대해 우리가 알고 있는 것은 무엇인가? 나는 나의 관점에서 다음과 같이 대답하였지만, 독자가 본 것에 대해 자신의 생각을 추가해서 토론하는 것 또한 유용할 것이다.

1. 치료사가 기능하는 방식

내가 그 회기에서 수행한 것은 무엇인가? 첫째, 나는 가족치료를 체계적인 개입이라고 정의한다. 내가 가족과 합류하면 치료체계는 가족과 나 자신 둘 다를 제약할 것이다. 나는 가족에 전체적으로 그리고 그들의 독특한 하위체계에 합류하게 되며, 합류할 때는 도전도 하게 된다. 나는 가족 문제가 그들이 고수하는 협소한 설명보다 더 복잡하다는 점을 알고 있다. 그리고 확신하는 것이 곧 변화의 적이라는 점 또한 잘 알고 있다. 목표는 어떤 행동에 대해 다양한 탐색이 가능한 맥락을 만드는 것이다.

나는 앞으로 어떻게 이동하는가? 나는 심리내적인 우여곡절의 산물로서 그녀의 행동을 요약한 '확인된 환자'라는 명명에 도전하며 시작한다. 그리고 나는 가족 구성원으로 하여금 그녀가 증상을 유지하는 데 있어 어떤 참여를 했는지 볼 수 있게 도와준다. 나는 각 개인끼리 혹은 서로 다른 가족 하위체계끼리 별도의 짧은-참 만남(mini-encounters)자리를 갖게 한다. 이 과정에서 각 참여자는 가족 교류에 있어 자신들의 참여 양상을 탐색한다. 나의 목표는 '당신이 생각하는 것보다 당신은 더 복잡한 사람이다'라는 것을 알려 주는 것이며, 가족 구성원이 서로 다른 하위체계 내에서 관계 패턴을 재구성할 수 있도록 돕는 것이다.

내 방식은 무엇인가? 회기 동안에 나의 기능과 개인적인 방식은 전환이 일어난다. 내가 리더이지만, 가족 치유는 각각의 가족 구성원이 변화의 주체로서 참여하는 것이 필요하다는 점을 분명히 밝힌다. 나는 리더이면서 동시에 따라가고 있다. 나는 참여자이자 관찰자다. 나는 참여자로서 가족 구성원과 근접적이고 대칭적인 역할을 한다. 관찰자로서 나는 교사, 치유자 및 과정의 감독으로서 위계상 멀리 떨어진 위치에서 기능한다.

2. 기법이 사용되는 방식

나는 합류하기, 언어를 도구로 사용하기, 신념에 도전하기, 명명화를 재구성하기, 실연, 그리고 치유를 위해 가족의 윤리적 책임을 동원하기와 같은 다양한 기법을 사용한다.

나는 나 자신의 상이한 측면들을 이용해서 가족과 합류한다. 나는 다양한 방식으로 반응할 때 편안함을 느낀다. 나는 이 가족을 보호하고 싶고 염려하기에 내 방식은 친화적이고 자주 익살맞기도 하다. 나는 특정한 목적으로 각 구성원과 합류한다. 휘트니에게는 좀 더 긍정적인 인식과 보다 강한 목소리를 내기 위해, 메리에게는 어려운 상황에 대해 걱정을 표현하기 위해, 리차드에게는 가족 치유의 조력자로 참여하도록 합류한다. 나는 회기를 진행하면서 도전은 하겠지만 내가 가족과 합류한 후에 할 것이다.

가끔씩 나의 언어는 고의적으로 혼란스럽기도 하다. 심지어 말 그대로 은유를 거짓말이라고 부르거나, 부모의 통제를 탐정의 기술이라고 부르거나, 혹은 모녀간의 밀착을 간수이면서 죄수라고 부를 때가 해당된다. 내가 가족을 사법제도라고 표현하는 것도 고의적으로 깜짝 놀라게 하는 것이다.

나는 많은 꼬리표를 부여하는 데 관대하기에 확인된 환자의 꼬리표에 대한 신념에 도전을 가한다. 각 가족 구성원은 문제 행동을 일으키는 사람의 위치에서 회기의 부분들을 할애한다.

나는 꾸며진 이야기를 믿지 않기 때문에 가족 구성원이 서로 대화할 상황을 만들어 낸다(실연). 나는 첫 회기에서 이러한 과정을 시작했고, 그다음 회기에서는 가족이야기의 감춰진 감정적인 양상과 관계들이 드러나는 미니 드라마를 보여 줄 것이다. 또한 이미 언급했듯이, 대부분의 가족 구성원이 서로에게 윤리적 책임감을 느끼고 그들이 치유의 참여자가 될 기회에 반응할 것이라는 나의 신념을 전달할 것이다.

3. 가족이 조직되는 방식

가족은 하나의 지배적인 이야기와 선호하는 상호작용 방식을 가지고 온다. 회기에서 드러나는 것은 그들이 풀 수 없는 문제들을 유지시키는 행동과 상호작용의 패턴을 포함한 가족 조직의 보다 복잡한 그림이다. 치료사는 전체를 개별적인 하위체계로 나누었고, 이러한 맥락의 전환 속에서 다음과 같은 패턴이 분명하게 드러났다.

- 딸의 파괴적인 행동에 대한 부모의 집중적인 걱정
- 딸에 대한 부모의 밀착 감시와 통제

- 모녀간의 고통스러운 근접성
- 모녀 연대에 대한 남편의 수동적인 관찰
- 딸의 행동에 집중함으로써 남편과 아내의 줄어든 상호작용

이 사례의 가족은 재혼가족이라는 특별한 세부 특징이 있다. 회기에서 이 사실을 직접적으로 다루지는 않지만 우리는 재혼가정의 경우에 그 구조에 있어서 항상 포괄적인 문제가 있다는 점을 알고 있다. 재혼가족은 이전의 역사를 갖고 새롭게 형성된 부부 체계, 부모와 자녀 체계, 이 두 개의 분리된 하위체계의 조직으로 시작한다. 이윽고 이 사람들은 하나의 가족이 되는 것을 목표로 삼고, 그들은 과거의 쟁점을 경계해야 하고 충성심을 균형 있게 배분해야 한다. 보이드 가족은 그들 자신을 하나의 가족이라고 생각하고 제시했으나, 그들의 문제를 도우면서 알게 된 것은 포괄적인 문제들이 여전히 관련되어 있다는 점이다.

- 아내가 남편을 사랑하면 그것이 딸에게 위협이 되는가?
- 아내가 딸을 사랑하면 그것이 남편에게 위협이 되는가?
- 생물학적인 엄마는 자신의 딸을 남편이 양육하도록 허용할 것인가?
- 딸이 엄마와 아빠 사이의 갈등과 거리감을 촉진할 것인가?

가족 조직에 대해 알고 있는 치료사는 이러한 구조상의 위협을 탐색해 볼 필요가 있다.

두 번째 회기를 시작하기 전에

두 번째 회기는 새로운 병에 오래된 와인을 담을 예정이다. 과거에 대한 탐색은 개인 하위체계의 한 부분으로서, 그리고 모든 참여자가 가족 상호작용에 대해 이미 알고 있는 맥락 속에서 진행될 것이다. 이것은 비교적 새로운 나의 치료 방식이다. 내가 훈련받은 전통적인 정신분석 이론에서는 개인을 이해하려면 과거를 탐색하는 것이 중요하다고 강조한다. 하지만 가족치료의 지표가 된 체계 이론은 가족의 역사와 원가족을 강조하기보다 현재의 패턴에 초점을 두고, 수년 동안 가족치료사로서 나는 임상 실무와 교직에서 과거의 중요성을 덜 강조하였다. 마침내, 그리고 뒤늦게서야 이러한 관점이 아동기 경험이 성인기 관계에 부여하는 왜곡을 이해하

는 치료사의 유용한 수단을 빼앗아 버렸음을 깨달았다. 그래서 나는 현재의 가족 패턴의 개념적 틀 안에서 과거를 탐색하는 과정을 개발했다. 일단 가족과 가족 조직을 이해하게 되면 내가 대부분의 사례에서 이른바 '구조적으로 초점을 맞춘 과거 탐색'이라고 기술한 것을 진행한다. 한 가족을 만나는 '세 번째 단계'의 세부 사항과 과정은 Minuchin, Nichols, 그리고 Lee(2007)에 자세히 제시되어 있다. 보이드 가족과 함께한 두 번째 회기는 치료사가 첫 번째 회기 끝에 마무리 논평에서 준비한 세 번째 단계로 시작한다.

두 번째 회기

첫 번째 회기의 마무리에서 부부와 치료사는 가족이 어떻게 기능하는지, 그리고 특히 휘트니와 관련해서 메리에게 곧 파국이 닥칠 것 같은 느낌이 든다는 게 얼마나 중요한지 공통된 의견을 갖고 있다. 나는 이번 회기 첫 부분에서 휘트니가 치료실 밖에서 조이를 돌보고 있는 동안에 메리와 리차드에게 돌아오라고 요청했다. 부부가 들어왔을 때, 메리는 분명 불편해 보였다. 그녀는 무언가에 사로잡혀 있었고, 나를 쳐다보지 않았다. 나는 메리를 감정적으로 괴롭히는 내용을 차단하지 않은 채 이 분위기를 바꾸고 싶었다.

나는 가족 구성원이 연결되어 있다는 나의 일반적인 믿음을 언급하며 점차 메리의 비관적인 기대와 휘트니의 거짓말 사이의 연관성을 탐색하는 쪽으로 부드럽게 말을 이어 갔다. 물론 나는 휘트니가 거짓말을 한다는 것을 부정하지 않았다. 그러나 궁금한 것은 "왜?"라는 질문이다. 나는 메리에게 재앙에 대한 그녀의 두려움이 인상적이었다고 말했다. 그리고 덧붙였다. "어떤 사람들은 삶을 정말 낙관적인 사고방식으로 바라보는데, 당신은……" 메리는 그 즉시 내 말을 끊었다.

메리: 저는 오직 악화되는 것만 봐요.

13. 확장된 가족 하위체계: 엄마와 그녀의 원가족

미누친: (메리에게) 제가 당신들이 만나기 전에는 어떤
       사람이었는지 탐색하고 싶군요. 당신이 양부

모 밑에서 성장했다고 말했어요. 어떻게 그런 일이 일어났지요?

메리: (담담하게 말하며) 저의 부모님은 제가 다섯 살에 이혼하셨어요. 저는 열여덟 살에 독립했고요. 눈보라가 몰아쳤을 때였어요. 원래 10시까지 집에 갔어야 했는데, 저는 자정까지 집에 가지 않았어요. 그래서 엄마가 저를 내쫓았죠. 엄마에게는 좋은 점들이 많지만, 좋은 엄마는 아니었어요. 저는 뭘 해야 될지 모르겠어서 친한 친구의 엄마한테 연락했고, 그로 인해 우리는 그때부터 가족이 되었어요. 저는 엄마를 전혀 이해할 수 없었어요. 제 생각에 그녀는 거의 항상 우울했어요. 그녀는 잔인했어요. 얘기하기 어렵네요. 때로는 물이 흐르는 것과 같아서 그걸 막고 싶지만 그럴 수 없어요.

메리의 어릴 적 경험은 문제가 많은 가족의 한 구성원으로서 뿐만 아니라 그녀를 아동으로서 보호하지 못하고, 청소년일 때는 지나치게 가혹히 내쫓은 모녀 하위체계의 한 부분으로 이루어져 있었다.

나는 그녀의 어조에서 무엇이 메리의 불확신을 조장하는지, 그리고 아주 가까이에 숨어 있는 그 뭔가에 대한 두려움을 알기 시작했다고 느꼈다. 이것은 메리의 과거에 대해 들어 보는 시간이었고, 이제 나의 다음 질문은 그 이후의 관계들, 특히 그녀의 두 남편과의 관계로 옮겨 갔다.

14. 성인 관계의 원형으로서의 과거 시각

미누친: 당신은 사람을 믿는 법을 어떻게 배웠나요?

메리: 그게 항상 문제였어요. 오랜 시간이 걸려요. 그리고 한 번 신뢰가 깨지면 다시 복구하는 게 힘들어요.

미누친: 리차드에게는 어땠나요?

메리: 그에게 개방하는 데 오랜 시간이 걸렸어요. 몇 년 동안 마음을 닫고 살았거든요.

미누친: 당신은 전에 결혼하신 적이 있는데, 그때는 어땠나요?

15. 메리와 전남편

메리:　저는 첫 남편에 대해 오랫동안 알지 못했어요. 우리가 결혼을 하고 나의 가족으로부터 멀리 떨어진 곳으로 이사를 했어요. 제가 임신을 하고 그가 약물과 알코올에 중독된 것을 알게 되었어요.

미누친:　당신은 어떻게 그 상황에서 벗어났죠?

메리는 계속 이야기해 나간다. 메리 남편의 재활이 성공하지 못한 후, 결혼은 음주 운전 사고로 끝이 났는데, 이때 메리와 휘트니는 그 차에 갇혀 치명적인 부상을 입고 입원하게 되었다. 운전을 했던 남편은 사라져 다시는 나타나지 않았다. 완쾌한 후에 메리는 휘트니를 집으로 데려왔고, 그 후에 메리는 리차드를 만났다.

그런 끔찍한 경험에 합당한 감정은 배제한 채 분리된 상태로 이야기해 나간다. 메리는 아마 생존 기제로서 그녀의 과거 감정을 억지로 비워 냈을 것이다. 나는 그녀의 그러한 노력이 현재 그녀를 지배하고 있는 비관적인 생각들과 과거의 고통을 연결하려는 힘을 차단시켰을 거라고 생각했다.

메리는 스트레스를 쉽게 받을지도 모른다. 따라서 나는 그녀를 너무 빨리 몰아붙일 수 없다. 그녀는 도전을 받기 전에 아마도 이해와 지지가 필요할 것이다.

난 이제 리차드에게 화제를 돌린다. 메리의 이야기를 들은 후 그는 동떨어져 있는 것 같이 느낄 수 있고, 따라서 더 끌어들여야 할 필요가 있다. 난 그에게 말했다. "당신이 이 상황에 들어옵니다. 무슨 일이 일어나죠?"

16. 남편의 원가족

리차드: 저는 그녀와 휘트니에게 끌렸어요. 바로 가족이 되었죠. 저는 외동아들이고, 저의 부모님은 이혼하셨어요. 저는 어머니와 양아버지, 그리고 어린 이복동생과 함께 살았어요.

미누친: 아이 키우는 것은 어떻게 배웠나요?

리차드: 잘 모르겠어요. 저는 제 동생을 양아버지한테서 지켜 주려고 노력했어요. 그는 감정 기복이 있었고, 나를 죽이겠다고 위협하곤 했어요. 그래서 저는 열여섯 살에 집을 나왔죠. 평범한 가정은 아니었어요.

미누친: 저는 당신들이 과거로부터 가져온 것이 무엇인지, 그리고 그것이 휘트니에게 어떻게 영향을 주는지 생각 중이에요. 리차드, 당신이 메리를 만났을 때가 몇 살이었나요?

리차드: 스물세 살이었어요.

나는 그들 각자에게 지금 현재 상황에서 기능하는 방식 가운데 한줄기 빛이 될 만한 과거의 특별한 측면을 탐색하도록 요청하고 있다.

잔인하고 종잡을 수 없는 가족에 의해 상처받은 이 사람들은 서로를 발견했고, 그들은 함께 꽤 잘 어울릴 수 있었다. 메리의 두려움과 불신은 사람들을 보호하려는 리차드의 충동을 통해 치유되었을지도 모른다. 나도 그들을 보호하고 싶어졌고, 그래서 지도와 지지를 제공하는 쪽으로 향했다.

17. 재혼 가정 형성하기

미누친: 당신은 메리와 휘트니랑 결혼한 어린 아이였군요. 당신은 어떻게 그 둘을 상대했나요?

리차드: 그냥 버텼어요. 저는 결혼이 두려웠어요. 모든 게 너무 압도적이었어요. 전에는 혼자 살았는데, 이제 더 이상 저에게 사생활은 없어요.

미누친: 어떻게 그녀의 신뢰를 얻은 거죠?

리차드: (망설이며) 저희는 한 번 헤어졌어요. 그녀는 이전의 삶으로 돌아가고 싶어 했어요.

메리: 우리는 대화하지 않았어요. 제 생각에 그의 부담이 컸던 것 같아요. 휘트니랑 저를 한꺼번에 보살피게 되었으니까요. 그래도 마지막으로 다시 한 번 잘해 보자고 했어요. 긴장을 많이 했어요. 저도 노력을 많이 했어요.

미누친: (리차드에게) 어떻게 해결했죠? 언제 휘트니가 진정 당신의 딸이 되었나요?

18. 의붓아버지−딸 사이의 발전하는 유대감

리차드: 저는 항상 그녀를 제 딸처럼 느꼈어요. 우린 아주 애착을 느꼈지요. 만약 우리가 헤어진다면 저는 휘트니와 법률적인 구속력이 없어진다는 걸 알았어요.

메리: 휘트니는 까다로운 아이였어요. 원하는 대로 안 되면 그녀는 토할 때까지 울었어요. 자라면서 그렇게 하면 원하는 걸 가질 수 있다는 걸 알았던 것 같아요.

휘트니의 행동에 대한 메리의 관점은 그녀의 첫 남편과의 외상적 경험을 이어지게 하고, 메리의 부담스런 과거가 휘트니의 현재로 향한다는 것이다. 메리는 그녀의 딸을 걱정한다. 나는 그녀의 두려움이 어디에서부터 오는지 알 수 있지만 그 왜곡에 도전할 필요가 있다.

19. 엄마, 딸, 그리고 생물학적인 아버지의 하위체계

미누친: 그 애는 당신과 매우 가까웠잖아요. 그 애가 자기 아버지처럼 약물 중독자가 될까봐 두려우세요?

메리: 휘트니는 그 사람이 한 것처럼 거짓말을 해요.

미누친: 당신이 틀렸어요. 그 애는 또래 청소년들처럼 거짓말을 하는 거예요.

메리: 가끔 그 애의 눈을 보고 있으면 그 애가 아무
        감정이 없다는 생각이 들어요.

그녀의 과거 고통을 공유한 후, 나는 메리의 과잉
보호에 좀 더 도전할 준비가 되고, 리차드를 메리
의 치유자로서 영입한다.

20. 치료사와 보조치료사로서 리차드와의 하위체계

미누친: (리차드에게) 메리 이야기에 대해 어떻게 생
        각하세요? 휘트니의 눈을 통해 13년 간 안 본
        휘트니 아버지의 눈을 보는 것 말이에요. 휘
        트니는 그를 모르잖아요. 그 애에게 당신이
        아버지인데 말이죠. 메리의 두려움은 그녀의
        과거로부터 나옵니다. 그런데 그 두려움이 메
        리로 하여금 있지도 않은 것들을 보게 만들
        어요. 제 생각엔 도움이 필요해요. 당신이 그
        애를 도울 수 있어요. 그 애는 당신이 자신을
        돕도록 허락할 만큼 당신을 신뢰하나요?
메리: 가끔 저는 혼자 다하고 있는 것처럼 느껴져요.
미누친: 리차드는 온화한 남자예요. 그리고 당신에게
        는 그의 온화함이 필요하고요. 그런데 당신은
        그를 밀어내려고 하니까 리차드가 스스로 개
        입하지 않으려고 하는 것이고요. 그러다 보니
        당신은 혼자인 것처럼 느끼는 거예요. 당신은
        그가 합류하도록 어떻게 요청하나요?
메리: 대체로 꽤 스트레스를 받지만 요청은 안 해
        요. 이전에 그렇게 생각해 본 적은 있어요.

나는 그들의 딸을 보호하기 위해 리차드를 공동
치료사로서 그의 아내에게 도전할 것을 요청한
다. 가족 구성원에게 치유 기능의 임무를 주는 것은
가족이 변하도록 조력하는 중재 방법 중 하나다.

메리와 리차드의 개인적인 과거에서 비롯된 경험들을 탐색하고 나서 나는 지금 그들이 현재 부모로서
관계하는 방식에 대해 생각하고 이야기하도록 돕는 데 초점을 맞춘다. 나는 리차드를 바꿀 수 있는 방법

을 메리에게 물었다. 그녀는 리차드 자신이 거들기를 원해야 한다고 말했고, 그는 자신도 원하지만 메리가 필요한 것에 충분히 신속하게 반응하지 않는다고 말했다. 두사람 모두 장애물을 극복하는 것이 중요함을 안다. 메리는 요구할 때 느끼는 두려움이 장애물이고, 리차드는 휘트니가 물에 잠기거나 수영을 하게 놔둬야 한다는 생각이 장애물이다. 그들은 서로에게 이동해야 하고, 딸과는 좀 더 거리를 두면서 부부가 서로 좀 더 가까워지기 위해 무엇을 해야 하는지 어렴풋이 알고 있었다. 이것은 모두 딸 그리고 그들 부부를 위한 것이다.

21. 지금의 가족체계

회기 마지막 단계에서는 밖에 있는 스태프들이 조이를 보살피는 동안에 휘트니에게 들어오라고 했다. 이 가족의 문제의 핵심인 '삼총사(threesome)'를 재연합시키는 것이다. 아빠는 휘트니에게 엄마가 두려워하고 있다고 설명했다. "우리는 너를 정말로 보호하려고 해," 그가 말했다. "하지만 우리는 잘하지 못하고 있어." 엄마가 그녀에게 말했다. "나는 걱정을 그만 하고 재미있게 지내 볼 거야"라고 부모인 그들이 이야기해 온 것을 휘트니에게 전할 수 있도록 이야기했다. 그들은 치료사와 했던 논의 사항을 설명하려고 했고, 비록 이 말이 명확하게 전달되지 못했을지언정, 가족 안의 뭔가가 바뀌어야 한다는 점, 그리고 지금 그들이 이야기하는 문제가 휘트니의 거짓말에 국한되지 않는다는 점을 전달했다. 오히려 문제는 관계에 대한 것이다. 즉, 부부의 서로 간의 관계와 부모와 휘트니의 가족으로서의 관계다.

가족이 떠날 때 그들은 사려가 깊어진다. 그들은 무언가 다르다는 것을 알고, 앞으로 나아갈 길에 대해 불확실하지만 서로에게 더 연결되고 희망적이게 된다.

가족 조직 탐색하기: 사례의 함축된 의미

보이드 가족은 특별한 특징이 있다. 이 가족은 4명으로 구성된 재혼 가정이며, 어린 청소년 자녀가 확인된 환자다. 치료 목적은 증상의 주체를 그 아동의 정신내적인 과정에서 서로 영향을 주는 부모와 자녀의 대인관계적인 사건으로 전환하여 초점을 맞춘다. 또한 이것은 체제의 재조정을 향해 갔다. 즉, 짝으로서, 개인으로서 부부의 공간과 청소년의 자율성을 보호하기 위해 경계를 세우는 쪽으로 향했다.

보이드 가족이 치료실에 왔을 때 그들은 자신들의 현실을 다음과 같이 기술했다. (1) 부모는 딸의 파괴적인 행동을 걱정한다. (2) 부모는 딸에 대한 통제를 유지하고 있다. (3) 엄마와 딸은 갈등과 근접성을 유지하고 있다. (4) 남편은 엄마와 딸의 관계 방식을 위태롭게 보면서도 모녀 관계를 변화시키려는 자신의 시도가 효과적이지 못하다고 느낀다. (5) 두 배우자는 휘트니의 행동에 집중함으로써 서로의 관계가 약해지고 있다고 느낀다.

이러한 현실은 수년 간 보이드 가족 간의 일상의 합류에서 유지되어 왔고, 지금은 그들의 존재 방식에 해당하는 관계 패턴으로 굳어 버렸고, 유지되어 변하지 않고 변할 수도 없게 되었다. 여기서 치료사의 기능은 그들이 이러한 성벽을 세워 왔다는 점과 또한 그들이 열린 공간도 만들어 낼 수 있다는 점을 깨닫도록 돕는 것이다.

앞서 제3장에서 살펴본 정체성 드러내기와 같이 가족 조직의 해체와 하위체계의 탐색은 가족 구성원이 존재감과 소속감을 경험하는 방식에 도전을 가한다. 정체성은 맥락적이기 때문에 한 체계에 대한 소속감은 정체감을 의미한다. 한 체계 안에 들어간다는 것은 규칙의 순응을 의미하고, 이 과정을 통해서 우리는 우리가 누구인지 알게 된다.

이것이 내가 보이드 가족과의 상담에서 작동시킨 개념이다. 두 회기에서 우리는 (가족 구성원과 나 자신) 상이한 하위체계 속에서 적어도 19개의 전환에 참여했다. 그리고 이것은 흥미로운 역동을 만들어 냈는데, 가족 구성원이 상이한 대인관계적 맥락에 참여하면서 그들의 정체성 전환을 통한 소속감의 요구에 순응했기 때문이다.

휘트니가 아빠의 탐정용 돋보기 아래에 있을 때, 휘트니가 엄마의 불안하고 비관적인 보호와 연루되어 있을 때, 휘트니가 시에 대해 치료사와 대화 할 때 휘트니는 똑같은 휘트니인가?

이 과정은 혼란을 일으키고 신념에 도전을 가하며 가족 구성원의 정체성과 소속하는 방식을 확장시킨다. 두 회기 이후에 우리가 살펴본 보이드 가족은 똑같은 보이드 가족이면서도 서로 다르다.

제5장

치료사의 방식

앞의 제2~4장에 내가 치료하는 방식과 '왜' 이러한 개입이 이루어지는지에 대한 나의 '이유'를 소개했다.

젊은 임상가의 경우에 내가 삶을 통해 겪어 온 길을 함께 잠시 여행해 보는 것이 유용할지도 모르겠다. 왜냐하면 그 길은 여러분이 택한 길과 마찬가지로 색다르기 때문이다. 나의 탐색은 당신이 한 명의 치료사가 되기 위한 숙련된 기술을 익히는 데 필요한 자원에 시선을 두게 할지도 모른다. 나는 지금 90세인데, 가족치료는 30대 후반부터 시작했다. 그때가 1958년이니 돈 잭슨이 「가족 항상성에 대한 질문(The question of family homeostasis)」(1957)이라는 논문을 발표한지 얼마 안 됐을 때다. 그 논문은 가족 상호작용, 가족 항상성 및 통합정신치료가 함축하는 바를 다루고 있었다. 그는 심리치료 회기에서 환자, 부모, 그리고 어쩌면 형제자매까지 함께 마주하는 새로운 치료법을 소개했다. 그리고 나에게는 그 논문이 새로운 분야의 출발을 알려 주는 계기였다.

지난 50년 간의 내 기억은 이 분야의 진화에 관한 관점들, 그리고 이론 및 실제에 영향을 준 몇몇 혁신에 관한 것들을 제공하는 것이다. 물론 여느 기억처럼 시간은 내 경험을 정리 및 편집해 주었고, 지금 내게 분명한 것은 실제로 반복의 산물이다. 처음에는 잘 알지 못한 채, 그림자나 모호한 감정만 남았던 사건들이 나중에는 하나의 발견처럼, 그리고 더 나은 감각으로 다가왔다.

예를 들어, 치료사로서의 내 생각과 초점은 수년에 걸쳐 계속 변화되어 왔지만 내가 그 진화를 보고 기술할 수 있게 된 것은 아주 최근에 일어난 일이다. 개인 치료사 혹은 정신분석가로서의 초창기 시절 나는 아동기 경험에 더 우위를 두었고, 어른으로서의 행동, 사고, 감정의 근원은 아동기를 탐색함으로써 가장 잘 이해된다고 생각했다. 하지만 1960년대는 근 10년 간 가족치료에서의 초점은 현재에 맞춰졌고, 과거는 현재의 갈등 관계를 이해하는 데 방해만 되는 귀찮은 시기 쯤으로 간주됐다. 10년, 20년이 지나면서 나는 다시 변했다. 그때까지는 다중 정체성의 개념, 한 사람의 삶에서 서로 다른 시기에 생긴 다중 자기, 그리고 삶의 요구에 따른 공존반응에 대한 생각에도 거부감이 없었다. 하지만 다시 돌아가서 가족치료사로서의 초기 시절의 나를 이야기해 보겠다.

1960년대에 나는 윌트윅(Wiltwyck)이라는 남학교에서 일하기 시작했다. 이곳에서 우리 팀은 뉴욕의 사법제도가 이 거주지에 살게 한 100명이 넘는 아이들과 작업을 했다. 대부분 할렘에서 태어난 흑인 가족이었고, 생활보호 대상자 가정이었다. 학교는 의도적으로 뉴욕과 상당히 멀리 떨어져 있기에 아이들은 그들이 살고 있는 동네와 가족들의 해로운 환경으로부터 자유로울 수 있었다.

윌트윅은 미국의 다른 수천 개 학교와 비슷했고, 아이들의 경험은 일반적이었다. 그들은 그 시설의 규칙에 순응했고, 일 년 정도 후에는 '호전되었다'고 재명명되었다. 그들은 학교에서 나와 이전 환경으로 되돌아갔다. 그러고는 대다수가 상습범이 되어 돌아왔다.

여기서 우리는 좀 더 효과적인 개입이 필요하다는 점을 깨닫고, 윌트윅에서의 치료(Dick Auerswald, Charlie King, Braulio Montalvo, 그리고 그 외)와 관련해서 진보주의 집단의 경우에 잭슨의 논문은 다른 치료 절차를 탐색하기 위한 훌륭한 도약 지점처럼 여겨졌다. 우리는 우리 자신을 가족치료사라고 단언했다. 우리는 벽에 구멍을 내서 일방경을 설치한 다음에 가족과 자녀들이 면담에 오도록 초대했다.

우리는 세 단계 회기를 개발했다.

1. 첫 번째 회기에서는 두 명의 치료사가 약 30분 동안 가족을 만난다.
2. 두 번째 회기에서는 한 명의 치료사가 자녀를 만나고, 다른 치료사는 부모를 따로 만난다.
3. 마지막 회기에서는 치료사들과 가족 구성원 모두가 다시 모인다.

회기가 끝난 후에는 치료사들과 일방경 뒤에서 보고 있던 팀의 다른 구성원들이 만나 각각의 단계에서 가족 구성원을 연결짓는 상이한 방식과 가족을 합류시키는 치료사의 방식, 그들의 행동 및 관계에 미치는 영향에 관해 논의하였다.

이 모든 단계에서 우리가 배운 것은 무엇인가.

- 가족은 복잡한 사회체계이자 서로 다른 의제를 갖고 있는 하위체계를 포함하고 있다.
- 가족은 상이한 사회적 맥락 안에서 상이한 방식으로 기능한다.
- 이러한 실체들로 인해 각자는 상이한 자기를 가지고 있다.
- 애착은 상이한 맥락과 상이한 발달 시기에 상이한 사람들과 함께 발생한다.
- 가족 구성원은 서로에게 책임감과 헌신을 느끼며, 심지어 문제가 있는 가족조차도 그렇다. 그래서 치료사는 그들이 서로를 보호하고 치유할 수 있는 역량을 동원해야만 한다.
- 치료사는 체계의 어느 한 부분에만 관련되어 있기 때문에 치료란 항상 부분적이라는 걸 배웠다.

우리는 우리가 이런 점들을 배웠다는 것을 잘 몰랐지만, 지식은 준비된 마음에 보답을 해 준다. 그 생각들은 시간과 일이 진전될수록 더 분명해졌고 유용해졌다.

초창기에 나의 치료 방식은 어땠을까? 나는 가족을 돕는 데 책임감을 느꼈지만 나의 도전적인 방식 때문에 다른 임상가들과는 달랐고, 갈등을 개방하고 그러한 탐색이 경험적 변화를 만들어 낼 것이라는 확신을 갖고 있었다. 나는 가족이란 필요할 때 실현될 수 있는 유용한 자원을 갖고 있다는 점을 의심치 않았다. 이러한 확신은 삶의 자연스러운 산물이었다. 이는 내가 아르헨티나 시인이자 작가인 보르헤스의 작품들을 읽으며 든 생각이다. 그는 당신이 교차로를 지날 때 양방향의 길을 모두 선택하게 된다고 썼다. 이것은 모순된 표현이다. 나는 이 말을 가지 않은 길이 이용 가능하다고 말하는 것으로 이해했다. 내가 어떻게 이 방식으로 올 수 있었을까? 이 방식은 내가 택한 길의 산물이다. 나는 지금의 나와 같은 유형의 치료사가 되게 한 나의 초기 현실을 요약해 볼 것이다.

나는 1921년에 아르헨티나에서 태어났다. 부모님은 20세기 초반의 전형적인 부부였다. 아버지는 세상일에 관여하는 행정직에 종사했고, 어머니는 가족의 정서적인 동반자였다. 우리는 텔콧 파슨스 가문으로, 아르헨티나의 작은 마을에 사는 반유대주의 유대인 가족이었다. 나는 삼남매 중 첫째였고, 부모님으로부터 대대로 내려온 전통대로 '책임감 있는 사람'이었다. 나는 형제, 부모님, 확대가족, 그리고 세계의 유대인에 대해 책임을 져야 했다. 어린 시절에는 이것이 내가 알고 있는 나의 전부였다. 이 집단에 대한 그리고 이 집단을 위한 의무감이 사회적 공정성에 초점을 둔 나의 첫 번째 정체성을 만들어 냈다.

거기서부터 20년을 건너가 보자. 그때까지 나는 의과대학생이었고, 이 시기에 페론 장군은 군사력을 동원해서 아르헨티나의 독재자가 되었다. 나는 정부의 대학 점거에 반대하는 대학원생운동에 가담해서 석 달간 교도소에 수감되었고, 그곳에 고립되어 지내는 동안 수면 부족에 대해 조금 배우게 되었다. 나는 학교에서 퇴학을 당했지만 우루과이에서 공부를 계속 이어 나갔고, 결국 아르헨티나에서 다시 의대를 마칠 수 있도록 허용되었다. 이 시기를 통해 나는 내 자신을 아르헨티나 유대인, 좌파, 그리고 반역자라고 여기면서 영웅심을 느꼈다. 지금의 나의 정체성은 훨씬 복합적이다. 어느 정도는 잠잠히 지내지만 가용할 만한 면도 있다. 나는 여전히 수줍음 많은 아이이자 남자 청소년이었지만, 이러한 양상들이 상이한 참조 집단과 공간을 공유할 수 있게 했다. 그들은 도전자들, 즉 사회적으로 책임감이 있고 행동에 전념한다고 여겨지는 사람들이다.

1948년에 소아과 개업을 준비하고 있을 때 UN은 이스라엘을 하나의 나라로 인정했고, 유대인 독립전쟁이 발발했다. 나는 그 전쟁에 참여해야 한다고 느껴 이스라엘 군대의 군의관이 되었다. 부대 의료에 책임을 지는 의사로서 돌봄 제공자로 있는 동안에 나는 위계적인 지위에 있는 것에 편안함을 느꼈다. 내가 누구인지에 대한 생각은 내가 소속된 집단이 변화함에 따라 변했다는 걸 주목해야 한다. 상이한 집단에 대한 나의 애착이 일련의 상이한 반응을 하게 했다. 1949년 이스라엘 전쟁이 끝날 무렵, 나는 소아 정신의학을 전공하기 위해 미국으로 이주했다. 하지만 내가 처음 알게 된 것은 아는 사람도 없고 영어를 구사할 수도 없는 외국인의 삶이 어떤 것인지였다. 나는 오래된 'Horn and Hardart'라는 구내식당에서 식사를 했는데, 음식 이름이 뭔지 몰라도 음식을 보고 선반에서 꺼낼 수 있는 곳이었다. 외국인으로 산다는 것은 문제해결에 있어 일종의 실험이었다. 거의 모든 것을 대충 알 수는 있지만 완전히는 아니었다. 결국 모든 게 하나 이상의 이름으로 머릿속에 존재했다. 스페인어로 mesa는 히브리어로 shulhan이고, 이디시어로는 tish이고 영어로는 table이었다. 현실은 다양했다. 나는 확신이 없기에 두려워서 낯선 이들의 관대함에 의지했다.

사람들이 도와주어서 나는 소아 정신의학을 배울 수 있는 조직과 기관, 그리고 뉴욕 사람들이 아동을 대상으로 일하는 다양한 방법을 찾게 되었다. 이것은 유대인 후견자 위원회(Jewish Board of Guardians)나 벨뷰 병원의 로레타 벤더와 함께, 그리고 정신장애 아동 거주시설에서 지내며 가능했다. 이때 나는 두려웠고, 유능하지 못한 것 같았으며, 사람들의 선의에 의존했던 매우 불확실한 시기였다. 이전의 내 경험과는 매우 상이한 정체성을 느꼈다.

첫 해에 나는 패트를 만났다. 빨간 머리에 명석하고 아름다운 심리학자였다. 우리는 1951년에 결혼을 해서 그녀는 60년 동안 나의 대화의 일원이 되었다. 독백이 대화가 되면 현실은 확장된다. 새로운 관점이 열리고 정체성은 전환된다. 함께해 온 지금의 이 여정은 치료사로서의 내 생각과 방식을 계속해서 형성해 가고 있다.

우리는 이스라엘에서 함께 살기 시작했으나 그때 우리는 '쉴 새 없이' 이주했다. '쉴 새 없이' 3년이 지속되었고, 전문가로서의 내 삶에 가장 다채로운 시기였다. 나는 유럽의 유대인 대학살에서 생존한 아이들과 아랍 국가에서 온 고아들을 위해 설립한 조직에서 여섯 개 보호시설의 정신의학 책임자가 되었다. 아이들은 그들의 초기 거주지인 키부츠에서의 생활에 적응하지 못했고, 치료적 환경이 필요했다. 나는 그곳에서 문화적 다양성에 내포된 심오한 의미를 이해하고 아이들의 삶의 대처방식에 끼치는 가족의 영향력을 전문적으로 생각하기 시작했다. 그리고 나는 나의 지식과 상상력에 도전하는 문제의 사람들과 직면했다. 나는 내가 모든 것을 잘 알지 못한다는 것을 알았지만, 불확실한 전문가라는 것이 귀중한 선물이 될 수 있음을 이해하지 못했다. 그 후 내가 사회적으로 소외된 가족을 치료하고 있을 때, 이러한 측면의 나의 정체성이 내가 일하고 있는 가족들과 합류할 수 있도록 도와주었다.

그 당시 이스라엘에서의 삶은 흥미롭고도 어려운 모험이었다. 하지만 나는 분석가로서 훈련을 받기로 결심했고, 우리는 미국으로 돌아왔다. 미국에서 나는 윌리엄 알랜슨 화이트 정신분석기관의 지원자로 선정되었다. 그때 우리에게는 이스라엘에서 태어난 자녀 다니엘이 있었다. 우리는 매우 가난했고, 패트가 우리 가정의 주된 재정 지원자였다. 나의 하루하루는 정신분석 연구, 각 진료별로 의료비 지불 받기(내게 형편없는 인건비를 준 진료소에서), 매우 작은 개인 상담소, 그리고 복지 혜택을 받는 모집단과 함께 일할 수 있게 한 몇 가지 일까지 모두 해냈다. 그 일들은 모순투성이였고, 내가 믿을 수 있는 일련의 논리정연한 전문적 견해를 만들어 내기란 어려웠다.

예를 들어, 나는 일주일에 세 번 정신분석 회기를 하러 갔다. 초점은 나와 어머니와의 의존적 관계, 아버지와의 수동−공격적 관계에 있었다. 뉴욕의 새로운 삶에 적응하는 것에 대한 어려움은 다소 먼 얘기가 되었다. 나는 나의 초년의 삶에 대해 많이 배웠지만 내가 자랑스러워했던 용감무쌍한 사건들을 묘사할 때, 분석가는 이렇게 말했다. "미누친, 너는 파도 끝에 있는 코

르크야. 넌 그냥 해류가 흐르는 대로 가는 거야."

나에게 분석가의 정체성이란 어린 시절에 시작된 한 가지 사건이었고, 나의 어린 시절의 삶의 양상들을 다시 재현함으로써 이해되는 것이었다. 나에게 있어 정체성 형성은 일시적이고 복합적이었다. 나는 그때 약 서른다섯 살이었고, 많은 사건, 여러 중요한 사람들과 연관된 끔찍한 일들을 겪으며 겨우 이겨 냈다. 그리고 여러 다른 상황에서 표면화되는 심리적 자원들을 개발해 냈다. 분석가에게 부수적이었던 것이 나에게는 가장 중요했고, 현재 나의 가족이라는 작은 집단에서도 가장 중요하다.

하지만 이번에는 1960년대 중반으로 다시 시간을 건너가 보자. 우리는 필라델피아로 이사를 갔고, 나는 펜실베니아 대학교 아동 정신의학과 교수이자 필라델피아 아동 보호 클리닉의 원장이 되었다. 그것은 순조로운 전환이 아니었다. 그 두 가지 직업을 병행할 수가 없었다.

처음부터 클리닉 원장으로서 나는 치료에 들어온 모든 아이는 그들의 가족과 함께 와서 치료를 받고, 아이의 치료는 곧 가족치료가 되어야 한다고 주장했다. 이 주장을 내담자들은 수용했지만 정신의학과에서는 받아들이지 않았다. 아동ㆍ청소년 정신의학회에서 정신의학과 전임의들의 교육에 문제를 제기하여 정신의학과는 조사를 시작했다. 그들은 정신의학과 전임의들이 가족치료 훈련을 받는 것이 정신의학과에 위험하다는 문서를 남기고 조사를 끝마쳤다. 참으로 이상하게도 나는 그 집단을 종결해 버린 것이다. 거절당했던 소수 집단의 구성원이던 어린 시절의 나처럼 나는 다시 아웃사이더, '타인(the other)'이 되었다.

하지만 그 클리닉에는 또다른 이야기가 있다. 우리는 성공적인 시설이 되었다. 우리는 매우 많은 스태프, 외래환자 진료, 입원환자 시설, 생계가 어려운 가족들을 입원시키는 두 개 병동, 그리고 외부 훈련 프로그램을 하고 있었다. 1960년대와 1970년대에 필라델피아 아동 보호 클리닉은 세계에서 가장 중요한 가족치료센터 중 하나로, 우리가 했던 것을 배우기 위해 여기저기서 전문가들이 끊임없이 찾아왔다. 1960년대와 1980년대 사이에 가족치료는 치료법에서 우리가 생각하기에 핵심적인 사건이었고, 21세기에는 개입의 가장 중요한 유형이 되어 있을 거라고 예측했다. 우리는 틀렸다.

내가 필라델피아에 있는 동안에는 주로 가난하고 기존의 사법기관 및 복지시설의 경험을 포함한 다양한 위기에 처한 소수민족 가족들을 대상으로 일했다. 이 환자들은 정신병에 대한 수수께끼를 푸는 데 그 당시 대부분의 가족치료사가 치중했던 방식과는 다른 실제(practice)가 분명 필요했다. 예를 들어, 베이트슨(Bateson) 등(1956)은 「이중구속(The double bind)」이라는 논문을 발표했다. 그 논문은 조현병 환자들의 횡설수설한 표현이 부모의 명령에 담겨 있는 모순된 메시지들 ('나는 너를 사랑해.' '내 근처에 있지마.')과 그 두 가지 모순된 메시지를 모두 복종해야 한다는 세 번째 메시지에 대한 결과라고 주장했다.

베이트슨, 휘태커, 보웬, 윈, 그 밖의 다른 이들이 정신병적인 의사소통의 의미에 관심이 있었던 것과 달리 나는 기본적인 삶에 위기를 겪고 있고, 관계 속에 의미를 부여하는 사람들의 가족 구성원 간 관계 패턴에 초점을 맞췄다.

나는 사람들이 확장하고 적응하면서 새롭게 변화하는 사회 구조의 요구에 대응해야만 한다고 확신했고, 가족의 그러한 잠재력을 발견하고 싶었다. 그러한 낙관주의적 관점은 계속해서 도전을 받았지만 아직도 계속하고 있다. 월트윅에서 3단계 회기로 시작한 첫 실험 이후 나는 가족의 패턴을 이해하고 관계를 맺는 새로운 방식들의 대안을 탐색하는 데 집중했다.

나의 아동기부터 노년기까지의 여정에 표시된 지점들을 합류시켜 가며 나는 나의 치료 레퍼토리의 기술과 편향을 밝히는 경험의 지도를 발견했다.

거부당한 소수민족의 구성원으로 자라 오면서, 그리고 '타인'이라는 계층에 소속됨으로써 나는 위험에 대한 경각심, 사회적 불평등에 대한 반감, 약자와 어린 아이들, 그리고 그들 스스로를 방어할 수 없다고 분류되는 사람들을 보호할 필요성을 느껴 왔다.

계속 이민을 다니면서 나는 덧없음을 느꼈고, 상황이 갖는 분명한 의미에 대해서도 의심하게 되었다. 나는 관점의 변화가 대상, 생각, 관계의 의미를 변화시킨다는 걸 안다. 그리고 나는 모든 사실이 대략적인 것임을 알기 때문에 사건과 참 만남을 기술하기 위해 은유와 시적 상징의 사용을 선호하게 되었다.

이스라엘과 미국의 상이한 문화 속에서 작업하며 나는 다양한 사람에 대한 존중감과 다른 사람들을 보고 배우려는 호기심, 그리고 무지의 상황에서 일하는 것에 편안함을 길러 냈다. 내가 감히 가정을 하거나 잘못된 설명을 할 때마다 나는 무지를 받아들이고 새로운 것으로부터 배울 준비가 되어 있기 때문이다.

나는 가족 구성원은 서로에게 책임감이 있기에 서로를 치유하고 보호하는 데 책임을 지고 있다고 확신했다. 이러한 지향점에서 변화는 많은 단계에서 일어난다. 나는 그들의 이야기에서 의미의 중요성을 수용하는 반면, 주로 사람들이 서로에게 취하는 위치에 집중한다(근접성, 거리, 보호, 지지, 거절, 사랑 등등). 사람들은 관계 속에서 서로를 구성하고, 가까운 사람이 멀어지길 원할 때는 스스로를 다르게 활용하는 잠재적인 역량이 있다. 이러한 새로운 교류를 촉진하는 것이 치료사의 과제다.

마지막으로, 내가 치료에서 한 가족을 만날 때 나에게 일어나는 기이한 현상을 공유하고 싶다. 우리가 함께 있는 시간 동안 또는 내 관심이 그들에게 초점을 맞추고 있는 동안, 세상은 작아지고 나는 온전히 그들의 수수께끼에 헌신하게 된다. 우리는 섬에 있게 된다. 시간이 멈추거나 느려진다.

내가 제1장에서 숙련된 기술에 대해 이야기할 때 이 경험을 설명하려고 했지만 나는 성공적이지 못했다고 생각한다. 내가 이 경험에 이름을 붙일 필요가 있기에 그것이 치료 과정으로의 헌신이고 합류와 같은 가르치기 매우 어려운 중요한 요소라고 말할 것이다.

치료 분야에 대해 기술할 때, 대상관계 정신치료의 창시자인 해리 스택 설리반(Harry Stack Sullivan)은 계속해서 치료란 대인관계 상황이라고 주장했다.

대인관계 상황에서 한 사람을 동떨어진 거리를 두고 있는 관찰자라고 묘사할 수 있지만, 실제는 그 사람이 그 상황의 일부가 된다. 그 사람은 참여 관찰자다. 치료란 둘 또는 그 이상의 사람들의 상호작용 양식이다.

그리고 당신은 그 과정의 참여자 중 한 사람이다.

치료 방식

이제는 편안한 지점과 스트레스 영역을 주목하면서 당신의 삶과 선호하는 상호작용 방식을 개발해 보자. 편안한 지점과 방해물 및 편향을 담고 있는 스트레스 영역을 기록해 보자. 노트를 가지고 다니면서 당신이 더 많은 경험을 얻고 숙련된 기술을 연마하면서 발견한 것들을 추가해 보자.

제6장

가족치료사의 파우치 활용하기

　이 장에서는 앞서 기술해 온 것을 재검토해서 종합해 보고자 한다. 우리는 이해한 각각의 측면에 초점을 맞추면서 정체성 풀어 나가기, 증상을 외재화하기, 혹은 하위체계 탐색하기와 같은 상이한 세 가지 가족치료 회기 기록을 제시했다. 이 장에서는 치료사 자기를 이용한 것을 포함한 네 가지 핵심 개념이 서로 결합하여 어떻게 작용하는지 보여 주려고 한다. 우리는 치료사의 파우치에 들어있는 도구들이 그 방식에 따라 어떻게 적용되는지 분석하는 편집된 가족치료 회기 부분으로 이동해 본다.

　치료사의 파우치에 포함된 것들이 〈표 6-1〉을 제시되어 있다.

　이어지는 회기 분석에서 제목은 그 부분에서 치료사가 다룬 하위체계를 나타낼 것이다. 파우치의 측면들이 대화에 활용되는 것을 분석한 것은 우측 칸에 있고, 〈표 6-1〉의 숫자로 표시했다. 다음과 같은 약어는 다양한 가족 구성원을 표현하기 위해 사용될 것이다. 엄마-M. 아빠-F. 미아-D. 리암-L. 메이슨-S이 그것이다.

사례: 대화와 분석

　이 회기는 몇 년 전에 미누친이 다섯 명으로 구성된 한 가족을 자문할 때 진행한 것이다. 리처드슨 가족은 부모를 무시하고 확인된 환자로 간주된 열여섯 살 딸(미아)에 관한 문제를 가지고 방문했다. 가족은 엄마(에밀리), 아빠(벤자민), 열네 살 아들(리암), 열 살 아들(메이슨)로 구성되었다.

미누친은 이 자문에 참여할 때, 치료 계획을 수립하지 않았고 파우치의 도구를 보여 주려고 하지 않았다. 하지만 그는 가족 조직, 경계선의 중요성 및 밀착과 같은 일부 체계의 개념을 사용했다. 가족치료사가 참석하는지 여부를 자문 면담하려고 할 때, 미누친은 그가 가족의 상호작용을 관찰할 수 있게 치료사에게 그 회기를 시작하도록 요청했다.

〈표 6-1〉 치료사들의 파우치

기본 원칙	기법	하위체계를 대상으로 작업하기	치료사의 자기
1. 합류 2. 가족이 '틀렸다' 　• 증상을 외재화하기 3. 가족의 신념은 변화의 적	4. 도전하기 　• 어루만지기/차기 5. 대안 탐색하기 　• 실연 6. 과정을 이해하기 위해 내용을 이용하기 7. 유머와 은유 사용하기 8. 상이한 수준에서 의사 소통하기 　• 지식 　• 윤리 　• 미래 방향 제시	9. 개인 　• 정체성 드러내기 10. 하위체계 활용하기 11. 하위체계의 균형 깨뜨리기	12. 치료사와 거리두기 13. 전문 기술을 갖추기 14. 치료사의 자기 이용하기

이 부분에서 엄마는 그녀와 딸 미아가 무장한 막사에서 서로에게 총을 겨누며 사는 것 같다고 진술했다. 미아는 이 은유에 동의했다. 이 회기의 축어록 부분은 하위체계의 명명화와 미누친의 첫 번째 질문과 함께 다음과 같이 시작된다.

엄마-딸 하위체계

미누친: 너와 엄마는 어떻게 같은 수준의 힘을 갖게 되었니?

2 (증상을 외재화하기): 가족의 이야기를 문제가 있는 딸로 전환하기 시작한다. 그녀를 엄마와 같은 수준으로 놓는다.

6 (과정을 이해하기 위해 내용을 이용하기): 미누친은 가족의 상호작용을 보고 들으면서 그들이 말한 것을 상호작용의 경로로 사용했다.

10 (하위체계 활용하기): 딸이 확인된 환자인 것처럼 엄마-딸 양자관계로 시작한다.

미아: 우리는 같은 수준의 힘을 갖고 있지 않아요.

엄마-딸-아빠 하위체계

미누친: 글쎄, 내가 들은 건 그렇던데. 만약 네가 엄마를 향해 쏘고, 엄마가 너를 향해 쏘면 아빠는 긴장해서 달아나려고 할 거야. 이건 네가 엄청난 양의 힘을 갖고 있다는 걸 의미해.

D1) 힘이 있는 것 같은 미아

3 (가족의 신념은 변화의 적): 딸이 희생자이고 힘이 없다는 신념에 도전한다.

6 (과정을 이해하기 위해 내용을 이용하기): 싸움이 무엇인지에 대한 대화는 없고 그들이 어떻게 할지만 말한다.

9 (정체성 드러내기): 딸은 힘을 얻기 시작한다.

13 (전문 기술을 갖추기): 미누친은 권위자로서 경청하는 지위를 수용한다.

미아: 아니요. 저는 제가 어떠한 힘도 갖고 있지 않다고 생각해요.

미누친: 그거 참 흥미롭구나. 그렇다면 이 설명은 틀린 거네. 네가 설명한 대로라면 두 사람은 서로와 싸울 힘이 없는 전사들이고, 누구도 이기지 못하는구나. (아빠에게) 그리고 당신은 가족 안에서 싸우는 두 여성의 모습을 보고 있네요. 일어난 일이 이것인가요?

(D2) 힘이 없는 전사로서의 미아

(M1) 힘이 없는 전사로서의 엄마

6 (과정을 이해하기 위해 내용을 이용하기): 내용보다 과정을 탐색한다.

7 (유머와 은유 사용하기): 미누친은 군대 막사 은유를 복싱 은유로 바꿨다.

10 (하위체계 활용하기): 엄마와 딸 양자 사이에서 관찰자로서의 아빠

미아: 아니오, 아무도 이긴 적이 없기 때문에 아니에요.

미누친: 맞아요. 그게 바로 제가 두 사람이 같은 수준의 힘을 가지고 있다고 말한 이유이지요. 왜냐하면 둘은 싸움을 계속하기 때문이죠. 닭장의 닭들은 매우 빠르게 그들 자신을 더 강한 힘으로 조직할 거예요. 그리고…….

엄마: 당신은 서열을 의미하는 거군요.

8 (상이한 수준에서 의사소통하기): 상식 수준에서 의사소통을 한다.

가족 전체

미누친: 그리고 그런 다음 평화가 오죠. 그래서 당신은 좋은 닭장이 되는 방법을 찾지 않는 거예요.

(F1) 닭장으로서의 가족.

7 (유머와 은유 사용하기): 가족의 은유로 닭장을 사용하기.

8 (상이한 수준에서 의사소통하기): 미래 방향 제시를 얼핏 보여 준다.

13 (전문 기술을 갖추기): 전문가는 체계를 바라보고 있는가?

엄마: 저는 그렇게 생각하지 않아요. 저는 미아가 저를 부모로서 전혀 존중하지 않는다고 느껴요. 그리고 가장 중요한 문제 중 하나는 제가 미아에게 어떤 것도 가르칠 수 없다는 거예요.

미누친: 그 애는 그것을 어디서 배웠나요?

2 (증상을 외재화하기): 엄마는 딸을 확인된 환자로 유지하려고 한다. 이 질문은 개인의 증상을 관계적 개념으로 전환시켜서 가족이 그 상황을 바라보는 방식에 저항하게 한다.

엄마: 모르겠어요.

미누친: 이러한 학습은 집에서 이뤄진 거예요. (미아에게) 말해 주겠니? 가족 중에 누가 너한테 위험 부담 없이 엄마에게 도전할 수 있다는 걸

3 (가족의 신념은 변화의 적): 개인적인 지각을 관계적인 지각으로 전환하기.

13 (전문 기술을 갖추기): 미누친은 어디에서 교

가르쳤지?

미아: 저는 말할 수 없어요. 저는 엄마한테 어떤 것도 도전하지 않으려고 최선을 다해요.

류가 일어나는지를 설명하는 가족 전문가다.

엄마-딸의 양자 관계

미누친: 그러면 왜 엄마가 너한테 힘이 없다고 느끼는 걸까?

미아: 잘 모르겠어요. 저는 이해가 안 가요.

미누친: 그럼 찾아보자. 엄마가 힘이 없다고 느끼는 건 분명하니까. 그리고 네가 엄마랑 싸우면서 말로는 엄마랑 싸우기 싫다고 하지만 싸우니까.

미아: 제가 방에 있거나 거실에서 TV를 보고 있는데 엄마가 와서는 "미아, 위층으로 올라가"라고 말할 때 가끔씩 싸움이 시작되죠.

엄마: 오, 난 그렇게 말 안 해.

미아: 엄마는 어제 세 번이나 그렇게 말했어요. 저는 도전을 유발해서 싸움이 일어나는 일을 해야 한다고 생각하지는 않아요.

미누친: 그건 네가 살아 있다는 것만으로 싸움을 일으킨다는 뜻이니?

미아: 제가 느끼기에는 그래요.

미누친: 벤자민, 이 점에 대해 당신 생각은 어떠세요?

아빠: 저도 미아에게 똑같이 도전을 받고 있어요. 논쟁이나 의견 차이로 발전하지 않고도 가장 간단한 대화를 하는 데 어려움을 겪고 있어요.

(M2) 힘이 없는 엄마

우리는 이제 분석을 잠시 멈춘다. 파우치의 측면들이 어떻게 활용되었는지를 보기 위해 이 회기에 대해 여러분이 직접 분석을 해 보도록 독려한다. 하위체계를 명명하고 파우치에서 관련된 번호를 확인한 뒤, 밑줄 친 곳에 대화의 각 단위에 대한 자신의 생각을 적어 보자.

미누친: (미아에게) 누구에게 더 도전하기 쉽니? 엄마니, 아빠니?

미아: 저는 그들에게 도전하지 않아요. 모르겠어요.
미누친: 네가 어떻게 그들에게 도전하는지 살펴보자. 네가 하는 것이 너무 끔찍하다고 생각하는 엄마한테 한번 알아보자.

미아: 제가 하는 게 그렇게 끔찍하다고 생각하세요?
엄마: 너는 내가 너한테 요청하는 걸 거절하잖아. 간단한 것부터 복잡한 것까지 말이야. 그래서 이게 바로 단순한 문제가 걷잡을 수 없이 커지는 이유야.

미아: 예를 들면요?

엄마: 예를 들어, 나는 우리가 사소한 문제에 빠지지 않길 원해. 내가 너에게 단순한 예를 들어 줄게.

미누친: 잠깐만요. 엄마는 방금 막 힘이 없다는 걸 표현했단다. 계속하세요.

(엄마, 그리고 아빠, 그런 다음 엄마가 미아에게 5분간 '설교한다').

미누친: 그렇게 되는 거니? 그들은 너를 공격하고 너는 조용히 있다고?

미아: 제가 더 이상 잠자코 있지 못할 때까지요.

미누친: 그런 다음 너는 무엇을 하니?

미아: 보통은 화를 내요.

미누친: 그러고는 무얼 하니?

미아: 소리를 지르며 맞서 싸워요.

미누친: 너는 완전히 궁지에 몰려 있다고 느끼는구나.

미아: 네.

여기서 우리는 우리의 분석을 선택할 것이다.

부모 하위체계를 딸과 연관된 개인 단위로 분리시키기

미누친: 그리고 누가 그렇게 하고 있니? (미누친은 미아 옆에 서서 그가 그녀의 숨통을 조이고 있는 것처럼 한다).

7(유머와 은유 사용하기): 미누친의 물리적 행동은 딸과 부모 사이에 일어나는 것에 관한 은유다.

14(치료자의 자기 이용하기): 미누친은 물리적인 접근으로 편안함을 느낀다. 그가 딸의 숨통을 조이는 것처럼 행동함으로써 방의 긴장감을 높인다.

미아: 제 부모님이요.

미누친: 나는 그들의 방식이 매우 다르다고 생각해. 엄마는 개인적이고, 아빠는 멀리서 "그렇게 해."라고 말할 거야. 하지만 너에게 다가오는 사람은 엄마구나.

미아: 보통 엄마가 그래요. 하지만 가끔은 둘 다 그래요.

6(과정을 이해하기 위해 내용을 이용하기): 미누친은 실연하는 동안 부모 각자가 미아에게 어떻게 말했는지 들었고, 각자가 그녀에게 관여하는 상이한 과정을 관찰했다.

미누친: 왜 너는 그들이 너에게 하도록 두는 거니?

4(도전하기): 이 도전은 사람들이 가족드라마에서 희생자가 아니라 적극적인 대리인이 되게 하는 연결 가운데 하나다.

미아: 저는 그들이 못하게 할 수가 없어요.

이제 이 회기에 관한 분석은 다시 당신에게 전환된다.

미누친: 오, 아니야! 나는 방금도 네가 엄마를 막을 수 있는 시간이 있었다는 걸 알았어. 하지만 너는 그렇게 하지 않았고, 엄마는 계속 말을 했어.

미아: 만약 제가 "엄마, 됐어요. 충분해요"라고 말할 수 있다면 상관없어요.

미누친: 그래서 너는 보통은 조용히 하고 있지.

미아: 글쎄요. 다 그렇지는 않아요. 제가 더 이상 받아들일 수 없다고 느낄 때까지죠.

미누친: 에밀리, 아들들에게는 무슨 일이 일어났나요? 그들에게는 아무 문제가 없나요?

엄마: 아들들과는 사이가 좋아요.

미누친: 왜죠? 놀랍군요.

엄마: 저도 모르겠어요.

미누친: 그건 당신이 한 명의 못된 딸과 착한 두 아들을 가졌다는 뜻인가요?

엄마: 아니요, 저는 딸이 못됐다고 생각하지 않아요. 그 애는 많은 면에서 착하고 저는 그 애를 엄청 많이 사랑해요. 하지만 그 애는 나를 성가시게 하는 딸이 아니었는데… 저도 왜 그런지 모르겠어요.

미누친: 왜 당신은 그녀에게 그동안 자주 다가갔나요? 그녀가 침묵하면 당신에게 무슨 일이 일어나나요? 그녀가 반항한다고 느껴져서 당신은 더 길게 말해야 하나요? 왜냐하면 당신이 오랫동안 계속 얘기하고 있어서……

엄마: 저는 계속했어요. 딸은 대개 제 의견에 조용

히 하고 있지를 않아요. 제가 계속 말을 이어
가는 이유는 그녀가 제 말을 이해하도록 하기
위해서예요.

미누친: 항상 힘이 없다고 느꼈나요? 힘이 없다고 느
낀 또 다른 경험이 있나요?

엄마: 아니오. 엄마가 돌아가셨을 때뿐이에요. 하지
만 아마 관련 없을 거예요.

미누친: 벤자민과는 어떤가요? 벤자민은 아주 강한 남
편인가요?

엄마: 적당히요. 제 생각에는 저랑 거의 비슷해요.

미누친: 의사결정을 하는 데 관심이 생기네요. 왜냐
하면 제가 미아에게 일어나는 일에서 알게 된
것은 당신이 미아에게서 완전히 무력감을 경
험한다는 거예요.

엄마: 그래요. 사실이에요.

미누친: 저는 그게 어디서 왔는지 이해하기 어렵군요.
그래서 알아보려고요. 당신이 힘이 없다고 표
현한 곳에서 미아와 관계를 시작한 그 이유를
내가 이해해야 돼요. 나는 당신이 벤자민과도
힘이 없다고 느끼는 방식에 대해 알고 싶어요.

엄마: 저는 대개 남편하고는 힘이 없다고 느끼지

않아요.

미누친: 에밀리, 당신은 그것이 학습된 행동이라는 걸 알고 있어요. 그것이 오직 미아에게서만 일어날 수는 없어요. 다른 곳에서도 일어나는 것이어야만 해요. 그래서 저는 그것이 어디에서 시작했고, 어떻게 유지되고 있는지 찾고 있어요.

엄마: 제가 우리 관계에서 몇 차례 좌절했던 때가 있었어요. 제가 저의 감정을 소통할 수 없다고 느꼈을 때가 그때였어요. 하지만 그런 때가 빈번하지는 않아요. 제가 딸에게 느끼는 정도까지를 느껴 본 적은 없어요.

미누친: 좋아요. 저는 항상 이런 종류의 문제가 두 사람의 것은 아니라고 생각해요.

엄마: 그게 모든 사람과 연루되어 있나요?

회기의 이 시점에서 우리는 발생한 일들을 이해하는 방법에 대해 한 가지 이상의 예를 들어 주고, 이것은 당신이 회기의 나머지를 분석하는 것뿐만 아니라 하나의 지침으로도 도움이 되길 원했다.

남매의 양자 관계

미누친: 적어도 세 사람과 관련되어 있네요. 4명 또는 5명일지도요. (미아에게) 나는 네가 리암의 삶을 엄청 편하게 해 주고 있다고 생각해. 왜냐하면 엄마가 온통 너를 꾸짖고 난 후에 리암은 자유롭기 때문이지. (리암에게) 누나에게 고맙니?

리암: 저는 결코 그런 식으로 생각한 적 없어요.

미누친: 그럼 미아는 확실히 잘못을 뒤집어쓴 사람이구나. 그래서 너는 완전히 자유로울 수 있는 거구나. (메이슨에게) 그리고 너는 아기여서 네가 원하는 건 뭐든 할 수 있구나.

3(가족의 신념은 변화의 적): 가족은 문제가 한 사람, 즉 미아에게만 있다고 확신한다. 미누친은 증상이 어떻게 적어도 세 사람의 상호작용에 존재하는지를 설명한다.

11(하위체계의 균형 깨뜨리기): 미누친은 하위체계에 초점을 맞춘다.

(D4) 잘못을 뒤집어쓴 사람으로서의 미아

(S2) 아기로서의 메이슨

7(유머와 은유 사용하기): 미누친은 가족의 과정을 설명하기 위해 '잘못을 뒤집어쓴 사람'이란 은유를 이용한다.

9(정체성 드러내기): 딸의 정체성은 무례한 아이에서 잘못을 뒤집어 쓴 사람으로 변한다. 즉, 환경에서 발생하는 문제를 떠안은 사람을 가리킨다.

엄마: 저는 그렇게 말 안 했어요.

미누친: 그 애는 네가 좋은 누나라는 걸 아니? 그 애는 너에게 고마워하니? 그 애는 너를 좋아하니? 아니면 그 애는 엄마 편에 있니?

(D5) 착한 누나로서의 미아

(정체성 드러내기): 그녀의 확인된 환자는 이제 착한 누나를 의미한다.

10(하위체계 활용하기): 이것은 고립된 딸을 더 강한 남매 관계로 가져오는 시도다.

미아 : 저는 그 애가 누구한테 말하는지에 달려 있다고 생각해요. 저는 그 애가 우리 둘 다를 동일시할 거라고 생각해요.

우리는 이제 다시 당신에게 분석을 맡긴다.

미누친: 그 애는 너와 엄마 둘을 동일시할 수 있니? 틀렸어. 그 애는 너를 동일시해야 해. 아빠는 엄마와 동일시하고. 그 애는 적어도 네 편에 있어야 해. 너는 누나의 편에 있는 것 아니니?

리암: 저는 이 문제에 그렇게 많이 관여되어 있지 않아요.

치료사: 리암과의 경험에서 그 애가 다른 편으로 움직일 수 있다는 걸 알았습니다. 그 애는 미아에게 다가가서 그녀를 편안하게 할 수도 있고, 엄마나 아빠의 편이 되어 두 분을 편안하게 할 수도 있습니다.

미누친: 왜? 그건 네가 가족 안에서 양육자, 보호자라는 의미야. 중재자 말이야.

리암: 저도 그렇게 생각해요.

미누친: 그리고 엄마와 미아가 아주 오랜 기간 반복적

이고 지루한 문제들에 빠져 있을 때 너는 무
엇을 하니?

리암: 저는 관여하지 않아요.

미누친: 그러면 너는 어느 누구의 편에도 끼지 않는 거구
나. (미아에게) 누가 너의 싸움의 심판을 보니?

미아: 가끔은 아빠가 개입하지만 아주 자주는 아
니에요.

미누친: 아빠가 개입할 때 어떤 방법으로 개입하니?

미아: 대부분 엄마 편에 서요. 하지만 가끔은 만약
엄마가 몇 분 전에 일어난 일을 반복해서 말
하면 "에밀리, 좋아! 거기까지만 해" 라고 말
해요.

미누친: 그래서 너는 이 가정에서 혼자라고 느끼는
구나.

미아: 네.

미누친: 너의 삶이 비참한 것은 이 가족에서 태어났기
때문이구나.

미아: 네, 그렇게 생각해요.

엄마: 그것 참 슬픈 말이네요.

미누친: 이제 누가 너를 택할 수 있는지 알아보자. 이
게 네가 원하는 거니?

미아:　　아니오.

미누친:　저에게는 이해가 필요해요. 당신들은 개인적으로 좋은 사람들이에요. 그런데 어떻게 당신들은 이런 비참한 길에 들어온 거죠? 그리고 사람들이 어떻게 기여하는 거죠? 있잖아요, 에밀리! 나는 당신한테 초점을 맞추고 있어요. 저는 왜 당신이 그렇게 힘이 없고, 그게 어떻게 유지되는지 이해하고 싶어요. 딸이 존재하기만 해도 당신에게 도전한다고 느끼게 하는 건 무엇인가요? (미아를 향해) 내 친구 중 한 명의 얘기를 들려 줄게. 나에게는 한때 열여섯 살 먹은 친구가 있었는데, 어느 날 그는 학교에서 왜 아이들이 자신에게 화가 났는지 모른다고 말했어. 그는 체육관으로 가서 체육관 한가운데에 앉아 아무것도 하지 않았어. 하지만 나머지 사람들은 농구를 하고 싶어 했어. 그들은 농구를 하기 시작했고, 그 친구는 여전히 체육관 한가운데 앉아 있었어. 그 친구는 아무것도 하지 않았고, 나머지 사람들은 그 친구에게 화를 냈어. 그런 다음 그들은 선생님과 교장선생님을 불러서 그 친구를 학교에서 쫓아냈어. 그 친구는 아무것도 하지 않고 있었어. 너는 내 친구를 떠올리게 하는구나.

미아: 네.

미누친: 네가 농구장 한가운데에 앉을 아주 멋진 방법
        이 있어. "저는 아무것도 안 하고 있어요"라고
        말해 봐. (엄마를 향해) 그건 당신을 화나게
        하지요.

엄마: 아니오. 저는 그 애가 아무것도 하지 않을 때
        는 화내지 않아요.

미누친: 그 애가 아무것도 하지 않았다는 건 사실이
        아니에요.

엄마: 물론 그녀는 무언가를 했지요.

미누친: 그 애는 말해요. "저는 그것을 안 해요."

엄마: 그 애는 항상 자기가 아무것도 하지 않았다고
        주장하고, 저는 격렬하게 반대해요. 맹렬히
        반대하지요.

미누친: 하지만 그건 당신이 삶에 대해 지독하고 격렬
        하고 무기력하게 느끼는 방식이에요. 제가 이
        해하고 있는 사실은 미아의 최소한의 행동이
        당신에게 매우 중요한 무언가의 도화선이 된
        다는 거죠. (미아에게) 너는 엄마가 너에게 항복
        하고 노예가 되길 원하는 거니?

미아: 육체적인 노예가 아니라 좀 더 정신적으로요. 저는 엄마가 기분이 안 좋을 때 대화 상대로 있어야 한다고 느껴요.

엄마: 이것 참, 그건 아니야.

미누친: 가정에서 너의 역할이 엄마의 잘못을 뒤집어쓰는 것이라고 생각하니?

미아: 가끔 그렇게 느껴요.

미누친: 너는 정말 착한 거니? 만약 네가 엄마를 위해 잘못을 뒤집어쓰는 사람이 되고 싶다면 너는 아주 착한 것임에 틀림없어.

미아: 저는 그렇게 되고 싶지 않아요. 그게 제가 여기 있는 이유예요. 내가 잘못하고 있는 게 뭔지 알고 싶기 때문이죠. 일부러 그런 건 아니지만 항상 있는 것 같아요.

벤자민: 만약 그녀가 그렇게 해도 그녀는 보여 주지 않아요.

미누친: 사람들은 가끔씩 누군가 경청해야 되는 호기심 어린 것들을 말합니다. 저는 미아가 말한 것에 관심이 가네요. 이해가 안 돼요. 하지만 그 애는 마치 특이하고 이상한 낯선 방식이 필요하다고 말하는 것처럼 보여요. 에밀리는

그 애를 자신의 무기력감의 배출구로 쓴다는 거지요. 당신은 이것에 대해 어떻게 생각하나요? 당신은 높은 역치를 가지고 있나요? 그리고 가끔 당신의 역치를 넘어서기도 하나요?

벤자민: 저는 높은 역치를 가지고 있고 그 역치를 가로지른 적도 있어요.

미누친: 당신은 높은 역치를 가지고 있군요. 그리고 그것이 에밀리의 역치를 낮게 만들었고요.

벤자민: 난 그걸 낮은 역치라고 부를지는 모르겠어요. 우리는 조건 반응을 개발했는데, 미아가 특정 상황에 반응할 때 그것에 대해 상세히 설명하고 여러 다른 방향에서 공격할 거예요.

미누친: 저는 이해가 안 되네요. 내가 여기서 본 것은 당신이 소외될 수 있고, 에밀리가 아주 높은 반응을 하게 만든다는 거예요. 내가 보기에 당신은 아주 낮게 반응하는 사람이고, 에밀리는 아주 높게 반응하는 사람처럼 보여요. 맞나요?

벤자민: 그게 사실이에요.

미누친: (엄마에게) 그래서 당신은 보안관인가요?

엄마: 보안관? 글쎄요, 나는 잘 모르겠네요. 그럴 거라 짐작되기는 하지만…….

미누친: 그래요, 당신이 보안관이에요.

엄마: 애들이랑요? 그렇군요.

미누친: 그래요, 당신은 아주 강력하지는 않기 때문에 왼손잡이 보안관이죠. 당신이 보안관이에요. 누가 당신에게 그 일을 준 거죠?

엄마: 나는 부모예요. 나는 노력해야 해요.

미누친: 당신은 항상 외로운 보안관이었나요?

엄마: 외로운 보안관이요?

미누친: 벤자민은 어떤가요?

엄마: 그도 엄청 연루되어 있어요. 그는 분명 전체 적으로 볼 때 연루되어 있지 않은 것은 아니

예요.

미누친: 그가 연루된다면 어떻게 될까요?

엄마: 우리 셋은 평상시에 그것에 관해 토론을 할 거예요. 그리고 나는 그 상황이 한 명을 제외한 우리 둘의 상황이 될 거라고 가끔 생각해요. 아이 한 명과 대화하려고 노력하는 부모 말이에요.

미누친: 수수께끼가 있는데, 내가 그 수수께끼에 호기심이 많다는 것을 당신은 알고 있군요. 그리고 그 수수께끼는 영리해 보이는 당신들 세 명이 매우 잘못된 것을 계속해 나가고 있다는 것과 당신도 그것을 계속 하고 있네요. 그리고 당신은 그것을 매우 흥미로운 방식으로 하고 있군요. 당신 둘(엄마와 딸을 가리키며)과 당신(아빠를 가리키며)은 가끔씩 그 방법에 관여하기 시작하는 감독관이군요.

엄마: 하지만 가끔씩 그들은 제가 개입하지 않을 때에도 그들 스스로 갈등을 만들어요.

미누친: 당신은 그것을 내버려 두나요?

엄마: 네. 다시 말하면 제가 그걸 일어나게 하는 건가요?

미누친: 당신은 개입하지 않나요?

엄마: 아뇨, 가끔. 저는 남편을 지지하려고 개입하거나 가끔은 미아에게 무언가를 설명하려고 개입하죠. 하지만 갈등이 일어날 때는 저는 항상 거기에 있지는 않아요.

미누친: 당신이 개입할 때 어떻게 하나요?

엄마: 가끔 저는 그가 미아에게 말하고 있는 것을 더 잘 설명하려고 해요. 왜냐하면 저는 그 애가 이해하고 있다고 생각하지 않거든요. 가끔씩 미아가 말하고 있는 것을 제가 설명하려고 해요.

미누친: 그게 부인이 한 건가요?

아빠: 에밀리는 미아의 입장에서 갈등을 들을지도 몰라요. 그러고는 제 입장에서 그 갈등을 들을 거예요. 그런 다음 에밀리는 이랬다저랬다 하다가 무슨 일인지 알아내려고 할 거예요.

미누친: 당신은 활발한 외교를 하고 있네요.

엄마: 그건 너무 효과적이지 못하겠지요?

미누친: 왜 엄마가 네 말을 아빠에게 번역해 줄까?

미아: 모르겠어요.

미누친: (엄마에게) 당신은 두 사람을 모두 보호해야 한다고 느끼나요? 당신은 누구를 보호하고

싶나요?

엄마: 둘 다요.

미누친: 왜죠?

엄마: 저는 두 사람이 서로를 이해하지 못하면서 대화하고 있는 모습이 정말 보기 싫어요. 그래서 제가 통역해 줘야 할 필요성을 느껴요. 만약 남편이 이해하지 못하는 말을 딸이 한다면 저는 십대의 딸이 되어서 그 말을 해석하려고 해요. 그가 부모로서 왜 그러는지 저는 이해해요. 설명하려는 나의 방식이 이 상황에서는 저를 곤경에 빠뜨리는 것처럼 보이기 때문에 적절하지 않을지도 몰라요.

미누친: 청소년과 접촉하는 벤자민의 방식은 어떤가요? 불완전하다고 생각하나요? 당신이 수정하고, 고치고, 도와야 한다고 생각하나요?

엄마: 저는 남편이 가끔 미아나 아이들 모두가 이해하지 못하는 방식으로 얘기한다고 느껴요. 남편은 너무 깊게 생각하고, 가끔은 남편이 자신의 생각을 표현할 때 미아와는 관련 없는 과장된 말을 사용하거든요. 그리고 가끔 남편은 저보다 더 엄격해요.

미누친: 당신은 그것을 고치고 싶나요?

엄마: 가끔은요. 하지만 대부분 저는 그냥 나가 있어요.

미누친: (아빠에게) 당신은 그녀를 번역자로 두나요? 아니면 그녀가 스스로 자처하는 일인가요?

아빠: 저는 그게 좋은 일이라고 생각해요. 왜냐하면 미아와 제가 갈등 없이는 서로 관계를 맺을 수 없을 때, 에밀리가 왔다갔다하는 것이 똑같이 화가 난 의사소통이 아닌 것으로 이어가기 때문이죠. 저는 그렇게 만들어진 의사소통이 좋고, 만약 그것이 해결하는 하나의 방식이라면 저는 그것에 찬성해요.

미누친: 벤자민은 보안관, 번역자, 참견하는 사람으로서의 당신의 직업을 좋아하는군요!

엄마: 저는 그 모든 것이 되고 싶지 않아요. 당신은 제가 많이 하는 게 아니란 걸 이해해야 해요.

미누친: 저는 당신이 한다고 알고 있는 것보다 당신이 더 많은 일을 한다고 생각해요.

엄마: 음, 그럴 수도 있죠. 제가 의식적으로 그것을 인지하지 못하니까요.

미누친: 저는 당신이 가족에게 끊임없는 감시자라고 생각해요. 그리고 당신은 엄청나게 과로하고 있군요.

엄마: 그래요, 가끔 저는 너무 많은 것에 책임을 져야 한다고 느껴요. 이게 당신이 말하려는 거죠?

미누친: 당신은 항상 책임감을 가져야 한다는 것입니까? 항상?

엄마: 대부분이 그렇죠.

미누친: 그 일들에서 벗어날 생각은 안 하셨나요?

엄마: 그다지요. 그게 부모라는 걸 의미하지 않을까요?

미누친: 아니요.

엄마: 그렇다면 저는 과로하고 있네요.

미누친: 당신은 과로하고 있어요. 저는 알아요. 당신이 과로하고 있다는 걸…….

엄마: 그건 제가 너무 많이 하고 있다는 건가요? 그건 제가 너무 많이 개입하고 있다는 건가요?

미누친: 와, 당신이 너무 많이 하고 있다고요! 당신은 과잉 각성 상태에 있는 거예요. (벤자민에게) 당신은 부인이 이걸 하고 있어야 한다고 생각하나요?

아빠: 아니요, 그렇지 않아요.

미누친: 그렇다면 부인에게 긴장을 풀라고 말해 주세요.

아빠: 그렇게 하죠.

미누친: 그리고 어떻게 당신이 부인을 변화시킬 수 있을까요?

아빠: 저는 제 스스로에게 그 질문을 해 봤어요. 저는 그녀가 매우 치열하고 열정적이라고 생각했고, 특히나 미아에게 훈육적인 행동으로 최선을 다하고 그녀에게 특권을 줘 가며 부단히 노력해 왔다고 생각해요. 이러한 점에서 저는 제가 그만큼 할 수 있다고 생각하지 않아요. 저는 미아의 입장에서 벌어지고 있는 일들을 바라보며 말하죠. "오, 나는 네가 나의 입장도 생각해 주기를 바라고, 엄마가 너를 꾸짖는 게 아니라 모두 너를 위해 하는 행동이라는 걸 이해해 줬으면 좋겠어."

미누친: 하지만 미아가 엄마를 위해 하는 모든 것을 보세요. 보이죠, 저는 이 수수께끼에 관심이 가네요. 저는 알아요. 당신이 과로하고 있다는 것을…….

엄마: 당신이 그걸 어떻게 알죠?

미누친: 대화를 하기 시작한 처음 3분 만에 알게 됐어요. 저는 당신이 모든 상황에 대응하고 있는 긴장 수준, 무기력 수준, 좌절 수준을 봤어요. 당신은 치료사에게 "저는 책임질 준비를 하고 여기에 있어요"라고 말하며 그 회기를 넘겨받기 시작한 거예요.

엄마: 글쎄요, 아무에게도 얘기하지 않았는걸요.

미누친: 아니에요, 에밀리 당신이 말했어요. "저는 책임을 지게 될 거예요. 저는 당신에게 통찰력을 주고, 저는 제 가족이 있길 바라는 푸른 초원으로 그들을 데려갈 거예요." 이것이 가족에서 당신의 역할입니다. 당신은 보안관이고, 감독관이며, 누군가를 도와야 하는 사람이에요. 당신은 과로하는 여성이군요.

엄마: 그럼 제가 어떻게 하면 그 일에서 나올 수 있나요?

미누친: 당신은 제가 아니라 벤자민에게 물어봐야 할 거예요.

엄마: (남편을 향해) 내가 이것에서 어떻게 빠져나올 수 있죠? 나는 과로하고 있어요.

아빠: 몇 가지 추가하는 행동을 중단해 봐요.

엄마: 자세히 말해 봐요. 이해가 안 돼요.

아빠: 당신이 아이들에게 무언가를 말할 때, 당신은 그걸 한 번만 말하는 거지. 그리고 뒤로 물러나서 일을 수행할 수 있는 시간을 주는 거야.

엄마: 만약 바로 끝나야 하는 거라면요? 애들이 하지 않으면 어쩌죠?

아빠: 그러면 그것에 상응하는 결과가 있을 거야.

미누친: 보세요, 그는 당신의 감독관이네요. 그건 당신이 일을 더 적게 하는 방법이 아니에요. 그는 당신에게 일을 다르게 하는 법을 지도해 주고 있어요.

엄마: 하지만 저는 똑같이 일을 해야 해요.

미누친: 그래요, 물론이죠! 변화는 없어요. 그 일을 계속 하되, 제가 당신에게 말하는 방법으로 하라는 거예요. 지금 그는 그저 당신의 감독관이 되었어요.

엄마: 그건 제가 원하는 게 아니에요. 그건 제게 도움이 안 될 거예요.

미누친: 아니오, 그건 도움이 안 될 거예요.

엄마: 그렇다면 제가 잘못된 방식으로 그에게 물은 건가요?

미누친: 아니오, 당신은 알고 있어요. 당신이 너무 책임감이 강해서 당신이 잘못했다고 생각하는 거지요. 저는 그가 단지 당신을 속였다고 생각해요.

엄마: 그럼 그에게 그것에 대해 말해 주세요.

미누친: 당신이 그것에 대해 그에게 말해 봐요. 그는 간신히 당신의 입장을 생각해 낼 것이고 당신은 자신이 뭔가 잘못했다고 생각할 거예요. 그는 그저 아주 절묘하게 당신을 대했던 거예요.

엄마; 그래요. 저는 다른 방식으로 그것을 물어봐야겠어요. 저는 과중한 부담을 느껴요. 당신이 지금 내가 처리하고 있는 이 책임감의 일부를 떠안아 줄 수 있나요? 그리고 저는 단지 당신이 해야 할 일을 하라고 말하고 있는 게 아니에요.

아빠: 그러면 당신이 내 감독관이 되는 거네요.

엄마: 글쎄요, 아마 그러겠죠. 당신이 그것들을 떠안고 당신의 방식으로 다룬다면, 그리고 내가 그것에 아무런 관심도 갖지 않고 그것이 끝났다고 자신 있게 말할 수 있게 되면 어떻게 될까요? 그것은 나한테서 무거운 짐을 내려 놓게 할 거예요. 만약 그런 다음에도 내가 당신에게 그걸 어떻게 하는지 말해 준다면 결국 여전히 내 몫인 거고요. 이해되나요?

아빠: 당신 심정 이해해. 그리고 이 대화도 잘 알아들었어. 하지만 우리가 얘기하는 것은 글쎄 잘 모르겠어. 왜냐하면 내가 느끼기에 이 상황에 내가 엄청 많이 관여하지만 똑같은 방식으로 다가가지 않기 때문이지. 당신이 떠안은 이 상황에서 당신이 더 많은 소리를 내기 때문에 우리는 동등하게 시작해야 할지도 몰라. (미누친을 향하며) 제가 무슨 말을 하는지 알겠어요?

미누친: 아니요, 계속하세요. 듣고 있어요. 아내와 계속 이야기하세요.

아빠: 만약 당신이 그냥 물러선다면 우리는 동등한 입장에 있을 수 있는 거지.

엄마: 내가 물러서면 당신이 인계받을 거라고 말하는 거예요?

아빠: 그렇지. 또는 적어도 그 짐의 절반을 가져가는 거지.

엄마: 당신이 실제로 그 책임을 질 거라고 느끼게 되면 나는 확실히 물러설 테니 그리 아세요.

미누친: 에밀리, 당신은 남편을 믿나요? 그게 그렇게 쉽게 될까요?

아빠: 당신은 A지점에 있는 우리를 보면 내가 상황을
        해결하려고 F지점으로 갈 걸로 예상할지도 몰라.
        그때 나는 B지점을 지나갈 의도가 전혀 없는데도
        그 점에서 여기서 또 다른 문제가 생기는 거지.

엄마: 당신은 "내 방식대로 그걸 하게 해 줘"라고 말하
        는군요.

아빠: 내가 B에서 멈출 때 그 일을 인계받지 말아요.
        내가 무슨 말하는지 알겠어?

엄마: 조금은요. "내가 맞는지 당신에게 물어볼게"라고
        당신이 그렇게 말하고 있다고 생각돼요.

미누친: 에밀리, 당신은 그의 말을 번역할 건가요? 아니
        면 그에게 물어볼 건가요?

엄마: 저는 그에게 다시 말했을 거예요. "이러이러한
        걸 의미하는 건가요?"

미누친: 그 말은 당신이 그를 번역할 거라는 거네요. 그
        러지 마세요. 그에게 당신을 위해 일하라고 요청
        하세요. 당신에게 분명한 방식으로 말해 달라고
        그에게 요청하세요.

우리는 여러분이 서로를 속이는 방식을 살펴보고 있다. 하지만 서로에게 쓰는 그 방식은 완
전히 실패한다.

(미아에게) 너는 다른 사람의 잘못을 뒤집어쓴 사람의 역할이기 때문에 그 역할을 활성화시

키는 방법, 너는 너의 고통 속에서 매우 강력한 역할을 한다. 그리고 네 엄마도 너의 고통에 강한 역할을 하고 있다. 그리고 네 아빠도 마찬가지다.

(남동생들에게) 미아는 너희의 행복에 강력한 역할을 한다. 누나가 너희 잘못을 덮어쓰고 있기 때문에 너희는 훨씬 더 부드러운 부모를 얻은 것이다. 아마도 리암, 누나를 돕는 방법 중 한 가지는 너희가 약간의 못된 짓을 하는 것이다.

엄마: (웃으며) 오, 이런!

미누친: 네 엄마의 삶을 조금 불쌍하게 만들 수 있겠니?

리암: 그럴 거예요.

미누친: 너의 상상력을 사용할 수 있니? 학교에서 문제를 일으키는 애들은 뭘 하니? (리암이 침묵하자) (미아에게) 동생은 너를 돕고 싶지 않은가 보다.

리암: 저는 제가 문제를 일으킬 것들을 생각해 본 적이 없기 때문이에요.

미누친: 그래서 엄마는 보안관 일을 하느라 바쁠 거고, 아빠는 엄마를 감독할 거야. 메이슨은 어때? 어떤 종류의 나쁜 장난을 네가 할 수 있을까? 보자, 나는 네가 세상에 있는 모든 나쁜 장난을 할 것이고, 엄마는 그런 너를 봐도 여전히 미소 지을 거라고 생각해.

메이슨: 그래요.

미누친:　좋아. 엄마는 너에게 미소를 지을 것이고, 따라서 너는 미아를 도울 수 없어.

엄마:　그 애는 가끔 곤란에 빠지기도 해요.

리암:　거의 없어요.

미누친:　가족의 관점에서 당신들은 다소 전통적이군요. 엄마는 과로하고 있는 엄마이고요. 어떻게 하면 그 일을 더 잘할지 남편이 부인에게 말하는 것이 매우 도움이 되죠. 그리고 너의 가엾은 엄마는 여기에 왔고, 그녀에게 연민을 느껴요. 그녀는 정말 북처럼 꽉 조여 있어요. 당신은 아주 과도하게 스트레스를 받고 있는 여성이군요.

엄마:　저도 알아요. 저는 제가 그렇다는 걸 알아요.

미누친:　당신은 벤자민에게 가야 해요. 미아가 아니라……

엄마:　저는 미아에게 안 가요. 제게 문제가 있다는 건가요? 저는 미아를 피하려고 해요.

미누친:　미아는 무언가 말했어요. 저는 단지 관찰자입니다. 저는 사람들의 얘기를 경청하고 있어요. 미아는 제게 뭔가를 말했어요. 저는 잘 모르겠으니 미아에게 물어보세요.

엄마: (미아에게) 네가 뭐라고 말했니? 나는 네가 뭐라고 했는지 못 들었구나.

미누친: 그 전에, 딸은 자기가 거기에 있어야 한다고 말했어요.

엄마: 오, 넌 네가 거기에 있어야 한다고 느끼니?

미아: 엄마의 기분이 안 좋을 때 나는 그것에 영향을 받을 거예요.

미누친: 뭔가 이상한 걸 말해 줄게요. 당신은 유능하고 효율적이고 효과적이라고 느끼기 위해서 혹은 적어도 벤자민보다 미아에게 그러기 위해 자신의 긴장감을 미아에게 내보내고 있는 거군요. 저는 당신이 벤자민에게 질문하는 방식에 감명을 받았어요. 당신은 공손한 자세로 질문을 했어요. 그것은 당신이 여기서도 두세 번 했어요. 저는 집에서도 그런지, 당신이 저 때문에 노력하는지 잘 모르겠어요.

엄마: 저는 그렇게 생각하지 않아요.

치료사: 저는 그게 조금 다르게 일어난다고 생각해요. 저는 당신이 마치 계란 위를 걷는 것처럼 매우 주의 깊게 그리고 조심조심 그에게 다가간다고 생각해요.

엄마: 제가 그렇게 하죠.

치료사: 그리고 당신이 원하는 걸 그에게 요구하는 방법으로 누군가와 분열이 생기지 않길 원하죠.

엄마: 그게 더 말이 되네요. 저는 그가 마치 산 위에서 저에게 두루미 같은 것을 내려 주는 것처럼 그에게 다가가지 않는다고 생각해요. 저는 우리가 그때 보다 많이 지적으로 동등해진다고 생각해요. 가끔 그에게 조심조심 다가가곤 해요.

미누친: 당신도 알다시피 저 역시 당신의 치료사가 당신이 긴장을 높이지 않도록 주의한다고 생각해요. 당신의 갈등을 해결할 수 없는 방식은 탐색하지 마세요. 그가 방금 막 했던 것은 구조 훈련이었어요. 당신과 저 둘 다를 위한 것이죠. 그는 우리 셋 사이에서 커지고 있는 긴장감을 느꼈어요. 그리고 그는 우리를 구조하기 위해 왔죠. 글쎄요, 나는 그의 구조가 필요없어요. 저는 이 스트레스에 매우 편안해요. 그리고 저는 당신(치료사에게)이 그와 그녀가 이 스트레스에 어떻게 처하게 되었는지에 민감하게 느끼지 않고 그래서 이 두 사람이 서로 변화하고, 도움을 줄 수 있도록 특

별한 방식을 탐색하지는 않을지 궁금해요. 당신은 벤자민을 향해 달걀 위를 걷고 있다는 치료사의 표현을 수용했어요. 당신은 그녀도 그렇게 한다고 생각하나요?

벤자민: 아니요, 안 돼요. 아내는 때때로 의사소통할 때 반복해서 말을 했고, 저는 그게 불필요하니 한 번만 들어도 된다고 말해 왔던 거예요. 그래서 아내는 그 말에 반응해 주려고 노력했고, 아마도 아내가 뭔가를 처음 설명할 때 조금 더 조심하고 있을 거예요.

엄마: 저는 제가 항상 그런 것 같지는 않지만, 조금은 공감할 수 있어요.

미누친: 당신은 여기서 서너 번 그랬어요. 그리고 남편은 게리 쿠퍼처럼 멋지게 해냈죠. 남편은 호리호리한 카우보이예요. 남편은 과묵하면서도 남자다운 타입이군요.

엄마: 당신이 무슨 말을 하는지 알지만 그는 항상 과묵하지만은 않아요. 당신은 제가 왜 그에게 그렇게 조심조심 다가가는지 말씀하시는군요. 제가 대답해 드릴까요?

미누친: 아니요, 저는 당신이 대답하길 원한 적이 없어요. 저는 당신 둘 다에 관심이 있어요. 보세요, 당신은 너무 힘들게 일하고 있어요. 벤자민, 부인이 너무 힘들게 일하도록 두지 말고 그 일을 맡아요.

아빠: 저는 노력했어요.

미누친: 아니요, 당신은 매우 편안해요.

엄마: 왜 그가 꺼리겠어요?

미누친: 당신은 부인이 얼마나 힘들게 일하는지 알고 있어요. (미아에게) 너의 가엾은 엄마는 엄청 열심히 일하고 있단다. 계속해서……. 그리고 나는 너의 아빠가 엄마를 돕길 원해. "편히 쉬어 내 사랑, 내가 그 일을 할게"라고 그녀에게 말하면서 말이죠. 그는 그렇게 멋진 미소를 짓는 과묵한 타입이죠. 하지만 필요할 때 그가 구조하러 오죠. 그가 흰 종마와 함께 오나요, 검은 종마와 함께 오나요? 너는 아빠가 오도록 울었니?

미아: 네, 대개는요. 하지만 나를 구하기 위해서가 아니에요.

미누친: 그가 엄마를 구해 주지 않는 게 더 나을까요? (아빠에게) 그래서 에밀리가 설명하는 사람이고, 당신은 과묵한 타입이 되는 거죠.

아빠: 확실히 훨씬 더 그래요. 저는 특별한 이득이 없기에 제 설명을 훨씬 줄였어요. 그래서 저는 제가 과거에 했던 것보다 훨씬 과묵해져 버렸죠.

미누친: 그래서 에밀리는 당신이 그녀를 과로하게 만든 것과 같은 방식으로 당신을 과묵하게 만드는군요.

아빠: 저는 그것과 관련이 없어요. 그녀는 집에서 나와 완전히 멀어졌고, 미아와의 의사소통에서 저는 미아에게 일을 설명하려고 노력했지만, 그 노력은 완전히 무시되었죠. 그래서 계속 설명하기보다는 기다리기로 결심했죠. 그녀가 학교에 가서 상황이 좋아지고 나서야 비로소 내가 집에 있는 것에 대한 느낌을 미아가 표현했다고 생각해요. 그리고 저는 그런 일이 일어나기를 기다리는 바로 그 함정

에 빠졌다고 생각해요. 갈등을 겪기보다 조용해진 거예요.

미누친: 벤자민, 보세요. 미아는 이제 다시 다른 사람의 잘못을 뒤집어쓴 사람이 됐어요. 제가 당신에게 요청하고 싶은 것은 당신이 에밀리를 도울 수 있는지 여부죠. 저는 미아에 대해 말하고 있는 게 아니에요. 저는 에밀리에 대해 얘기하고 있어요. 저는 당신에게 에밀리를 도울 수 있냐고 묻는 거예요.

아빠: 글쎄요, 그동안 그녀를 편안하게 하려고 노력했던 시간들 외에 내가 무엇을 해야 하는지 확신할 수 없어요.

미누친: 저는 당신이 옳다고 생각해요. 당신은 뭘 해야 할지 모르는 거예요. 당신이 배우는 시간 아닌가요?

아빠: 시간이 지났군요. 그게 사실이라면 확실히요.

미누친: 어떻게 상황을 다르게 할 것인지 배워서 지나치게 빡빡한 아내를 쉬게 할 수 있을까요? 저는 당신이 그녀를 돕지 못한다면 그녀는 너무 빡빡해서 결국 엇나가게 될 거라고 생각해요. 당신이 연주해 봤다면 알듯이, 너무

빡빡한 드럼은 좋은 소리를 내지 못해요. 그
녀는 불협한 소음을 만들어 낼 거라고요. 그
녀를 도울 수 있나요? 왜냐하면 부인과 당신
이 언어를 개발하려는 그녀의 필요성에 대해
이야기하고 다루는 대신에 두 사람은 미아와
관여되어 있기 때문이죠.

아빠: 사실이에요.

미누친: (미아에게) 너는 엄마아빠가 결혼한 지 17~
18년이 지난 지금 서로를 알아가는 것을 방해
하고 있구나.

엄마: 당신은 이 시간 이후에도 우리가 서로에 대해
모른다고 생각하나요?

아빠: (엄마에게) 나는 당신과 이것에 대해 많이 얘
기 나눴어. 집으로 돌아와서도 당신과 대화

하고, 당신과 함께 시간을 보내며 아주 많은 긍정적인 생각을 갖곤 했지. 하지만 당신은 미아와 전쟁을 치뤘고, 모두 그 일에 휘말렸지. 다툼이 끝날 때면 잠자러 갈 시간이 되고, 우리는 서로와 대화할 그 어떤 시간도 갖지 못했어. 우리는 감정적으로 지쳤지. 그냥 폭발한 거지. 결국 나는 크게 화를 내고, 그 일로 좌절한 거지.

엄마: 나도 그래요. 나도 너무 지쳐요.

미누친: (아빠에게) 나는 당신 가족에서 미아가 지나치게 예민하고, 지나치게 반응적인 엄마를 기대한다는 걸 알아요. 당신의 자녀들 그리고 당신은 부인이 그렇게 하기를 기대하죠. 당신은 부인의 템포에 맞춰서 방해받는 템포로 계속 나갈 거예요. 부인은 당신과 미아가 만나기가 어렵다는 걸 알게 돼죠. 왜냐하면 당신의 침묵은 아주 강력하니까요. 이 가족에서 하위 기능은 아주 강력해요. 이 패턴의 결과는 이 시점에서 당신은 불필요한 좌절을 겪을 것이고, 그것은 에밀리가 당신에게 어떻게 도움을 요청할지 모른다고 했던 그 시기예요. 그리고 당신은 그걸 어떻게 전할지도 모르죠. 그녀는 그걸 대신 떠안고요. 그리고 제가 하위 기능이라는 단어를 사용할 때, 저는 이 단어를 심사숙고해서 사용해요. 정서적으로 그녀는 과도하게 기능하고 있고, 당신은 그 아래 기능을 하고 있어요. 그건 동

전의 양면이죠. 상호 보완적인 동전이요. 음양처럼 말이에요. 당신 둘이 한 쌍이니 앞으로의 일에 대해 제가 당신에게 질문할 때 그녀가 대답하겠죠? 둘이 하나인데 왜 안 그렇겠어요? 하지만 그건 그녀와 당신을 하나의 점에 놔두는 거예요. 그래서 저는 이제 그만하고 벤자민 당신이 아내를 도울 방법을 알아가는 건 당신에게 달렸다고 말할 거예요. 왜냐하면 부인은 지나치게 부담을 가지고 있거든요. 그녀는 계속해서 가족에게 불협화음의 목소리를 만들어 낼 거예요.

무엇을 배울 수 있는가

이 가족은 확인된 환자인 미아를 내세워 치료하러 왔다. 미아는 무기력한 부모님과 갈등을 겪으며 고통스러워 하였다. 회기 이후에 우리는 다른 시나리오를 찾았다. 최소한 세 명의 가족 구성원이 그들을 불행하게 만드는 비뚤어진 삼각관계에 처해 있다는 것이다.

이 회기에서 가족이 다루고 있는 영역은 무엇일까?

가족 구성원은 그들 스스로 자신들의 관점과 소속감 안에서 노력하고 있다는 걸 알았다. 상담이 1시간 30분 이상 진행되자 그들은 다양한 하위체계의 참여자가 되었다. 변화하는 각 맥락들은 가족 구성원에게 상이한 현실을 부여했고, 서로 다른 방식으로 서로를 연결 지으려

했다.

이 회기를 통해서 치료사는 상이한 방향으로 이동하고 있었다. 처음에는 한 명의 가족 구성원을, 그다음에는 다른 가족 구성원을 합류시켰고, 다른 때는 합류했던 이들에게 도전하고, 오래되고 새로운 이야기를 탐색하면서 다양한 가능성을 강조하고, 변화를 일으키기 위해 가르치고 혼란을 일으키며 신념을 주는 것이다.

제2부

치료 기술의 교수 및 학습

제2부에 앞서

이 책의 전반부에서 우리는 체계적 치료의 일반적인 원리들을 제시하였다. 그리고 가족들이 치료에 가지고 오는 신념에 도전하고 변화를 이끌어 내기 위해 치료사가 사용할 수 있는 방법들이 들어 있는 파우치에 대해서도 설명하였다. 우리는 가족치료 대가의 치료 회기를 살펴보면서 이러한 내용에 대해 설명하였고, 그 치료 회기를 통해 무엇을 배울 수 있을지 고찰하였다. 이제 기술을 배우는 과정과 치료 훈련 과정 중에 있는 대학원생들의 경험으로 넘어가겠다.

후반부를 시작하기 전, 여러분이 가족치료사가 가족을 만날 때 만들어내는 개념이나 가정에 익숙해졌기를 바란다. 그것은 다음과 같이 요약될 수 있다.

- 대개 가족은 치료를 받으러 오면서 증상이 있는 개인을 데리고 오며, 문제가 개인 내적인 것이라고 본다. 그들은 상황을 개선시키기 위해 모든 것을 다해 보았지만 실패했다고 확신한다. 그리고 그들은 치료사가 그들의 문제를 해결해 줄 것이라고 기대한다. 치료사는 가족의 문제가 대인관계 맥락의 일부이고, 가족은 치료의 자원을 가지고 있지만 이 사실을 알지 못하며 자신들의 자원을 탐색해본 적이 없다고 여긴다. 이처럼 관점이 다르기 때문에 치료사와 가족은 치료의 초점이 어디를 향해야 하는지에 대한 개념화에 이견이 생긴다.
- 가족치료사는 가족을 위해 그들의 신념에 도전해야 한다. 또한 가족 구성원이 그들의 가정(assumption)을 의심해 보고, 가족 조직과 기능의 대안을 탐색해 보도록 도와야 한다. 치료사는 개인의 정체성을 확장시켜서 가족 구성원이 자기 자신과 서로를 다른 방식으로 바라보도록 촉진할 것이다. 그리고 가족 전체에서, 또한 각각의 하위 체계에서 다른 가족 구성원과 새롭고 더 긍정적인 방식으로 연결하도록 도울 것이다.
- 치료사는 전문가로서 기능하지만, 자신의 개인적인 방식이나 편견에 대해 자각하고 있어야 한다. 또한 치료 작업은 언제나 일부분일 뿐이므로 궁극적인 목표는 치료 기능을 가족에게

넘겨 주는 것이 되어야 한다.

앞은 유용한 개념이지만, 처음부터 언급하였듯이 기술을 배우는 가장 최선의 방법은 실제로 해 보는 것이라고 생각한다. 즉, 치료를 배우고, 지도를 받고, 탐색하고, 확장하고 있는 사람들의 치료를 살펴보는 귀납적 방법을 통해서 말이다. 그러므로 이 책의 후반부에서는 치료 기술을 배운 사람들로부터 무엇을 배울 수 있는지에 초점을 둘 것이다. 대학원생들은 미누친의 금요자문회기에 자신의 치료 작업을 가져왔다. 이 자료를 제시할 때 우리는 카메라 렌즈의 초점을 당겼다가 멀게 할 것이다. 그럼으로써 여러분은 우리의 금요자문회기에 참여한 뒤 방밖으로 나가는 듯한 느낌을 받을 것이다.

제7장과 제8장에서는 사례에 대한 기술보다는 우리와 대학원생 치료사들 간의 대화가 제시될 것이다. 왜냐하면 이 학습 단계는 슈퍼바이저가 해당 치료사의 방식에 접근하는 수단이 되기 때문이다. 이 두 장을 읽으면서 초보 치료사들이 마주하게 되는 흔한 도전 거리들에 대한 감뿐만 아니라 여러분의 치료 기술을 어떻게 향상시킬지에 대한 단서를 얻게 되기를 바란다.

제9장, 10장, 11장은 대학원생 치료사들이 주로 기술하였다. 이는 대학원생들의 관점에서 초보 가족치료사로서 감독받은 내용을 어떻게 이해하고 적용시켰는지를 보여 준다. 우리는 녹화된 치료 회기 부분을 보고 치료사들에게 피드백을 주었는데, 초보 치료사들이 가족을 도와주려고 노력한 점과 치료 기술이 발전된 점을 모두 지지하였다.

각각의 치료 사례가 제시되고 논의된 뒤, 미누친은 가족과 한 번의 자문 회기를 실시하였는데, 이는 초보 치료사와 치료 대가가 치료 기술을 어떻게 적용하는지 비교하기 위한 것이다. 자문 회기의 일부분이 제9장과 제10장에 제시되어 있다. 세 번째 자문의 전체가 제12장에 제시되어 있다. 자문 사례를 살펴보면서 자문가가 두 가지 목표를 가지고 있음을 기억하라. 첫째, 미누친은 가족이 자신들의 목표를 향해 나아가도록 치료 작업을 한다. 둘째, 그는 초보 치료사가 치료 업무와 치료 방식을 향상시키도록 작업을 한다. 또한 가족들마다 조직과 그들이 호소하는 주제가 다르므로 치료사가 각각의 가족에게 다르게 작업을 해야 하듯, 자문가나 슈퍼바이저는 개별 훈련생마다 다르게 대해야 한다. 훈련생들은 미누친에게 각자 다른 것을 요구하고 있다.

우리가 대학원생 치료사들의 실습 경험을 독자들에게 제시할 때, 이 책의 초반부에서 언급하였던 '호문쿨루스'를 상기해 보라. 관찰하고, 생각하고, 의문을 제기하는 가상의 자기 말이다. 대학원생들은 자신의 치료 회기에 그 개념을 적용해 보고 다음과 같은 기본 질문과 관련된 내용을 파악하도록 배웠다.

1. 가족이 현재 호소하는 내용에는 한 개인만이 포함되어 있다. 이를 어떻게 관계에 대한 이야기로 변화시킬 것인가?
2. 가족 구성원이 자신과 다른 가족에 대해 새로운 관점으로 바라볼 수 있도록 가족의 정체성을 어떻게 확장시킬 것인가?
3. 가족은 처음에 가족의 하위체계에 대한 제한된 관점을 제시하는데, 어떻게 가족 조직에 대한 보다 큰 뉘앙스를 탐색할 것인가?
4. 이러한 질문들을 각각 탐색하고 치료 목표를 향해 나아가는 동안에 나 자신과 나의 치료 방식에 대해 어떻게 이해할 것인가?

이러한 질문은 치료 회기 중에도 지속적으로 제기된다. 그에 대한 답은 치료사의 향상된 치료 기술, 치료사가 가족과 관계 맺는 방식, 가족의 변화 능력에 따라 도출된다.

우리는 대학원생들에게 자신이 편하게 느끼는 치료 방식을 넘어서라고 요청한다. 치료실 안에서 위험을 감수하여야 치료 기술을 확장할 수 있다. 치료사의 역할은 가족으로 하여금 자신들이 생각하는 것보다 자원이 풍부하다는 것을 보여 주는 것이고, 슈퍼바이저의 역할은 대학원생들이 자신의 가능성을 이해하고 확장하도록 돕는 것이다. 다음의 장에서 우리는 자신의 치료 기술을 확장시키기 위해서 분투하는 대학원생들을 보게 될 것이다.

제7장

안젤라와 질문의 방법

치료 회기에서 할 수 있는 좋은 질문이란 무엇일까? 물론 상황에 따라 다를 것이다. 만약 질문이 가족과의 치료 회기에서 어떤 순간에 당신의 목적에 맞게 유용하였다면 그것은 좋은 질문이다. 치료사는 가족과 합류하고, 정보를 모으고, 판에 박힌 이야기에 도전하고, 다른 가족 구성원을 참여하도록 이끌고, 새로운 시야를 여는 질문을 어떻게 할 것인지 알아야 한다. 초보 치료사들이 알아야 할 점은 질문을 할 때 자신이 무엇을 하려고 하는지를 염두에 두고 있어야 한다는 것이다. 또한 어떤 종류의 질문은 하기 어렵게 만드는 자신의 개인적·치료적 방식을 다루어야 한다.

우리는 여기에 안젤라의 사례를 제시할 것이다. 왜냐하면 어떻게 질문을 할 것인지에 대한 주제가 그녀의 치료 방식 발달에 중요한 장애물로 작용하였기 때문이다. 안젤라는 결혼한지 오래된 부부를 치료하고 있었는데, 그들은 자신들이 조화롭고 사랑이 넘친다고 하였다. 그들은 자신들이 재정 문제에 압도되었고, 특히 다른 가족 구성원을 재정적으로 돕는 부분이 문제라고 보았다. 안젤라는 그 부부의 평화로운 이야기에 도전하고 싶었으나, 부부의 이야기와 결속감을 해칠 수도 있는 질문을 어떻게 해야 할지 고심하고 있었다. 그녀의 치료 방식은 기본적으로 지지적이었고, 그녀는 가족의 사랑 넘치는 상태의 이야기를 흔들어 놓는 것에 어려움을 겪고 있었다. 이에 대한 슈퍼비전은 치료 목표를 달성하게 할 유용한 질문과 행동의 다양한 특성에 초점이 맞춰졌다.

이 장은 가족치료 대학원생들과 슈퍼바이저인 미누친의 회의 장면에 대한 것이다. 회의의 초입에 안젤라는 가족치료 회기 녹화본의 전반부를 틀었다. 그 후 미누친과 안젤라, 그리고 집단원들은 사례에 대해 논의하였고, 녹화 분량의 나머지를 보고 나서 논의를 더 진행하였다. 논의된 내용은 다음에 제시되었는데, 논평 부분이다. 제시된 내용은 (a) 대학원생 치료사와 슈퍼바이저 간의 대화와 (b) 슈퍼바이저와 나머지 집단원 간의 논의 내용, 그리고 (c) 독자를 위한 추가 해설 부분 사이를 왔다 갔다 한 것이다. 사례 회의에서 이루어졌던 논의와 독자를 위한 해설을 구별하기 위해 해설 부분은 고딕체로 오른쪽 세로단에 나온다.

사례: 감독 대화 및 해설

모든 참여자가 치료 회기의 전반부를 들어본 후, 미누친은 안젤라에게 사례 논의를 위해 전반적인 맥락을 알 수 있도록 증상과 가족의 구조에 도전하기 등에 대한 치료사의 치료 방식에 대해 간단히 말해 주도록 요청했다. 이는 이 책의 주요한 관심사로 강조된 주제다.

미누친: 자, 오늘의 발표자는 부부치료의 첫 회기를 발표할 안젤라입니다. 우리는 안젤라가 치료사로서 그 가족에 대해 어떻게 생각하는지에 대해서, 그리고 그녀가 시행한 치료의 측면들에 대해서 살펴보겠습니다. 당신은 어떠한 치료사입니까? 당신의 치료 방식은 어떠합니까? 당신은 어떤 것을 선호합니까?

안젤라: 제 치료 방식은 과정을 다룬다고 생각합니다. 저는 치료사로서의 저 자신을 치료 작업에 사용합니다. 저는 다른 사람에게 무엇인가를 주려고 하고 자신을 성찰합니다. 제 생각에 저는 치료사로서 매우 적극적으로 참여합니다. 편안히 앉아서 저의 타고난 호기심이 전경에 떠오르도록 하고, 너무 빠르게 무엇인가를 하거나 문제를 해결하려고 하지 않도록 치료 기술을 연마해야 했습니다. 제 생각에 저는 문제해결을 하려고 하고, 지나치

게 많은 것을 해내려고 하는 경향이 있는데, 그로 인해 제 노력이 좌절되는 듯합니다. 저는 치료사로서의 진전이 흥미롭습니다. 제가 방금 알게 된 것은 제가 치료실 내에서 침착함을 유지하고 있을 때, 가족치료 모델에 대한 정보와 전문가 프로그램에서 배웠던 것들을 가지고 있다는 점입니다. 저는 그 정보들을 어떻게든 통합할 수 있고, 치료실 안에 현존할 수 있습니다.

미누친: 안젤라는 자신에 대해 좋고, 아주 아름다우며, 유려한 이야기를 하고 있습니다. 그것이 그녀가 치료실에서 부부와 함께 있을 때 어떻게 표현될지 우리는 알 수 없습니다. 그러나 그녀가 표현한 것은 지나치게 완벽합니다. 저는 완벽함을 신뢰하지 않습니다. 나는 그녀가 반응할 때의 이러한 경향을 살펴보고 싶습니다. 그녀는 "저는 무엇인가를 해 주려고 하는 사람입니다"라고 말한 뒤 "너무 빠르게 반응합니다"라고 말했습니다. 그것이 제가 살펴볼 점 중의 하나입니다. 즉, 어떻게 하면 그녀는 반응을 하지 않을 수 있을지요. 어떻게 탈중심화할 수 있을지요. 왜냐하면 중심에 머무는 치료사는 항상 편향을 발생시킵니다. 그녀가 '눈을 가까이 대고' 작업을 할 때 그녀는 아마도 주변을 보지 못할 것입니다.

그 외에 어떤 것이 있을까요? 이 부부에 대해 이야기해 주시겠습니까?

초보 치료사들은 가족과 마찬가지로 자기 자신과 자신의 가능성에 대한 시각이 제한적인 슈퍼바이저의 역할 중 하나는 초보 치료사들의 대안과 존재의 방식을 확장시키는 것이다. 미누친은 이 치료사의 치료 방식에 대해 감을 잡으려고 노력하면서 자신은 완벽함을 불신한다고 이야기하였다. 이를 통해 치료사의 정체성을 드러내는 과정을 시작하고 있다.

많은 사람이 다른 사람을 도와주고 싶어 하고, 다른 사람을 잘 돌보는 사람이라서 치료 영역에 뛰어든다. 가족을 고치려고 할수록 그들은 더욱 중심화된다. 눈을 가까이 대고 근접한 곳에서 작업을 하면 보다 폭넓은 시야를 놓치는 경향이 있다. 그들은 가족이 이야기한 내용 외의 것과 가족의 교류 주변부 너머를 보지 못한다.

안젤라: 그 부부는 결혼한 지 30년이 되었고, 어떤 일이 일어나고 있는지에 대해 제가 아는 것이라곤 그들이 삶의 변화를 겪고 있다는 것이었습니다. 최근 아들이 독립을 했고, 남편이 가족 전체를 돌보는 역할을 해 왔다고 들었습니다. 저는 가족에게 금전적 여유가 충분하지 않다는 인상을 받았습니다. 남편은 건설업종에서 일을 하고 있었는데, 너무 많은 사람을 돌보고 있기 때문인지 자신의 의무와 다른 모든 사람의 의무를 다 해내지는 못하고 있었습니다. 저는 의뢰인으로부터 그 정도만 이야기를 듣고 싶었는데, 그 어떤 편견도 없이 치료를 시작하고 싶었기 때문입니다.

치료실 안에서 제가 부부에 대해 알게 된 점은 서로 매우 사랑한다는 점이었습니다. 그들은 아주 가깝게 붙어 앉았고, 서로 신체적으로 접촉했으며, 자신들이 영혼의 반려자라고 했습니다. 두 사람 모두 자신들과 연관된 모든 사람을 어떻게 돌보고 있는지에 대해서 이야기하였습니다. 부부에게는 스물한 살과 스물두 살이 된 아들 두 명이 있고, 둘째 아들이 최근에 대학으로 떠났다고 했습니다. 그들은 부부가 서로 가장 친한 친구이기 때문에 자녀를 모두 떠나보내는 것이 신난다고 하였습니다.

미누친: 계속 해 보세요.

안젤라: 저는 그들과 함께 있고 싶었고, 그들의 경험에 동참하고 싶었습니다. 그들은 자신이 진정 어떤 사람인지 제가 알기

를 원했고, 그것은 저에게 영광스러운 일이었습니다. 동시에 저는 무슨 문제가 있는지 적극적으로 경청하려고 했는데, 왜냐하면 저는 그들이 문제에 대해 이야기하는 것을 듣지 못했기 때문입니다. 그러나 저는 그들을 밀어붙이고 싶지는 않았습니다. 치료 회기의 전반부는 경청과 질문을 하며 진행되었습니다. 저는 '이 상황이 훌륭하고 기쁘지만 지나치게 완벽한 그림이고, 저 사람들이 문제를 꺼내 놓고 있지 않네'라고 생각했습니다.

미누친: 여러분이 알다시피 안젤라는 '문제가 뭘까?'라는 의문을 품고 있는 회기의 전반부를 보여 주었습니다. 그녀는 부부가 어떠한 문제도 내놓지 않았다고 말했습니다. 그녀의 말은 사실이 아닙니다. 그들이 치료사에게 문제를 드러내지 않은 것이 아닙니다. 치료사가 자신 있게 질문을 하는 방법을 몰랐을 뿐입니다. 그녀는 전에 우리에게 이 부분에서 어려움이 있다고 이야기 했었죠……. 자신감 부분입니다. 그녀는 좋고 상냥하며, 부부도 좋고 상냥합니다. 좋고 상냥한 두 체계는 서로 부딪히지 않으므로 정보를 얻을 수 없습니다. 가족이 자신들에 대해 "우리는 서로 사랑하고, 존중하며, 즐거운 시간을 보내요."라고 표현했을 때, 안젤라는 뭔가가 수상하다는 점을 눈치챘어야 했습니다. 그러나 그녀는 그러지 못했습니다. 치료사는 무엇을 하고 있었을까요? 그녀는 부부와 계속 대화를 나누었지만 그 방법은 그들이 자신들의 세밀한 부분을 드러내기 어려운 방법이었습니다. 그들은 치료사에게 예의를 차렸습니다. 다시 말하면 경청을 어떻게 할 것인가가 중요합니다. 비판적인 경청자는 말하고 있는 그대로 듣지 않고, 말해하지 않은 부분

치료사들은 절대로 가족을 '있는 그대로' 바라볼 수 없다. 내담자나 가족이 치료실에 들어설 때 그들은 변하며, 치료사 또한 마찬가지다. 치료사와 내담자/가족의 두 하위 체계는 함께 치료 체계를 형성한다. 이 사례에서 치료사는 상냥한 회기를 유지하는 역할을 할 뿐 차이와 변화로 이끄는 치료 방향을 만들지 못하고 있다.

을 듣습니다. 안젤라는 체계에 대해서 설명하였지만, 이를 마치 체계가 아닌 것처럼 묘사하였습니다. 자신이 부부의 객관적인 관찰자인 것처럼 묘사하였습니다. 그러나 치료사는 객관적인 관찰자가 아니라 편향을 지닌 관찰자입니다. 당신은 차분함과 조화를 좋아하는 편향을 지녔습니다. 이 때문에 당신은 부부가 표현하는 것에 도전하지 못했습니다. 회기의 첫 30분은 부부가 제시하는 내용을 꿰뚫어 보는 시간인데, 그러한 일이 일어나지 않았습니다.

미누친: 자, 치료 회기의 후반부를 들어 주실 수 있을까요?

안젤라: 치료 후반부를 보여 드리고 싶은데, 왜냐하면 후반부에서는 제가 더 들쑤시고 다녔기 때문입니다. 제 생각에 저는 부부가 말한 내용 전부를 풀어헤치려고 했던 것 같습니다.

미누친: 이야기해 주세요. 그러고 나서 살펴보지요.

안젤라: 자문 휴식 시간 이후에 여러분이 보시게 될 것은 우리가 보다가 중지한 곳으로, 남편이 진정으로 마음을 터놓기 시작한 부분입니다. 그는 세상의 모든 무게를 어깨에 짊어지고 있는 듯한 느낌에 대해 이야기합니다. 나는 아내에게 남편 분이 이러한 이야기를 할 때 그녀는 어떤 기분이 들었는지 질문하였습니다. 아내는 남편이 매우 걱정되고, 모든 사람이 남편에게 도움을 청하는 점과 남편이 환기를 할 방법이 없다는 점이 우려스럽다는 점에 대해 나누기 시작하였습니다.

미누친: 그러고 나서 아내는 무엇이라고 말했지요?

안젤라: 저는 아내의 기분이 어떠한지를 물었습니다. 저는 그녀가 남편과 같은 생각인지 알고 싶었습니다. 그녀는 남편

이 감정을 표현할 사람이 없고 아프게 될까 봐 걱정된다고 했습니다. 그녀는 남편의 행복에 대해 크게 걱정하고 있었습니다.

미누친: 당신은 어떤 생각을 했나요?

안젤라: 저는 '좋아, 우리는 이제 나아가고 있군'이라고 생각했습니다. 저는 그전에 보았던 장밋빛 그림이 아니라고 느꼈습니다. 개방이 시작되고 있었습니다. 그리고 저는 궁금한 부분이 더 생겼습니다. 예를 들어, 남편이 가족을 돌보는 사람이 되는 것을 어디서 배우게 되었는지 궁금하였습니다.

미누친: 좋습니다. 우리가 보기 전에 나머지 전체 회기에 대해서 이야기해 주세요.

안젤라: 네. 우리는 치료실로 돌아왔고, 저는 남편 분에게 어깨 위의 무게와 그것이 어떤 느낌인지에 대해 말하였습니다. 저는 일어나서 남편의 어깨를 눌렀습니다. 저는 얼마나 무게가 무거운지에 대해 언급하면서 어깨에 세상의 무게를 느껴 보는 것이 어떤 기분인지 궁금하다고 말했습니다.

미누친: (집단원들을 향해) 이에 대해 여러분의 반응은 어떻습니까?

대학원생: 저는 사실 그 방법에 대해 불편합니다. 제 말은 다른 사람들에게는 효과가 있을지 모르겠지만 저는 개인적으로 불편할 듯합니다.

대학원생: 저는 좋았습니다.

미누친: 좋습니다. 아시다시피, 저는 가족치료사입니다. '저는 그 방법이 마음에 들지 않습니다. 제가 왜 마음에 들어 하지 않냐고요?' 왜냐하면 그것은 개인치료적 접근으로, 안젤라는 이 남성의 개인적 경험을 탐색하는 길을 선택하고 있습니다. 그녀의 질문은 관계적이지 않습니다. 즉, 그녀가 일어나서 남편의 어깨에 팔을 올린 것은 꽤

가족치료사의 주요 목표 중 하나는 문제를 외재화하는 것이다. 이는 문제를 드러내고 있는 개인으로부터 초점을 옮겨 문제를 유지시키도록 하는 관계의 체계를 지각하도록 하는 것을 말한다. 안젤라는 감정의 강도를 고조시키고 남편 자신에 대한 이해를 깊게 하기 위해 자신이 사용하곤 하였던 기술에 대해 설명하고 있다. 미누친은 이 대신에 남편과 아내의 관계뿐만 아니라 남편, 아내, 그리고 치료사의 치료적 체계에 초점을 맞춘다.

찮을 수도 있고, 괜찮지 않을 수도 있습니다. 어떤 이들에게 이것은 정말 좋은 접근이지만 또 어떤 이들에게는 그렇지 않을 수 있습니다. 그러나 저는 그 점이 걱정이 되는 것이 아닙니다. 제가 우려스러운 점은 치료사가 아내에게 무엇인가를 하도록 하지 않는다는 점입니다. 이것은 치료사와 남편 사이에서 개인적으로 탐색을 하는 것이고, 아내는 관찰자로 남게 됩니다. 이 점에서 아내와 안젤라는 남편을 '확인된 환자'로서 고립시킵니다. 만약 안젤라가 좁은 길을 택한다는 것을 알고 나중에 그것을 확장하려고 했다면 괜찮습니다. 그러나 제 생각에 그녀가 알고 한 것 같지는 않네요. 알고 있었나요?

안젤라: 네.

미누친: 알고 있었다고요? 그래서 변화하기 위해서 무엇을 했나요?

이 대화는 치료 도구로서의 치료사(therapist as a tool)에 대한 것이다. 만약 안젤라가 조화만을 위해 노력한다면 그녀는 자신을 제한하게 된다. 그녀의 목표가 커플의 선택지를 늘리는 것이듯, 치료를 진행하는 데 있어서 그녀 자신의 선택지를 확장해야 한다. 초보 치료사들은 내담자들을 갈등으로부터 떨어뜨려 놓으려는 경향이 있다. 이 분기점은 갈등을 향해 나아가는 것이 평온한 바다에서조차도 탐색을 위한 유용한 길임을 시사한다.

안젤라: 제 생각에 제가 그 상황에서 아내를 참여시키는 것이 좋았겠지만, 당시에는 그 생각이 떠오르지 않았습니다. 그렇지만 그 두 사람 모두에게 주의를 기울이려고 했습니

다. 왜냐하면 두 사람 모두 가족 전체가 그들의 도움을
요구하는 상황을 만들고 있다고 믿었기 때문입니다. 그
래서 저는 아내에게도 질문을 하였습니다.

미누친: 좋습니다. 계속 이야기해 보세요.

안젤라: 저는 아내에게 모든 가족을 돌보아야 하는 것에 대해 어
떻게 느끼고, 그것이 부부에게 어떠한 영향을 주는지 질
문하였습니다.

미누친: 안젤라는 매우 친절하네요. 그러나 그녀가 한 것은 천칭
자리 행동(Libra act)이라는 것입니다. 그것은 대칭을 유
지한다는 의미로, 남편을 탐색하면 아내도 탐색하는 것
입니다. 그러나 안젤라는 아내에게 "마가렛, 피터가 모
든 책임을 떠맡을 때 당신은 무엇을 하나요?"라고 질문
하지 않았습니다. 그녀는 부부 사이의 갈등을 탐색하는
길을 여는 질문을 하지 않았습니다. 오히려 부부와 외부
체계 간 갈등에 대해 질문하였습니다.

(안젤라를 향해) 당신은 머릿속에서 당신을 바라보며 "안
젤라, 이 시점에서 너는 그들의 불화를 탐색하는 데 주
의를 기울이고 있지 않아"라고 말하는 작은 안젤라가 없
네요. 분명히 이 사람들에게 화합은 중요한 덕목입니다.
그들은 정이 넘치고 다른 사람들에게 마음을 씁니다. 당
신은 스스로 "화목하지 않으면 어때서?"라고 질문했어야
합니다. 그들이 당신에게 찾아온 것은 "화목하지 않으
면 어때?"가 화두이기 때문입니다. 그 화두는 어떠한 방
식으로든 그들의 존재 방식이 도움이 됩니다. 어떠한 방
식으로 그러한지는 알 수 없습니다. 그래서 탐색을 하는
것이고, 그 탐색은 불협화음을 발견할 때까지 편안하게
진행되어야 합니다. 저는 '갈등'이라고 말하겠지만 안젤

라에게는 '불화'라고 말해 두겠습니다. 왜냐하면 안젤라
는 여전히 갈등에 뛰어드는 것을 어려워하지만 불화는
괜찮을 것이기 때문입니다.

여러분이 커플을 만날 때 해야 하는 첫 번째 접근은 '두
분이 진실이라고 믿는 것은 일부분입니다. 두 분이 드러
내고 있는 것은 존재의 한 방식입니다. 저는 그것에 대
해 더 이해하고 싶습니다'라고 말하는 것입니다. 그것은
치료사의 기능은 조화를 이루도록 하는 데 있지 않다는
것을 의미합니다. 치료사는 긴장, 회의감, 의문점을 접
하게 합니다. 제가 보기에 당신은 굉장히 참한 숙녀 같
습니다. 당신이 싸울 줄은 아는지 싶습니다.

안젤라: 네, 싸울 줄 압니다! 회기 후반에 저는 그들의 과거사가
자신들을 어떻게 만들었는지에 대해 질문하였습니다.
남편은 아동기에 학대를 받은 이야기를 하기 시작했습
니다. 그는 아버지에 대해서, 또 그 자신이 가족이 맞거
나 학대당하지 않도록 보호하면서 어떻게 가족을 돌보
는 사람이 되었는지에 대해서 개방하였습니다. 아내는
그러한 남편의 경험에 대한 자신의 감정에 대해 나누었
습니다.

저는 회기 끝 무렵에 우리가 무엇인가 드러나게 했다고
생각했던 것이 기억납니다. 그러나 당시 저는 여전히 그
들이 가족 모두를 돌볼 수 있을 만큼 금전적으로 여유가
있는지에 대해 도전해 보고 싶었습니다. 저는 제가 그
렇게 해도 되는지 확신이 없었지만, 단호하게 했습니다.
저는 그런 말을 한 것 같아요. "저기, 이것은 여러분을
안 지 45분 밖에 지나지 않은 사람이 하기에는 굉장히
지나치고 개인적인 질문일 수도 있습니다만, 두 분은 빈

이 치료사는 자신이 긴장을 전경으
로 가지고 올 수 있다고 보지만, 그
녀는 그 부부가 자신에게 색칠해서
보여 주는 조화로운 그림에 도전하
는 데 어려움이 있다는 것을 보지 못
하고 있다. 치료사는 부부와 다른 사
람들 간에 있을 만한 긴장은 다루
나, 부부 둘만의 사이에서 무엇이
일어나고 있는지는 탐색하지 못하
고 있다.

둥지 시기를 즐기고 싶다는 이야기를 하셨어요. 운용하실 만한 금전적 여유가 있으신가요?" 제가 생각하기에는 매우 대담한 질문이었지만, 제가 그 자리에 있는 이유라는 생각이 들었고, 또 제가 그렇게 하지 않으면 그들이 그 문제를 묵살해 버리고 그 때문에 다른 문제가 생길 것 같았습니다.

미누친: 그 부부는 다음 회기에 오나요?

초보 치료사들은 비침습적인 경향이 있다. 그들은 자신을 전문가라고 여기지 않는다. 이 치료사는 불화를 탐색하도록 자신의 권위를 행사하지 않았기 때문에 이 회기는 정보 수집을 넘어서지 못했다. 그녀의 질문은 상냥하였고, 그 부부가 자신들을 제시한 것에 도전할 수 없게 하였다. 회기의 끝 무렵, 치료사와 부부 모두 그 부부가 왜 치료에 왔는지에 대해 혼돈스러워 하고 있다.

안젤라: 글쎄요, 잘 모르겠습니다.

미누친: 그녀는 이 부부와 한 시간을 함께 보냈지만 그들이 자신을 좋아하는지, 그렇지 않은지 모르고 있네요.

안젤라: 아니요, 그렇지는 않습니다.

미누친: 왜냐하면 당신이 확신이 있었다면 당신은 그들에게 "다음에 오세요"라고 말했을 것입니다. 안젤라는 자신이 유용한지, 그렇지 않은지 모릅니다. 그녀는 자신이 이 사람들을 도울 수 있을지의 유용성에 대해 의구심을 품고 있는데, 이는 그들이 지닌 문제가 아닙니다.

안젤라: 알겠습니다. 이해했습니다.

미누친: 회기가 물음표로 마무리되었습니다. 안젤라는 부부의

대학원생들은 질문하는 방법에 대해

이야기를 부부가 흥미를 느낄 만한 지점으로 가져가서 그들이 무엇을 해야 할지에 대해 생각해 볼 수 있도록 하지 못했습니다. 그들은 무엇인가가 새로워졌고, 자신들은 이러한 새로운 상황에서는 무엇을 할지 모르겠다며 안젤라를 찾아왔습니다. 그리고 그 상태에 머무르게 됩니다. (안젤라를 향해) 나는 당신의 호기심 스타일에 대해 이야기하고 있습니다. 그것은 중립적인 호기심입니다. 당신이 하는 것은 정보를 모으는 것입니다. 저의 호기심은 절대 중립적이지 않습니다. 그것은 가족이 나에게 무엇을 원하는지와 관련됩니다. 당신의 방식은 내담자를 존중하며 최소한으로 개입하는 것이고, 그러한 방식은 이 사람들의 주변부, 주변적인 측면을 드러내지 못하고 회기를 종료하게 합니다.

미누친: 당신은 당신이 부부의 상보성 주제를 다룬다는 것을 알려 주는 무엇인가를 해야 합니다. 그리고 이 점을 명심해야 합니다. 부부 치료사나 가족치료사로서 무엇인가를 하는 것이 당신이어서는 안 된다는 것입니다. 당신은 사람들이 무엇인가를 하도록 방향을 알려 주는 사람입니다. 당신은 구원자가 아닙니다. 저는 당신이 남편에게 했던 작업이 마음에 듭니다. 당신은 근접성(proximity)과 친밀함을 접하게 하였고, 일종의 친절을 접하게 한 것은 좋습니다. 그리고 그들은 "치료사가 좋은 사람이네"라고 느꼈을 것입니다. 그러나 그것은 당신과 그 남성 사이에서 일어나는 것이고, 그 움직임을 하는 것은 당신이 됩니다. 이 시점에서 당신의 머릿속에는 노란불이 들어오면서 스스로에게 질문을 해 보도록 신호를 주어야 합니다. "아내를 참여시키기 위해

서 배우지만 그들의 질문이 편향되어 있다는 것은 알아채지 못한다. 그러나 모든 질문은 질문자에게 무엇이 중요한지에 대해 알려 준다. 만약 치료사가 가족사가 중요하다고 믿는 경우, 원가족을 탐색하는 질문을 할 것이다. 만약 위계 조직을 강조한다면 가족 구조를 강조해서 질문할 것이다. 기본적인 요점은 치료사 방식에 도전하여 보다 넓은 레퍼토리를 개발하도록 하는 것이다.

지금이 슈퍼비전에서 '스트로크/도전(stroke/challenge)'이 결합되는 순간이다. 안젤라가 합류하는 방식은 친절하고 부부에게 안도감을 주기 때문에 인정되었지만, 그녀의 목표를 향해 나아가기 위해서는 충분히 세심하지 못하다. 그녀는 '친절하다/그리고'를 향하는 방식을 더 발전시켜야 한다. 그녀는 친절하면서도 도전적일 수 있다.

서 내가 해야 할 일이 무엇일까? 나는 남편에게 아내가 어떻게 느끼는지 물어보겠냐고 해야 할까? 또는 '당신은 내가 바보 같아?'라고 하라고 할까?" 여기가 내가 긴장감을 불어넣고 싶은 지점인데, 저는 아내에게 직접적으로 "피터는 착한 사람 되기를 그만두기가 힘들다고 생각하시나요?"라고 이야기할 수도 있을 것입니다. 요점은 당신은 절대 한 사람과만 작업을 하고 있는 것이 아니라는 것입니다. 당신은 언제나 두 사람 또는 세 사람과 함께 작업할 것입니다. 당신의 작업은 좋지만 세심하지는 않습니다. 당신은 호기심이 많은 한 개인으로서 세심하였지만, 호기심 많은 부부치료사만큼은 세심하지 못했습니다. 부부치료사는 구성원들 중 한명의 내적 동기에 대해 호기심을 갖지 않습니다. 일어난 일이 두 사람 모두에게 미치는 영향에 대해 관심을 갖습니다. 제가 지나칠 정도로 혹독하게 이야기하고 있나요?

안젤라: 아니요. 그래서 그 다음에 저는 남편에게 부담을 떠안는 사람이 되는 것을 어디에서 배웠는지에 대해 질문하였습니다. 그러자 그는 아버지가 저지른 실수를 통해 그것을 배웠다고 대답했습니다.

미누친: 멈춰 보세요! 당신은 그들을 이해하기 위해서 남편과 아내 사이의 대화를 들어야 합니다. 당신은 그들이 보지 못하는 것을 보기 위해서 그 자리에 있는 것입니다. 당신이 아내는 그 상황에 대해서 어떻게 생각하느냐고 물었을 때 아내는 그가 숨 쉴 곳이 있어야 한다고 말했습니다. 그녀가 그에게 이야기를 해 보려고 하지만, 그가 숨 쉴 기회가 없는 것 같다고 합니다. 이 말은 무슨 뜻일까요?

이 전의 요점이 계속되면서 확장되었다. 만약 안젤라가 치료사와 남편 사이의 대화를 하는 대신 남편과 아내로 하여금 서로 대화를 나누도록 했다면 그녀는 시각을 넓힐 수 있었을 것이다. 관계적 관점으로 넘어가면 개인을 들여다 볼 때는 존재하지 않았던 영역에 접근할 수 있다.

안젤라: 그가 모든 사람을 돌보지만 그는 어디에 마음을 털어놓느냐는 뜻일까요? 가족으로부터 흡수한 긴장을 어디에서 푸느냐는 뜻일까요?

미누친: 그녀는 사람들이 그를 찾아오는데 그는 그저 주기만 한다고 이야기하는 것입니다. 그래서 그녀는 그가 바보라고 말하는 것입니다.

라이터: 그는 두 수준에서 바보처럼 굴고 있지 않습니까? 그는 사람들에게는 슈퍼맨처럼 행동하지만, 아내가 자신을 돕는 것을 허용하지 않고 있습니다.

미누친: 물론입니다. 그는 핵가족을 부당하게 이용하고 있고, 그녀는 그것에 분개하고 있습니다. 그녀는 수년간 그것에 분개하였기 때문에 이제 그에게 비판적입니다.

보르다: 그들은 어떤 면에서 상대방 뒤에서 이러한 것들을 하고 있습니다. 제 추측으로 그는 그녀도 '주는 사람'이 되도록 만든 것 같습니다. 왜냐하면 그게 자신의 세상에서 세워 둔 방식이기 때문입니다. 그는 가족을 돌보는 사람으로 자신을 설정했습니다. 그녀가 그와 연결되고 가족이 되면서 갑자기 그녀는 그가 주는 것처럼 베푸는 데 참여해야만 했을 것입니다. 그래서 제 추측으로 그녀는 자신 또한 가족을 돌보아야만 하게 만드는 그에게 분개하고 있는 것 같습니다.

미누친: 자, 저는 이 정보가 정확하다고 봅니다만 안젤라에게는 유용하지 않을 듯합니다. 왜냐하면 저는 정말 안젤라를 비평하고 싶습니다. 나는 그녀가 지나치게 친절하고 비효율적인 스타일을 지녔다고 생각합니다.

안젤라: 진심으로 어떻게 느끼는지 말씀해 주세요.

미누친: 미안합니다. 내가 당신을 존중한다면 당신을 비평하는

여기서 슈퍼바이저는 치료사와 내담

것이 중요하다는 것을 알아야 한다고 생각합니다.

안젤라: 감사합니다.

미누친: 왜냐하면 저는 그녀가 일어나서 자신의 팔을 남편의 어깨 위에 놓았다는 사실이 마음에 들기 때문입니다. 이는 그녀가 자신을 사용할 수 있는 능력을 지녔다는 것을 의미합니다. 그것이 필수적이지는 않았지만, 그렇게 했던 것이 저는 좋았습니다. 그렇지만 당신은 (다른 대학원생을 보며) 좋아하지 않았어요.

대학원생: 저는 첫 회기에 지나치게 친밀하다고 생각했습니다. 그것은 돌봄 행동이고, 저에게는 지나치게 적극적으로 느껴졌습니다.

미누친: 그 점들이 모두 옳고, 그렇기 때문에 당신은 개인적으로는 그렇게 하지 않겠네요. 그러나 치료사들은 다른 방식을 가지고 있습니다. 그리고 그러한 방식은 그녀에게 적합한데, 왜냐하면 그녀는 그러한 방식으로 친밀감을 작업할 수 있기 때문입니다. 그녀는 자신이 유혹을 하고 있다고 느끼지 않습니다. 만약 당신이 그렇게 작업했다면 당신은 그것이 너무 유혹적이라고 느꼈을 것입니다. 제가 보기에 회기의 마무리를 볼 필요는 없을 듯합니다. 회기의 마무리도 시작 부분처럼 비효과적이었을 것입니다. 왜냐하면 그녀는 그들이 왜 왔는지를 모르는 채로 끝냈기 때문입니다. 그리고 그것은 그 가족의 잘못이 아닙니다. 그 가족은 계속 화합해야 한다는 신념을 가지고

자 간의 상황과 유사한 것을 모델링하고 있다. 그 장면 내에서의 전문가로서 그들을 변화시키기 위해 자유롭게 그들에게 도전하고 비평할 수 있다. 이를 통해 연결감과 존중을 전달할 수 있다.

가족치료 기술은 각자 다르다. 치료사가 되는 단 한 가지 방법만이 있는 것은 아니다. 사람들은 각자의 방법이 있고, 시간이 지나면서 그 방법은 대부분 변화한다.

찾아왔는데, 사실 올바른 존재 방식은 갈등을 낮은 수준으로 유지하는 것입니다. 그 가족은 떠나면서 치료사가 자신들의 무엇인가를 도와주었다는 느낌을 갖지 못했습니다.

대학원생: 가족에서의 갈등이 간혹 다른 방식으로 나아가도록 한다는 것을 돌려서 말씀하시는 건가요?

미누친: 저는 돌려서 말하는 것이 아닙니다. 확실하게 말하는 것입니다.

여기서 단지 부부가 불편함을 느껴야 한다는 의미만은 아니다. 치료사 또한 불편함을 느껴야 한다. 사람들은 안전지대에 머물면 머물수록 자신의 영역을 확장할 필요성을 덜 느낀다. 또한 어떤 대안이나 가능성이 있을지에 대한 감이 더욱 더 제한된다.

대학원생: 알겠습니다. 그러면 이러한 경우에는 갈등을 탐색하는 것이 그들을 건강하게 하겠네요?

미누친: 물론입니다. 아내는 32년간 결혼생활을 해온 남편에게 편안한 마음으로 "당신이 나에게 분풀이하고 있다고 생각하지 않아요?"라고 말할 수 있어야 합니다. 그녀는 그와 결혼한 32년 동안 그런 생각을 해 왔지만 한 번도 말해 본 적이 없을 것입니다.

대학원생: 그들은 죄수들이네요. 그녀는 감옥에 갇힌 사람 같아요.

미누친: 그들은 감옥에 갇혔다고 확신하며 찾아왔을 것입니다. "대안이 있어요"라고 말하는 것은 치료사의 기능입니다. 그것이 바로 치료사가 하는 일입니다. 치료사는 "그 방식 대신 다른 방식이 있습니다"라고 말해야 합니다. 그래서 저는 안젤라가 불편함을 느꼈으면 좋겠습니다.

대학원생: 그렇다면 선생님은 내담자와 하는 모든 상호작용 시 치료사는 부부를 한 쌍으로 대해야 한다는 말씀을 하시는

건가요? 우리는 부부를 개인으로서 보는 것이 아니라 그
들 사이에서 균형을 맞추어야겠네요. 예를 들어, 부부
모두 비슷한 시간 동안 이야기할 수 있도록 하는 것 등
이요.

미누친: 모두 맞는 이야기입니다. 제 생각에 여러분은 두 가지
를 각자 다른 시점에서 해낼 수 있어야 합니다. 안젤라
가 남편의 유년기를 다룬 것과 그것을 다루는 대화는 매
우 좋았습니다. 그러나 그때 머릿속에 노란불이 켜지면
서 "그 정도면 됐어. 이제 아내와도 같은 것을 다루어
야겠어"라거나, "아내에게 남편의 이야기를 듣고 어땠는
지 말해 달라고 해야겠어" 또는 "아내에게 '그것이 당신
에게 어떤 영향을 주었나요?'라고 물어볼까?"라는 생각
을 해야 합니다.

치료에 정해진 답은 없습니다. 치료는 복잡한 교류로 이
루어져 있습니다. 그래서 저는 여러분이 사고방식을 발
전시켜야 한다고 말하고 싶습니다. 기법과 기술은 다양
하며, 어떤 사람들은 좋다고 하지만 다른 사람들은 그렇
지 않다고 합니다. 저는 모든 기법과 기술을 제가 편안
한 방식으로 가르칩니다. 그러나 사고방식은 포괄 적인
것입니다. 그것은 여러분이 항상 부부가 서로 어떻게 영
향을 미치고 있는지에 대해 탐색해야 한다는 점입니다.

갈등이 유용하다는 생각은 매우 흥미롭습니다. 왜냐하면
제가 자라 온 문화권에서는 갈등 상황을 폭력으로 해결하
기 때문에 말다툼은 적었습니다. 만약 제게 부부가 와서 계
속 다툰다면 저는 그들에게 이렇게 말합니다. "저기요, 두
분 참 재미있으시네요. 3분 동안 두 분은 똑같은 결과가 생
기는데도 똑같은 행동을 하고 계시니 말입니다. 그 점이 재

미있네요. 다른 방법은 없으신가요?" 저는 유머를 쓰며 완전히 다른 방식으로 그들에게 도전합니다. 우리는 가족과 다양한 방법으로 관계 맺고, 우리의 기능을 할 수 있어야 합니다. 치료사의 기능은 가족의 방식을 확장하는 것입니다. 안젤라의 내담자 부부는 그들의 방식을 확장하지 못한 채 떠났습니다.

첫 회기에서 여러분은 누가 '확인된 환자'인지 알아낸 후 그들에게 "여러분은 틀렸습니다. 확인된 환자는 그 사람이 아닙니다"라고 말해야 합니다. 그렇게 하려면 첫 번째로 여러분은 "제가 어떠한 방식으로 당신을 도와주기를 바라세요? 당신이 바라는 것이 무엇입니까?"라고 질문을 해야 합니다. 제 생각에 제가 지나치게 비판적이었던 것 같습니다. 그러나 바로 그것이 당신에 대한 제 느낌입니다.

안젤라: 저는 선생님이 생각하시는 만큼 연약하지 않습니다. 저는 정말 괜찮습니다.

미누친: 저는 당신이 연약하다고 생각하지 않습니다. 당신은 잔잔한 물에 파장을 일으키는 것을 좋아하지 않는 것 같습니다. 그리고 제 생각에 그것은 치료사로서 옳지 못한 것입니다. 제 생각에 그것은 부모로서는 좋습니다. 그러나 치료사로서는 완전하지 못합니다.

미누친: (집단을 향해) 안젤라는 생각을 할 수 있는 지점을 찾는 것이 필요합니다. 그러나 그녀는 그렇게 하기에는 너무 근접한(proximal)되어 있어서 그렇게 하지 못합니다. 치료사로서 그녀는 탈중심화하는 방법을 찾아야 합니다. 여러분이 아무것도 하지 않아도 되는 순간은 치료사로서 매우 특별한 순간입니다. 왜냐하면 여러분은 그때 "좋아, 저것이 어떻게 흘러갈까?"라고 생각할 수 있을 것

초보 치료사들은 무엇인가를 하기 전에 무슨 말과 행동을 해야 하는지 반드시 알고 있어야 한다고 생각한다. 그러한 사고방식은 그들을 제한한다. 그것은 불가능한 목표다. 치료사들은 실수를 하며, 그것은 충분히 예상할 수 있는 일이고 수용될 만

이기 때문입니다. 그러고 나서 그것이 옳다고 완전히 확신하기 전에 시도해 보아야 합니다. 만약 여러분이 그것이 확실하다고 생각한다면 그것은 틀린 것입니다. 요점은 여러분이 하는 모든 것은 일부분일 뿐이니 질문을 하기 전에 질문을 완벽하게 다듬을 필요가 없다는 것입니다.

미누친: (안젤라를 향해) 당신이 어떤 기법을 사용할 수 있을지에 대해 생각해 보는 것이 필요하겠군요. 당신은 사용할 수 있는 다양한 레퍼토리를 가지고 있는데, 이 가족에게 적합하지 않은 기술을 선택하였습니다. 당신이 가족치료사가 되고 싶다면 그 방법은 항상 옳지 않은 방법일 것입니다. 그러나 당신의 기술 중에 보다 큰 체계를 볼 수 있는 능력이 있습니다. 상보성, 갈등, 다양한 만남 등 모든 것에 주의를 기울이며 기능할 수 있습니다. 그 점들은 가족치료사에게 필수적인 것입니다.

미누친: (집단원을 향해) 여러분은 안젤라가 최소한으로 개입하는 것을 보았을 것입니다. 그녀는 내담자를 매우 존중합니다. 저는 무례하기도 합니다. 저는 가족이 어떤 신념을 갖고 찾아오는데, 그 신념이 틀린 것이라는 생각을 갖고 시작합니다. 가족은 신념 세트를 만들어 내는데, 가족 속에서 우리는 그러한 신념을 지니고 자랍니다. 그래서 저는 이 부부에게 "두 분은 자녀들이 독립해서 불편하다고 이야기하려고 저를 찾아오셨군요. 매우 흥미롭습니다. 두 분은 화목함이 가장 최상의 것이고, 그렇게만 살아갈 수 있다고 확신하시는군요. 그러나 그것은 일부분일 뿐이기 때문에 옳지 않습니다. 다음 10회기 동안에 두 분이 생각하는 것보다 얼마나 풍요로운지에 대해 함께 여행을 해 봅시다." 저는 공손하고, 친절

한 것이다. 당신은 다른 길을 찾을 수 있을 만큼 융통적이어야 한다. 어떠한 길이 옳은 것이냐면, 모든 길이 옳을 수 있다!

여기서 요점은 개인적 방식에 대한 것이다. 안젤라는 다른 숨겨진 자원을 지니고 있다. 그녀는 그것을 사용할 수 있었지만 그렇게 하지 않았다. 이 점은 일반적인 것이고, 집단원 모두에게 적용될 수 있다. 그러나 레퍼토리는 각자 고유하다.

하며, 희망을 가져다주고, 또한 "당신들이 틀렸습니다"
라고 말하고 있습니다. 저는 이 가족이 32년 동안 어떤
규범을 만들었다고 봅니다. 그 규칙은 그들이 스스로를
설명한 방식대로 산다는 점을 나타내고 있습니다. 제가
해야 할 기능은 그들에게 "당신들은 틀렸습니다. 두 분
은 스스로 생각하는 것보다 더 많은 가능성을 지니고 있
습니다. 저와 함께 모험을 떠납시다. 대안을 찾아봅시
다. 결혼생활 32년 동안 만들어 온 규칙들이 몸에 익었
을 것입니다. 그러나 그런 신념에 도전하고 나면 두 분
의 이야기는 달라질 것입니다." 저는 이렇게 할 때 미소
를 띠며 합니다. 체계를 고려하는 사람의 기능은 사람들
에게 "당신은 더 풍부한 자원을 갖고 있습니다."라고 말
하는 것입니다. 그리고 그렇게 말할 때는 존중을 표현
하고, 즐겁게 도전적인 방식으로 해야 합니다. 여러분은
정중하게 "저기요, 저는 동의하지 않습니다. 당신이 말
한 것도 훌륭하지만, 옳지 않습니다."라고 말할 수 있어
야 합니다. 제 생각에 안젤라는 매우 풍부한 자원을 갖
고 있습니다. 그 자원을 어떻게 사용하는지 몰라서 그
회기에서 빈약하게 사용했다고 생각합니다. 이것은 그
녀가 자신의 다른 면들을 어떻게 사용하는지 모르고 있
다는 것을 의미합니다. 저는 오늘 그녀에게 혹독하게 이
야기했는데, 그녀가 제 말을 받아들이기를 원하기 때문
입니다.

무엇을 배울 수 있는가

우리는 치료사들이 불확실성, 불화, 도전을 편안하게 여기는 것이 중요하다고 생각했기 때문에 이 장을 제시하였다. 우리의 궁극적인 목표는 우리를 찾아오는 내담자들이 더 큰 조화로움을 찾도록 돕는 것이다. 그러나 조화로운 상황에서도 불화가 있고, 조화와 불화는 모두 정상적이며 수용될 만한 것이다. 안젤라의 경우에서처럼 초보 치료사들은 평지풍파를 일으키거나 마음의 파장을 일으키지 않으려고 한다. 그들은 고요한 바다에서 편안함을 느낀다.

안젤라가 했던 질문들은 정보를 얻기 위한 것으로, 주로 친절한 정보에 대한 것이었다. 이러한 질문들은 면담을 위한 맥락을 만들어 냈지, 가족치료 회기는 만들어 내지 못했다. 치료사는 의도를 지니고 질문을 해야 한다. 질문은 가족이 자신들에 대해 설명하는 점에 대해 도전하고, 변화와 대안을 전면으로 가져오도록 해야 한다. 치료사가 해야 할 일은 가족이 자각하지 못한 면과 수면 밑에서 진행되고 있는 것을 탐색하는 것이다.

안젤라는 이 가족과 함께 고요하고 조화로운 수면 위에서만 머물러 있었다. 치료사로서의 그녀의 방식은 남편과 아내 사이의 긴장과 관련된 영역에 대해 듣거나 관찰하지 못하도록 했다. 그녀는 행복한 부부로서의 그들에게 도전할 수 있거나 해야만 한다는 생각을 하지 못했다. 그들은 부부치료에 올 때 긴장감을 지닌 채 왔지만, 그 긴장의 뿌리가 어디에 있는지 알지 못했고, 이것을 수면 위로 떠올리는 것을 불편해 했다. 왜냐하면 치료사가 그들 관계에서의 상처를 탐색하도록 질문하는 방법을 몰랐기 때문이다. 그들은 치료에 오게 한 상황을 그대로 지닌 채 떠나갔다.

이 사례에서 우리는 안젤라가 가족에 참여하는 것을 아주 잘 해냈지만, 도전은 잘하지 못했음을 살펴보았다. 많은 사람들처럼, 그녀는 도전을 하면 관계가 단절될 것이라고 보는 경향이 있다. 이 장에서의 논의는 가족이 관계를 잘 유지하면서도 도전을 하는 것이 가능하다는 생각을 강조하고 있다. 웃으며, 호기심을 집중시키며 그들을 위해 보다 만족스러운 대안을 탐색하는 태도로 말이다. 우리는 또한 치료사가 가족에게 효과적으로 도전을 하려면 치료사 스스로 안전지대에서 나와야 한다는 점을 제안하였다.

제8장

슈퍼내니가 된 올리비아

훈련 첫해에는 치료실에 들어가서 가족치료사처럼 사고하고 가족치료 지향 치료를 진행하는 것이 어렵다. 대학원생들은 쉽게 치료실 내 각각의 사람을 개인으로 여기는데, 이 개인들이 서로 연결되어 있고, 서로의 행동에 영향을 주며 그들이 함께하는 삶이 더 나아지는 방법을 찾아보기 위해서는 관계 연결망이 가족치료의 가장 핵심이라는 것을 잘 기억하지 못한다.

이 장에서 우리는 올리비아의 치료 작업과 슈퍼비전 내용을 제시하고자 한다. 그녀의 자연스러운 치료 방식은 그녀가 편모이자 중압감이 많은 모친에게 자라난 개인 경험과 어려움을 겪고 있는 아동들과 했던 치료 경험, 그리고 개인치료 전문가 훈련을 통해 형성되었다. 젊은 치료사로서 겪는 어려움의 일정 부분은 대다수의 대학원생이 경험하는 전형적인 것이고, 다른 일부분은 그녀가 치료사로서 지닌 특정한 방식으로 그녀에게만 해당되는 것이었다.

올리비아에게 도움을 요청해 온 가족은 편모와 두 자녀로 구성되어 있었다. 첫째는 남아로 다섯 살 정도가 되었는데, 그가 바로 확인된 환자로, 골칫거리 행동이 문제라고 하였다. 올리비아가 그 가족에 대한 자신의 반응이나 작업 방식에 대해 설명할 때, 그녀가 제시된 그대로 문제를 받아들이고 그들을 도와주려고 노력하고 있다는 점이 명백하였다. 올리비아는 가족체계 개념들을 이해하지만, 치료 장면에서는 자신의 경험에 의지하여 자연스럽다고 느끼는 치료 방식을 적용하였다. 그녀는 아동에게 초점을 맞추었고, 보호와 양육을 하고자 하였으며, 편안한 상황을 만들어 냈다. 그녀는 이러한 식으로 작업하는 것이 가족의 어머니를 돕는 방법이라고 여겼는데, 그 어머니는 압도감을 느끼면서 올리비아가 자기 아들의 문제점을 해결하도록 의지하고 있었다.

그러나 개인에 초점을 맞추는 문제를 넘어서서 올리비아의 치료 방식은 치료 효과와 치료 목표의 달성을 방해하는 면이 있다. 우리는 이 사례에 '슈퍼내니 되기'라는 제목을 붙였는데, 왜냐하면 회기가 진행될수록 올리비아는 자신의 내담자보다 더 어머니 역할을 했기 때문이다. 그녀는 자신이 소방관, 심판, 선생님, 동기를 부여하는 사람 등의 다양한 역할을 하고 있음을 발견하였다. 근본적으로 그녀의 치료 방식은 가족치료사보다는 육아의 달인으로서 기능하는 것이었는데, 슈퍼비전은 그녀가 보다 확장할 수 있도록 돕기 위해 이루어졌다.

이 장의 훈련생들과 슈퍼바이저 간 축어록 부분은 녹화 내용이 제시되기 전인 사례 논의의 첫 부분에서 발췌되었다. 올리비아는 자신의 배경과 가족치료사로서 기능하려고 할 때의 어려운 점을 설명하였는데, 슈퍼비전은 이에 영향을 받아 이루어졌다.

대학원생들과 슈퍼바이저의 논의

올리비아: 저는 아버지 없이 자라서인지 아버지와 자녀 간의 관계와 남편과 아내의 관계가 중요하다고 생각합니다. 그래서 전형적인 가족 형태에서 자란 내담자들을 만나게 되면 그것을 소중하다고 여기고 존중하며 멋진 일이라고 생각하는 경향이 있습니다. 편부모 가정의 내담자들이 온 경우도 있었는데, 제 생각에 저는 그들을 공감하는 것 같습니다. 제 어머니는 매우 열심히 일하셨는데, 양육을 도와주는 사람이 전혀 없었기 때문에 어떤 날은 식사조차 못하실 때가 있었습니다. 그래서 저는 그 점을 공감하는 듯합니다.

제가 만나고 있는 이 사례에서 가족의 어머니는 최근에 남편과 이혼하였습니다. 그녀는 전 남편과의 사이에서 두 자녀를 두었습니다. 확인된 환자는 곧 다섯 살이 되는 네 살의 남아였습니다. 둘째는 곧 네 살이 되는 세 살의 여아였습니다. 어머니는 소아과 전문의로부터 의뢰되었는데, 놀이치료나 아동치료사의 상담을 받고자 하였습니다. 그러나 그녀는 경제적인 상황이 여의치 않아 저희 상담치료훈련생 사이트를 방문하였습니다. 그녀는 치료에 '당신이 제 아들을 다룰 수 있다면 저는 뒤로 물러나 있을게요'라는 생각을 갖고 왔습니다. 그녀는 분명하게 "우리 아들은 상담을 받아야 해요"라고 말했습니다. 너무나 솔직해서 저는 그녀가 무엇을 기대하는지를 알게 되었습니다.

(미누친을 향해) 제게 문제가 하나 있습니다. 가끔 저는 내담자를 위해서 무엇인가를 해야 한다고 느낍니다. 선생님은 내담자들이 찾아와서 "나를 고쳐 봐요"라고 말하는 상황에 치료사들이 놓인다는 것에 대해 말씀해 주셨습니다. 저는 그러한 상황에서 쉽게 불안해지는 경향이 있습니다. 제가 마치 마술 주머니라도 가지고 있는 것처럼 이것저것 고치려고 합니다. "이건 어때요?" "이것은요, 싫어요?" "아니에요? 효과가 없어요?" 알겠어요, 알겠어요." 저는 그들이 저한테 조언을 구하러 왔기 때문에 뭔가를 해야 할 것만 같은 느낌을 받습니다. 그들은 자기 가족과 문제를 고치기 위해서 왔기 때문입니다.

미누친: 그 어머니는 자녀 한 명만 데리고 왔나요?

올리비아: 처음에는 첫째만 데리고 왔었습니다. 두 번째 회기 이후에 세 살배기 딸도 데리고 왔습니다. 저는 그들을 7~8회기 동안 만났습니다.

미누친: 여덟 회기에 대해 무엇을 이야기해 주시겠어요?

올리비아: 저는 놀이치료를 많이 하려고 시도하였습니다. 저는 아이와 연결되려고 노력했는데, 그 아이가 편안함을 느끼도록 하려고 했습니다. 저는 아이에게 "선생님이 질문을 해도 괜찮겠니?" "선생님이 엄마와 이야기를 나누어도 괜찮겠니?"라고 말했습니다. 회기 내에서 아이가 더 힘을 가질 수 있도록 했는데, 왜냐하면 어머니가 놀이치료에서 기대하는 바가 그런 것이라고 여겼기 때문입니다. 우리는 자존감 세우기 작업을 많이 하였는데, 그림 그리기를 하였습니다. 저는 "크리스는 어떤 것을 좋아하지?" "아, 농구를 잘한다고? 농구공을 그려 봐"라고 했습니다.

저는 녹화 영상을 보고 난 후에 제 접근 방법이 매우 산만하다는 것을 깨달았습니다. 제가 어머니에게 이야기를 하려고 하면 아이는 저에게 와서 비눗방울이나 다른 것을 보여줘서 저는 그 아이에게 관심을 기울였습니다. 그때 어머니는 그냥 자리에 앉아 있고, 그 다음에 저는 다시 이야기를 하려고 돌아갑니다. 마치 제가 불을 껐다가, 켰다가, 아들에게 갔다가, 그러고 나서 어머니에게 가는 듯 했습니다. 저는 속으로 '잠깐만, 지금은 가족치료 중이니까 두 사람 모두와 관계를 맺어야 해'라는 것을 기억하려고 했습니다. 그래서 간혹 저는 "와, 페넬로페! 오빠가 저렇게 하는 것이 멋지지 않니?" "어머님은 어떻게 생각하세요?"라고 말하곤 했습니다.

물론 그 후에 저는 개인치료로 돌아갔습니다. 어머니는 크리스가 숙제를 하고 바로 잠자리로 갔다고 보고했는데, 그것이 그녀와 아이가 씨름하던 것이었습니다. 저는 크리스에게 "선생님이 그것을 적어 놓아도 될까? 네가 엄마와 함께 숙제를 하고 난 후 선생님에게 밀쳐서 죄송하다는 편지를 썼다는 것을 말이야"라고 말했습니다.

이 가족에 대한 올리비아의 설명은 치료 회기에서 어떻게 해야 할지에 대한 불안과 도움이 되어야 한다는 불안, 그리고 어떠한 방법이 도움이 될지에 대해 불규칙한 탐색에 대한 설명으로 빠르게 넘어간다. 슈퍼바이저에게 도움을 요청했지만 그는 그녀의 불편함에 대해 직접 반응하지 않는다. 대신 그는 그녀가 진행한 치료 회기의 세부사항으로 논의를 진행했다. 슈퍼비전은 치료사와 가족이 상호작용하는 체계라는 점에 대한 것이다. 올리비아의 문제와 가능성은 그러한 맥락에서 논의되는 것이 더 유용할 것이다.

미누친: 이 회기에 대해 자막이나 제목을 붙인다면 '슈퍼내니 영국편'이 되겠네요. 치료는 매우 복잡하고 우리가 무엇을 하든지 그것은 일부분일 뿐이라는 것을 알아야 합니다. 올리비아는 여기서 아동과의 대화에 참여합니다. 그것은 아주 좋습니다. 나쁜 것은 아니지만, 미완성된 것이고 편향된 것입니다. 이 혼란은 그녀의 머릿속에서 일어난 것의 일부분입니다. 그녀는 많은 것을 보고 그들 모두에게 대답을 하는 바람에 생각을 위계적 단위로 조직화하지 못하고 있습니다. "저것에 대해서는 대답할 필요가 없어. 저것은 대답할 필요가 없어. 그런데 저것은 대답해야겠네" 라고 말입니다. 올리비아는 두 자녀에게 두 엄마를 만들어 줬는데, 그 두 엄마는 자녀들이 하는 것, 그리고 하지 않는 것 때문에 계속해서 바쁘네요. 올리비아는 과경계되어 있습니다. 그녀는 전혀 탈중심화하지 못했습니다.

올리비아가 가족과의 치료 회기에서 어떻게 생각하고 행동했는지에 대한 정보가 많이 주어졌다. 슈퍼바이저는 올리비아가 회기 진행 시 속했던 활동을 포착해 내는 제목—뚜렷한 이미지—을 제공했고 '슈퍼내니'는 그녀가 발전하면서 가져가기에 유용한 이미지다. 이것은 그녀에게 자연스럽게 뒤따라오는 이러한 기능 방식의 가족치료에서는 문제를 일으킨다는 것을 상기시켜 준다. 가족치료의 목표는 가족 구성원으로 하여금 보다 효과적으로 기능하도록 돕는 것이다.

미누친: 올리비아는 무엇인가를 하기 이전에 무엇이 우선순위인지를 생각할 필요가 있습니다. 그녀는 가족이 보다 화목한 가족이 되기 위해 치료사에게 무엇을 해 달라고 요구하고 있는지 생각해 볼 필요가 있습니다. 무엇이 문제일까? 그들에게 무엇이 필요할까? 나는 어떻게 개입해야 할까? 치료사는 이 가족에서 어머니는 아이들을 사랑하지만 비효과적으로 행동하고,

어머니가 아이들을 사랑하는지 아닌지는 그녀가 비효과적으로 행동하는 점을 사라지게 하는 것은 아니라고 말할 수 있어야 합니다. 그녀는 두 자녀가 있는데, 그들을 계속 감시하면서 지쳐 있습니다. 그래서 그녀는 가혹하거나 가혹해질 수 있는데, 왜냐하면 자신이 잘 통제하고 있다는 느낌이 없기 때문입니다. 올리비아는 그 점을 보고 '나는 무엇을 하지 않아야 할까? 나는 슈퍼내니가 아니야'라고 말할 수 있어야 합니다.

올리비아는 대리모가 되었습니다. 그녀는 어머니를 구원하는 사람이 되어 어머니가 하지 않고 있는 일을 합니다. 이 치료는 아동에 대한 치료입니다. 따라서 이 점에서 그녀는 가족치료사로서 생각하지 못하고 있습니다. 그녀는 개인 심리치료사처럼 생각하고 있습니다. 개인 심리치료사로서 그녀는 그 아이를 도와줄 수는 있겠지만, 그것은 그녀가 그 아이를 입양해야만 가능한 일일 것입니다.

올리비아의 치료 작업의 중요한 문제점에는 그녀가 아동에게 집중하는 것이 포함되는데, 주로 놀이치료를 하면서 보이는 모든 것에 관여하기 때문에 그녀는 생각하거나 계획을 세울 시간이 없다. 이 때문에 탈중심화되지 못하므로 개입법을 조직화하거나 통제하지 못한다. 변화를 위한 제안으로 거리를 두는 것이 중요하다는 점이 강조되고 있다. 그럼으로써 그녀는 가족에 대해 알게 된 점에 대해 정리할 수 있다. 그리고 가족이 그녀에게 바라는 점이 무엇인지, 가족의 문제가 무엇인지, 현 시점에서 유용한 개입을 위해 그녀가 지닌 가능성이 무엇인지에 대한 기본적인 질문을 할 수 있다.

올리비아: 일부분은 사실입니다. 저는 이전에 치료를 어떻게 해야 할지, 그리고 모두가 행복하고 마음이 가벼워지며 즐거워지도록 치료실 내의 모든 사람에게 어떻게 잘 주의를 기울일지에 대한 걱정 때문에 불안을 많이 느끼고, 제가 특정한 방식으로 치료를 한다는 점에 대해 이야기하였습니다. 그래서 저는 무엇이 진행되고 있는지와 어떻게 하면 모두에게 도움을 줄 수 있을까에 대해서 생각할 때 조직화하거나 초점을 맞추는 능력이 흐트러집니다. 저는 제 속도를 조절하거나 늦추고, 뒤로 물러나서 가족의 이야기에 조금 더 머무르는 게 이 가족에게는 더 유용할 수 있다는 것을 알게 되었습니다. 그러나 그 어머니가 저에게처음 했던 이야기는 자신이 놀이치료를 원한다는 것이었고, "크리스가 여기 오면서 재미있어 했으면 좋겠어요. 분석당하거나 관찰당한다고 느끼지 않기를 바라요"라고 했습니다. 그래서 저는 치료 내내 그 점을 마음에 두었습니다. 저는 아이가 치료에 오는 것을 좋아하기

를 바랐는데, 왜냐하면 아이들에게는 간혹 치료가 무서운 것일 수 있고, 특히 그 나이대의 아이들에게는 그럴 수 있다는 것을 알고 있기 때문입니다.

미누친: 있잖아요, 당신은 정보가 지나치게 많습니다. 저는 당신이 정보를 좀 더 내려놓기를 바랍니다. 더 풍부해지라는 것이 아니라요. 이렇게 말하는 것이 조금 이상하기는 합니다만, 저는 당신이 관련 정보를 통제하기를 바랍니다. 당신은 지도가 없어서 많은 영역들을 여행하고 있습니다. 어머니는 치료에 와서 크리스가 문제라고 말하고 있습니다. 여기서 어떤 이유에서인지 당신은 그것을 받아들이고 있네요. 당신이 처음에 해야 할 일은 어머니의 신념에 도전하는 것입니다. 크리스가 문제라는 가정은 틀렸습니다. 가족이 문제입니다. 만약 그 어머니가 장남이 문제라고 확신을 갖고 있다면 나는 그녀가 제시하는 것은 옳지만 일부분만이 그러하다는 것을 알고 있습니다. 그녀가 크리스가 문제라고 말하는 것은 "저는 크리스와 잘 지내지 못해요"라고 말하고 있는 것입니다. 그러므로 크리스에게 붙은 확인된 환자 딱지를 떼어 버리고 모자 간에 문제가 있다고 보는 것이 첫 번째 단계입니다. 이때 크리스나 엄마에게 문제가 있는 것이 아니라, 모자 사이에 문제가 있는 것입니다. 이 점에서 당신은 목표가 무엇인지에 대해 다른 개념화를 하고 있습니다. 그러고 나서 당신이 크리스에게 유치원 선생님 같은 목소리로 "뭐가 문제니?"라고 말하고 싶다면 그렇게 하십시오. 그렇게 되면 당신은 크리스와 엄마는 각각 다른 방향으로 문제를 본다는 것을 알게 될 것입니다. 당신에게 더 많은 정보가 생기겠네요. 저는 당신이 그들이 주는 정보에 대해 의문을 품지 않고 받아들인다는 점이 우려스럽습니다.

질문을 할 때 상냥하게 할 수 있습니다. 호기심을 갖고 탐색합니다. 또한 <u>자유로울 수 있습</u>니다. 중요한 것은 자유로워지는 것입니다. 당신은 회기 내에서 당신에게 실리는 모든 요구에 반응하느라 자유가 줄어듭니다. 그곳에 슈퍼내니로서가 아니라 인간적인 상황을 충분히 고려하며 탐색하는 사람으로서 참여해야 합니다. 이것은 매우 다른 사고방식입니다. 생각을 한 뒤에 더 많은 정보에 접근해야 합니다.

당신은 매우 자원이 풍부한 사람입니다, 올리비아. 그런데 그것을 사용하지 않고 있네요. 당신은 음악가로서, 또 배우로서의 경험이 있습니다. ……그런데 매우 제한된 이야기만 받아들이고, 자신의 직관에 접근하는 것을 허용하지 않네요.

이것이 가족치료의 기본 개념이다. 문제는 관계적인 것이며, 가족은 보통 이것을 알지 못한다. 치료사의 과업은 가족이 확신하는 문제와 해결 방법에 대해 도전하는 것이다. 초보 치료사들은 수용될 만한 방식으로 도전하는 법을 배울 수 있는데, 자신에게도 적용할 만한 방법을 사용하면 된다. 가족치료 기법의 기술 또한 마찬가지다.

무엇을 배울 수 있는가

올리비아의 사례에서 두 가지가 명백히 드러났다. 치료 체계에 구심력(centripetal pull)이 있고, 지식의 힘은 한계가 있다는 것이다.

올리비아, 또는 어떤 치료사든 가족에 합류하여 치료 체계를 형성하려고 할 때는 어떠한 일이 불가피하게 일어난다. 먼저 치료사가 가족에게 영향을 주는데, 치료사의 관점을 가족 구성원에게 제공하게 된다. 전문가로서 우리는 이 과정에 대해 조심하고 이것을 통제하는 것에 대해 관심을 갖는다. 두 번째로, 치료 체계는 치료사가 사고하고 행동하는 자유를 제한한다. 이 과정은 첫 번째 과정보다 덜 가시적이며 자주 다뤄지지 않는다.

로잔(제10장)의 사례에서도 보게 될 텐데, 올리비아의 사례에서 치료사는 가족 역동에 얽혀들었다. 올리비아는 어머니의 무력감을 느꼈고, 아들의 문제 행동을 가장 중요한 고민거리로 받아들였으며, 거의 자신의 의지에 반하여 가족을 도와주는 사람이 되었다. 그녀는 슈퍼내니가 되었다. 이러한 과정은 올리비아가 가지고 있는 지식에도 불구하고 몰래 일어난다. 그녀의 체계 이론에 대해 이해와 이 가족의 욕구에 대한 그녀의 자동적 반응은 뚜렷이 단절되어 있다.

제9장

나의 실수로부터 배우기

사라 A. 워커

내가 첫 내담자를 만났을 때 나는 스물세 살이었다. 당시 나는 가족치료 수업 3개를 수료한 상태였고, 그 수업이 매우 좋았다. 교수님은 열정이 넘쳤는데, 나는 그 열정에 고무되고 물들 었다. 그러나 많은 일년차 대학원생들이 그러하듯이 나 또한 첫 내담자를 만나기 전에 매우 겁이 났다. 다행히 같은 반 대학원생들과 나에게는 대학 내 치료센터의 '보조바퀴'가 있었다. 슈퍼바이저가 현장에서 지도해 줄 수 있었고, 같은 반 동료들이 있었으며, 일방경이 있었다. 또다른 애착이불(security blanket)은 내가 내담자를 만나기 전에 같은 반 동료들의 치료 장면을 여러 차례 볼 수 있다는 점이었다.

어느 화요일에 내게 내담자가 배정되었다는 소식을 접했다. 평범한 내담자가 아니라 아동가족부에서 의뢰된 어머니로, 자녀들을 방치하여 빼앗긴 상태였다. 내 첫 반응은 두려움이었다. '우주가 나에게 장난질을 하는 것인가?'라는 생각이 들었다. 첫 내담자가 왜 아동학대(아동복지) 사례인가? 슈퍼바이저는 내가 머릿속으로 했던 질문을 똑같이 소리 내어 했다. "매우 어려운 사례이네요. 왜 일년차 치료사에게 이 사례를 배정했을까요?" 그녀는 치료센터 책임자에게 연락을 하였지만, 그 책임자는 나의 슈퍼바이저가 이 장면에서 경험이 많기 때문에 이 사례를 다룰 수 있다고 확신하였다.

그리고 결과적으로 그들이 옳았다. 나는 내담자 건너편에 앉아 치료 회기를 시작해서 경청하며 그녀와 현존할 수 있음을 알게 되었다. 또한 그녀의 경험은 나의 경험과 매우 다르다는 것을 알게 되었다. 우리는 5회기를 진행하였는데, 우리 두 사람 모두에게 소중한 경험이었다.

석사과정 이수 중에 나는 포스트모던 치료 중 주로 해결중심 이야기치료 모델을 훈련받았다. 졸업하기 한 달 전에 나는 부부 및 가족 치료 박사과정에 입학하였고, 지역사회 정신건강 기관에 전일제로 고용되었다. 그곳의 아동복지 영역에서 일하며 아동과 가족에게 심리교육 지원을 하였다. 이 두 가지의 영향으로 인해 나는 부모가 아동의 성장에 어떻게 도움을 줄 수 있는지 알 수 있게 되었다. 동시에 그로 인해 가족이 다른 방식으로 변화할 수 있도록 돕기 위해서는 내가 그 가족을 어떻게 다르게 대해야 하는지에 대해 알지 못했다. 내가 최근에 갖게 된 시각은 일부분 미누친 박사님과 슈퍼비전 집단원들 덕분이다.

미누친 박사님은 내가 구원하려는 경향이 있다고 지적하셨다. 처음에 나는 그 점에 대해 몰랐지만 그것이 어느 정도 말이 된다고 생각했다. 왜냐하면 나는 사람들을 돕고 싶어서 치료사가 되었기 때문이다. 그 때문에 이 장에 제시하는 가족과 작업할 때 나의 치료의 효과성은 제한되었다. 이 장에서 나는 지난 3년간 가족치료 전문가와의 슈퍼비전 관계를 통해서 배운 것을 전달하려고 한다. 이 관계를 통해 나는 치료실 내에서 행하는 것이 변했을 뿐만 아니라, 치료실 밖에서도 나 자신을 어떻게 바라보는지가 달라졌다.

미누친 박사님을 처음 만났을 때의 나를 떠올려 본다. 스물네 살의 여성이고, 가족치료나 2년차 훈련 과정에 있는 박사과정 대학원생이었다. 집단 슈퍼비전에 참여하던 첫 금요일 미누친 박사님 댁을 방문하여 진한 커피를 마셨다. 포도, 페이스트리, 치즈를 권하셔서 먹고, 거실에 놓여 있는 나무로 만든 식탁 의자에 앉았다. 박사님은 집단원들에게 환영 인사를 한 후 자기 소개를 하셨고, "질문이 있습니까?"라고 말씀하셨다. 당시에 나는 질문할 것이 전혀 없었거나 또는 내가 '옳은' 질문을 할 수 있을 만큼 아는 것이 없다고 생각했다. 나는 그때부터 옳은 것을 추구하는 것이 가족과의 작업을 방해한다는 것을 배우게 되었다. 대부분 '옳은' 개입이나 질문은 없으며, 결과가 어떻게 될지 모르는 가능성만이 있을 뿐이다. 이 장에서 나의 분투와 성장을 통해 드러났으면 하고 바라는 점은 때때로 위험을 감수하는 것이 당신 자신뿐만 아니라 당신이 함께 작업하고 있는 가족을 위해 가장 바람직하다는 것이다.

나는 집단 슈퍼비전에 참가할 때부터 도전이라는 것을 알고 있었다. 왜냐하면 미누친 박사님은 지난 50년간 함께 작업하고 도왔던 가족들에게 그러했듯이 나를 안전지대에서 끌어낼 것이기 때문이다. 첫 모임에서 그는 자신이 좋아하지 않는 것을 하셨는데, 그와 함께한 지난 3년간 다시는 하지 않으셨다. 바로 역할극으로, 박사님은 역할 연기가 가상이기 때문에 좋은 교수법이 아니라고 생각하지만, 나는 그것을 통해서 첫 가르침을 얻었다.

당신의 왼쪽 발을 쳐다보세요

터무니없을 정도로 간단했다. 그렇지만 나는 그때부터 단 한순간도 그것을 잊어 본 적이 없다. 당신도 알게 되겠지만 누워서 떡 먹기인 일을 하기 어려울 때가 있다. 어찌하다 보니 나는 치료사로 뽑혔고, 나의 동료들은 가족 역할을 했다. 나의 동료 중 한 명이 아내 및 두 자녀와 관계가 소원한 아버지 역할을 했다. 그 '남편'은 나의 관심을 끌려고 했고, 자기편이 되어 달라고 간청했는데 미누친 박사가 중지시켰다.

"남편이 당신을 꼬드겼네요."

그 어떤 슈퍼바이저도 나에게 그런 이야기를 해 준 적이 없었다. 무슨 의미이냐고? 이전 슈퍼바이저들은 내가 기적 질문의 형태를 잘 만들어 낼 수 있도록 도와주거나, 개입 방법을 설정하도록 도와주거나, 과제를 이용했는지 질문하거나, '존중하며 중단시키기'를 하라고 요구하였다.

"남편이 당신을 꼬드겼네요." 미누친 박사가 말을 이어 갔다. "그는 당신에게 말하고 있네요. '제 말 좀 들어 봐요. 저를 좋아해 줘요. 제 편이 돼 줘요.' 당신이 지나치게 가까이 있을 때 당신이 무엇을 할지에 대해 생각할 시간이 없게 됩니다. 제가 그 상황에 있었다면 저는 제 왼쪽 신발을 내려다봤을 겁니다. 당신의 구두가 참 예쁘네요. 그러니 신발을 쳐다보세요. 가족이 아니라요. 당신은 그들로부터 거리를 두는 것이 필요합니다. 그들이 서로 대화하도록 두고 당신은 그들을 바라보면서 '이제 내가 무얼 해야 하지?' 하고 생각할 수 있습니다."

나는 치료사가 자신 앞에 있는 내담자의 말을 경청해야 하며, 그들이 말하는 것에 주의를 기울이고, 그들의 경험에 공감해야 한다고 배웠다. 왼발을 쳐다보라는 제안은 내게 완전히 낯선 개념이었다. 미누친 박사에게 있어서 이것은 말 그대로 또는 비유적으로 받아들일 수 있는 은유이고, 매우 쉽게 이해할 수 있는 것이지만, 이를 하기 쉬운 것으로 받아들여서는 안 된다. 왜냐하면 숙련되지 않은 치료사가 적용하기에는 복잡하고 매우 어려운 것이기 때문이다. 회기 내에서 당신의 본능은 치료 장면 내 가족드라마에서 중요한 배역을 맡으라고 등을 떠민다. 어떤 때는 그렇게 하는 것이 적절하겠지만, 우리가 미누친 박사에게서 배웠듯이 또 다른 때는 치료사가 가족으로부터 한 발자국 물러서야 자기 자신이 될 수 있고, 생각할 시간의 여유를 가질 수 있다. 그 당시 나는 쉽게 그렇게 해낼 수 있다고 생각했다. 그러나 역할 연기를 하자 미누친 박사는 내가 그렇지 않다는 것을 보여 주었다. 이 부분에서 나는 많이 분투했는데, 이것을 제시함으로써 여러분도 겪을 수 있는 고통을 정상화(normalize)하고자 한다. 그것은 우리 모두가 하는 경험이며, 이로부터 우리 모두는 교훈을 얻을 수 있다.

작년에 나는 중국으로 가서 미국과 중국 대학원생들 간 연구와 치료 업무를 공유하는 국제 교류에 참여할 기회가 있었다. 그 교류에 참여한 각각의 대학원생들은 부부치료, 인터넷 중독 치료, 심리사회재활 등의 영역에서 자신이 가장 잘했던 자료를 발표하였다. 그런데 한 중국인 대학원생은 매우 용기 있게도 대화와 성장을 위한 독특한 기회를 제공하였다. 그녀는 모든 것이 순조롭게 진행된 사례를 제시하는 대신, 실패했다고 생각한 사례를 제시하였다. 나는 그것이 매우 용감하고 의미 있다고 생각하는데, 왜냐하면 그 때문에 20명의 대학원생들은 모두 실패가 배움의 길을 열어 준다는 것을 깨달을 수 있었기 때문이다.

나는 미누친 박사의 금요일 자문회의에 많이 참여하였다. 박사님은 회의에서 확인된 환자가 개인으로부터 가족으로 옮겨 갈 수 있도록 증상을 외재화하고, 사람들로 하여금 자신이 현재 하고 있는 것보다 더 많은 가능성이 있음을 깨달을 수 있게 정체성을 드러내며, 치료사는 가족 구조가 만들어 내는 요구를 예상해야 한다고 말씀하셨다. 우리는 치료사의 자기(self)에 대해서, 그리고 가족과 작업할 때 치료사 자신을 도구로서 어떻게 사용할지에 대해서 이야기를 나누었다. 내가 로드리게즈 가족과 두 번의 치료 회기를 진행할 때, 이러한 것을 포함해서 많은 것이 내 머릿속을 맴돌았다. 그런데 왜 치료를 진행할 때는 이 중에 하나도 적용이 되지 않았을까? 로드리게즈 가족과의 두 회기를 되돌아보니 나는 이러한 영역들에서 기회가 있었지만 기회를 잡지 않았던 듯하다. 그 결과, 내가 앞에서 언급했던 그 중국인 대학원생처럼 나의 치료 회기는 실패했다.

미누친 박사는 세 번째 회기에 로드리게즈 가족에 대해 자문을 주셨다. 그는 각각의 영역에서 그 가족을 바라보고 관계 맺을 수 있었다. 박사님과 나의 차이는 무엇이었을까? 이 장은 지식으로 무장하고 성공적인 결과를 얻고자 하는 선의의 치료사가 실패할 수 있다는 것을 보여 줄 것이다. 내가 여기서 제시하고, 되돌아보고, 분석한 것을 통해서 당신이 나의 실수로부터 교훈을 얻기를 바란다. 그럼으로써 가족치료에 대한 이해를 순조롭게 실제 치료에 적용할 수 있기를 희망한다.

로드리게즈 가족

로드리게즈 가족은 캐롤라이나와 캐롤라이나의 전 남편 사이에서 얻은 여덟 살의 크리스티나, 5년 간 결혼 생활을 해 온 데이비드, 그리고 두 살배기 아들 다니엘로 구성되어 있었다. 그 가족은 크리스티나의 행동문제 때문에 의뢰되었다. 캐롤라이나는 자신의 딸이 격노 · 분노 · 우울 문제가 있다고 보고했다. 그녀는 딸에게 주의력결핍/과잉행동장애(ADHD)가 있을까 봐 걱정하였고, 크리스티나가 두 살이었을 때 감옥에 수감되었던 아이의 친부가 한 달 전 출소한 뒤로 딸이 행동화를 하는 것 같다고 걱정하였다.

그 가족과는 세 번의 치료 회기가 진행되었다. 두 번은 내가 치료사로 참여하였고, 세 번째는 미누친 박사님께서 자문을 주셨다. 내가 진행한 첫 회기의 일부분을 제시할 텐데, 그때 나는 좋은 의도를 가지고 첫 회기를 시작하였으나 달성하고자 했던 것을 하지는 못했다. 나는 내가 달성하고 싶었던 것을 이룰 수 있게 하는 미누친 박사님의 방법이나 어떻게 그가 완전히 다른 방향으로 가족을 이끌어 갔는지에 대해 간혹 언급할 것이다. 내가 진행한 두 번째 회기 부분은 포함하지 않았는데, 첫 번째 회기의 진행 과정과 유사하기 때문이다.

첫 회기에 들어갈 때 나는 긴장하고 있었다. 나는 그 회기가 집단 슈퍼비전에서 보여 주기 위해 녹화되고 있다는 것을 알고 있었고, 나를 더 불안하게 만들었던 것은 바로 미누친 박사님이 그것을 볼 것이라는 점이었다. 나는 비판받을 상황에 놓였다. 관찰당한다는 사실만으로도 나는 회기에서 일어나는 일을 보는 내 관점과 개입을 제한당할 것 같았다. 이것이 나의 첫 번째 실수다. 이때 나는 위험을 감수할 수 있는 기회가 있었다. 가족치료의 최고 권위자를 한 명 포함하여 열 명의 가족치료사들이 나의 심리치료 작업을 살펴보고 나는 피드백을 받을 수 있었다. 긴장을 풀고 확장하는 대신에 나는 경직되었다. 내담자들처럼 치료사들도 스트레스를 경험하거나 압박을 받으면 자신이 알고 있는 것으로 후퇴할 수 있다.

가족의 어머니는 내가 대학원생이라고 전해 들었고, 내가 어리게 보였기 때문에 능숙하게 해낼지에 대해 의문을 품었다. 그 때문에 나는 방어적 태도를 보였고, 나 자신을 어떻게든 증명해 보여야 한다고 느꼈다. 그러나 '전문가'로서의 위치를 도전받는 느낌은 내가 그 가족이 가진 신념에 도전하는 데 있어서의 효능감을 제한하고 영향을 주었다. 회기 전날에도 나는 '수행 불안'을 경험했는데, 이 때문에도 효과성이 제한되었다고 생각한다. 왜냐하면 나는 치료 작업이 파헤쳐질 것이라며 스스로를 압박했기 때문이다.

나이 문제는 일하는 동안 고심하던 것이었는데, 내가 이십대의 미혼인 여성 치료사였기 때문이다. 내담자들은 "나이가 어떻게 되세요?" "결혼하셨어요?" "자녀가 있기는 하세요?"와 같은 질문들을 했다. 당신이 심리치료를 시작하면 이러한 질문을 언제나 듣게 될 텐데, 당신에게 비밀을 하나 알려 주겠다. 이러한 질문은 당신과 아무런 상관이 없다. 이것은 내담자 자신의 가정과 편견으로, 스스로 해결하기 어려운 문제가 있는 것에 대한 불안정감과 관련되어 있다. 내담자들은 자기 자신과 문제점에 대해 잘 알고 싶은 것처럼 당신에 대해서도 확신을 갖고 싶은 것이다. 가족도 치료사에게 이러한 요구를 하는데, 당신은 이에 도전해야 한다. 미누친은 가족에 자신을 소개할 때 이 점에 대해 다음과 같은 방식으로 매우 수월하게 말했다.

> 미누친: 제 이름은 미누친이고, 저는 상당히 나이가 들었습니다. 저는 정신건강의학과 교수이고, 교육자입니다. 저는 여러분과 한 시간 또는 한 시간 반 정도를 함께하면서 도움이 되고자 노력할 것입니다. 그것이 제가 할 수 있는 최선입니다. 여러분이 왜 여기에 오셨는지 질문하면서 시작해 볼 수 있겠네요.

미누친은 즉시 자신을 잘 모름의 자세를 가진 전문가로 설정하지만, 어쨌든 전문가인 것이다. 나는 그처럼 나 자신을 소개할 수 없었다. 그는 나보다 예순 살 정도 나이가 더 많고, 할아버지로서 가족에 참여할 수 있다. 아마도 당신도 그러할 텐데, 내가 가족에 참여하는 방법은 달라야 한다. 대학교 훈련에서 배운 것처럼, 나는 가족이 어떻게 해야 하는지에 대해서는 전문가가 아니지만, 변화를 위한 길을 비추는 치료적 맥락을 만드는 것에는 전문가다. 미누친과의 자문에서 우리는 전문가로서의 위치를 설정하는 절묘한 방법에 대해 이야기를 나누었다. 예를 들어, 내담자가 나를 부를 때 사라라고 부르는 대신에 워커 선생님이라고 부르도록 하는 등의 방법에 대해서 말이다. 나는 이전에는 이렇게 묘책을 써서 약간의 차이를 만드는 것에 대해 생각해 본 적이 없었다. 이 방법을 통해서 나는 대학원생 치료사가 아닌 가족치료사가 될 수 있었다. 따라서 내가 가족에 합류하는 방법은 미누친이 하는 방법과는 다를 것이다. 그러나 우리는 둘 다 가족에게 도움을 줄 수 있는데, 왜냐하면 둘 다 그 가족에게 제공할 것이 있기 때문이다. 바로 다른 관점(체계적 관점)으로, 이것이 그들이 이전에는 알지 못했던 새로운 길을 열 수 있다.

내가 치료적 대화를 시작했던 첫 접근은 미누친이 한 방법의 끝부분과 비슷하기는 했지만,

나는 시작부터 나 자신을 제약하였고, 그 가족과 만난 두 회기 내내 이것이 지속되었다. 스스로를 가족치료사라고 여기기는 했지만, 나는 이 사례에 대한 작업을 철저히 분석할 때까지 알지 못했다. 내가 아동치료사로 훈련받은 것이 그들의 상황을 보는 관점과 개입하는 방법, 심지어는 내가 하는 질문에까지 필연적으로, 그리고 근본적으로 영향을 미칠 것이라는 점에 대해서 말이다. 나는 다음과 같이 말하면서 치료 회기를 시작하였다.

> 치료사: 저는 무슨 일이 일어나고 있는지와 무엇 때문에 치료에 오시게 되었는지에 대해 두 분 모두에게서 듣고 싶습니다.

나는 이때 부모에게 나 자신을 소개하면서 이러한 식으로 질문의 틀을 잡았다. 이야기를 이끌어 내고 현재의 문제점에 대해 바로 들어가기 위해서였다. 이후 아동에게 왜 자신이 치료에 오게 되었다고 생각하는지에 대해 물었다. 처음부터 관계에 대한 이야기를 탐색하기보다는 아동을 확인된 환자의 위치에 머무르도록 만들며 시작된 것이다. 부모에게 먼저 이야기를 함으로써 나도 모르게 그들과 같은 입장에 섰다. 그들을 딸로부터 분리된 상태로 보고, 내가 딸을 도울 수 있도록 그들이 정보를 제공할 것이라는 점에 동의하고 있었다. 치료회기는 가족 내에서 일어나는 과정에 초점을 맞추어 시작되지 않고 '문제아'에 초점을 맞추고 시작되었다.

> 캐롤라이나: 저는 크리스티나가 자기 기분이 어떤지를 알고 적절하게 표현하는 방법을 배워야 할 것 같아요. 제가 느끼기에 크리스티나는 속에 화와 복잡한 감정이 많고, 그것 때문에 극과 극으로 반응하는 것 같아요. 크리스티나는 정말 사랑스럽고 행복해 하다가도 떼를 쓰거든요. 쟤가 어렸을 때는 더 심했어요. 어린이집에서 자기 마음대로 안 된다고 떼를 쓰고 통제가 안 되니 쫓겨났을 정도였어요. 그때 이후로는 그런 일이 없었어요. 그렇지만 쟤는 화를 잘 내고, 감정을 주체를 못하고, 거짓말을 잘하고, 영악해요. 대부분 애들이 그런 부분도 있겠지만, 제가 느끼기에 어떤 부분은 우리 아이가 훨씬 심한 것 같아요. 저는 아이가 기분을 표현하는 방법을 알게 돼서 화를 잘 내거나 기분 나빠하지 않았으면 해요. 그리고 자기 기분을 말로 표현하고 지금과는 달리 감정을 처리하는 방법을 배웠으면 좋겠어요. (데이비드를 쳐다본다)

데이비드도 고개를 끄덕이며 비슷한 내용을 이야기하고 나서는 캐롤라이나보다는 확신에 차 보이지는 않는 듯한 고개 움직임을 보였다.

치료사:　(데이비드를 향해) 고개를 끄덕이다가 조금 이렇게 하시네요. (앞뒤로 머리를 움직이는 것을 흉내 냄)

데이비드:　저도 동의해요. 저는 아이가 어리니까 어떤 것은 그러려니 해야 한다고 생각해요. 그렇지만 너무 심할 때는 그러려니 하면 안 되겠죠.

　　나는 어머니가 아이에 대한 불평거리를 길게 늘어놓는 것을 중지시켰다. 나는 내용이 아니라 무엇이 이야기되고 있는지에 관심을 돌리도록 했다. 이것은 치료사에게 매우 중요한 영역인데, 가족이 이야기하는 것을 듣는 데에서 그치는 것이 아니라 치료 장면에서 어떤 일이 일어나고 있는지를 알아야 한다. 이것은 성장을 위해서 내가 작업해야 하는 영역인데, 왜냐하면 과거에 나는 치료사로서 가진 능력이 듣기만 할 수 있는 사람처럼 굴었기 때문이다. 그러나 여전히 내가 더욱 노력해야 하는 점은 비언어적 의사소통을 그 사람의 성격이 아니라 관계에 대한 메시지에 연결시키는 것이다.

　　여기서 만약 같은 회기를 다시 할 수 있다면 부모 양쪽의 차이점을 강조할 것이다. 아동의 계부는 문제 행동을 일반적인 것이라고 하는 반면, 모친은 범죄 취급을 했다. 나는 그들이 한 편이라는 점에 대한 가정에 도전할 것이다. 그렇게 되면 그 회기 나머지에 다른 가능성이 열릴 수 있다. 나는 심리교육과 해결중심치료 훈련을 받았기 때문에 표면적으로 보이는 화목함에 도전하는 것이 어려웠다. 나는 부모가 '같은 편'이도록 보장하는 것이 공동의 양육 전략을 적용할 수 있도록 한다고 생각하며 작업하였던 것 같다.

　　문제에 대한 이야기에 개입하는 것이 중요함에도 나는 한 목소리로 이야기하고 있는 것에 대해 비중을 두었다. 그것은 옳지 않았지만, 나는 그것을 편안하게 느꼈다. 나는 '집단 사고(group think)'의 종류인 그들의 신념에 매료되었는데, 그 이유의 일부분은 내가 그들과 충분한 거리를 두지 못했기 때문이다. 그들과 지나치게 가까이 있었기 때문에 변화를 일으킬 수 있는 방식의 개입을 하지 못했다. 그 대신 그들이 확신하고 있는 것에 합류하였다.

　　아마 그들의 관점에 도전하는 것을 망설였던 것은 아마도 나 스스로 자격에 대해 도전을 받았기 때문인 것 같다. 치료 장면에서 권위자로서의 위치에 대한 자신감이 부족했기 때문에 나는 부모의 위치를 더 많이 받아들였고, 그들이 보지 못하고 있는 것을 볼 수 없었다. 이것이 유기체인 가족이 치료사에게 요구를 하는 한 예시다. 다음에 제시된 것은 미누친과의 회기에서 그들이 동일하게 '우리는'이라는 대화를 하고, 미누친이 어떻게 새로운 가능성을 여는지에 대한 기록의 일부다.

캐롤라이나: 크리스티나는 우리가 자기 편이고, 자신을 돕고 싶어 한다는 것을 이해하기 시작했어요. 우리는 못되게 굴려고 하거나 그랬던 것은 아니에요. 우리는 해결책이 필요했어요.

미누친: 캐롤라이나, 제가 60년간 결혼생활을 해 와서 아는데 제 아내가 말하고 제가 말할 때 우리는 의견이 다릅니다. 당신은 '우리는'이라고 이야기하고 있는데, 저는 당신들 의견이 다르다는 것을 확신합니다. 그것은 의문의 여지가 없고, 확실한 것입니다. (데이비드를 향해) 자, 아내가 '우리는'이라고 이야기를 할 때 아내 분은 무슨 말을 하고 싶은 걸까요?

나는 같은 패턴을 본 적이 있고, 첫 회기부터 부모를 구별 지으려고 시도했다. 그러나 나는 이것을 어떻게 해야 하는지 몰랐다. 더 심각한 점은 내가 결국 크리스티나와 대화할 때 '우리는'의 위치에 서서 대화를 했으며, 거기에는 어머니, 아버지, 그리고 나 자신이 포함되어 있었고, 우리는 동맹을 맺어 크리스티나를 확인된 환자로 남겨 두었다. 미누친은 자기 자신과 60년간의 결혼 경험을 이용하여 남편과 아내의 관점을 분리시켰고, 이를 통해 그들이 다른 두 사람이라는 것을 깨닫게 했다. 이것은 그들이 과정에 대해 이야기할 수 있는 문을 열었는데, 그들이 하나라고 여길 때는 그러한 일이 일어나지 않는다. 당신은 당신에 맞게 가족으로 하여금 그들이 각자 독립된 개체이면서도 관계망에서 서로 연결되어 있다는 것을 알려 줄 수 있다. 이것이 치료사가 가족 구성원 각자의 정체성과 서로를 바라보는 방법을 확장시키는 첫 단계다.

데이비드: 대부분 저와 함께 있을 때보다는 캐롤라이나와 함께 있을 때 그 일이 일어납니다. 왜냐하면 제 근무 시간이 더 길거든요. 그렇지만 저는 퇴근해서 집에 오면 학교에서 온 알림장을 보고 크리스티나와 그것에 대해 대화를 하려고 합니다. 딸은 방어적으로 굴면서 매우 화를 내고 울기 시작합니다. 그래서 순식간에 상황이 나빠집니다.

미누친: 그러면 누가 집에서 훈육을 하지요?

나는 그 회기 동안에 미누친의 옆에 앉아서 '나는 왜 저 질문을 안 했지?'라고 생각하고 있었다. 캐롤라이나와 데이비드가 크리스티나에게 영향을 주는 방식이 다를 것이라는 것은 분명했다. 이 점은 가족 조직 때문에 생겨날 수 있는 문제점들을 보다 명확하게 볼 수 있는 길을 열어 줄 수 있었다. 나는 그 대신에 부모를 하나의 훈육 체계로 보았다.

데이비드: 음, 대부분 캐롤라이나가 하지요. 저는 크리스티나에게 손을 대는 것을 싫어합니다.

미누친: 당신은 캐롤라이나보다 침착합니까?

데이비드: 그렇습니다.

캐롤라이나: 남편은 농담도 해요. 제가 화가 나면 날수록 더 많이 농담을 해요.

미누친: 유머를 사용하면 당신이 크리스티나와 대화를 하는 데 도움이 됩니까?

데이비드: 아니요. 저는 상황을 부드럽게 만들어 보려고 농담을 하는 것 같습니다. 저는 딸이 우리가 자신과 맞선다고 느끼지 않았으면 좋겠습니다. 우리에게 와서 이야기를 할 수 있다면 좋겠어요.

미누친: 다시 한 번 두 분에게 상기시켜 드리겠습니다. 저는 '우리는'이라는 말을 믿지 않습니다. 저는 두 분이 다른 사람이라는 것을 믿습니다. 저는 그렇다고 확신합니다. 또 저는 두 분의 성격이 다를 것이라고 확신합니다. 그러니 이 한 시간 동안에는 자신에 대해서만 이야기하실 수 있겠습니까?

미누친은 확실히 치료 장면 안에서 가족치료 전문가로서의 위치를 매우 편안하게 느끼고 있다. 초보이자 젊은 치료사로서 내게는 이러한 위치가 현재가 아닌 먼 미래의 것처럼 보였다. 그러나 내가 이러한 시각을 갖게 되면 치료적 대화를 이끄는 역할의 선택지가 사라지므로 나의 선택지들이 제한될 것이다. 나는 여전히 '진실은 없다'라는 포스트모던적인 설명을 듣는다. 그러나 포스트모던 치료사들도 내담자가 무엇을 해야 하는지에 대한 것은 아니더라도, 치료 장면에서 치료 회기를 어떻게 진행하는지에 대해서는 권위자다.

데이비드: 좋습니다.

미누친: 제가 어디서부터 시작할지 알려 드리겠습니다. 크리스티나가 떼를 쓰는 것은 뭔가 일어난 것에 반응하고 있는 것입니다. 무엇이 일어난 것인지는 수수께끼와 같은 것인데,

저는 수수께끼를 좋아하는 탐정입니다. 그러니 (크리스티나를 향해) 이렇게나 사랑스럽게 웃는 네가 떼를 쓰게 하는 것이 무엇인지에 대해 알아보자. 왜냐하면 상황이 나아졌다고 이야기하는 것을 보면 가정에서 분위기가 달라졌다는 의미 같은데… 아니면 네가 좀 더 차분해졌든지……. 잘 모르겠네… 집에서 어떤 일이 있었는지 조금 이야기해 주렴.

캐롤라이나: 문제의 일정 부분은 딸아이의 생부와 부녀관계 때문이에요. 그 사람은 10월에 출소했어요. 지난 6년간 감옥에 수감되어 있었어요. 딸아이는 감옥에 자주 면회를 가지는 않았어요.

미누친: 크리스티나야, 너 여덟 살이지? (아동이 고개를 끄덕임) 데이비드가 왔을 때 아이는 몇 살이었나요?

캐롤라이나: 우리 애는 세 살이었어요. 데이비드는 5년간 함께 살았어요.

미누친: 그러면 지금까지 크리스티나가 알고 있는 아버지는 당신이 전부이겠군요.

캐롤라이나: 딸은 친부를 알고 있지만 사이가 좋지 못해요.

미누친: 당신은 변한 것 중의 하나가 아이의 친부가 출소했다는 점이라고 말씀하시네요.

캐롤라이나: 이제 그 사람이 출소를 했으니 크리스티나는 아빠가 자기가 상상했던 그런 사람이 아니라는 것을 알게 되겠죠.

미누친: 오, 그것 참 흥미롭네요. 그것에 대해서 조금 더 이야기해 주세요. 아이가 어떤 것을 상상했나요?

캐롤라이나: 제 생각에 대부분의 여자 아이들처럼 아빠는 영웅이고, 자신과 내내 함께 시간을 보낼 것이라고요.

미누친: 엄마가 자기에게 화를 낼 때 구해 줄 것이라고 상상할까요?

캐롤라이나: 일반적인 상황에서 구해 주지요. 제가 화낼 때만이 아니라요. 왜냐하면 제 생각에 제가 그렇게 심하게 욱하지는 않거든요. 그렇지만 크리스티나는 아빠가 와서 자신과 그 모든 것을 함께할 것이고, 머릿속에 있는 상상의 인물 그대로 일 거라고 생각했어요.

미누친: 캐롤라이나, 딸과 이야기를 나누어 볼 수 있겠어요? 아이는 제가 아닌 당신에게 반응을 할 거예요. 저는 당신이 딸과 이야기를 했으면 좋겠고, 그걸 통해서 당신이 어떻게 대화를 하는지 알고 싶군요.

캐롤라이나: (크리스티나를 향해) 네 생각에 네가 변해서 좀 더 나아진 이유가 뭐라고 생각해?

크리스티나: 왜냐하면 엄마가 저한테 화를 내거나 뭐 그랬는데, 지금은 차분하게 대해 주니까요.

캐롤라이나: 그것 때문에 네가 학교에서도 잘 지내고 차분해진 거라고?

크리스티나: 음, 엄마가 잘해 주거나 뭐 그랬잖아요. 소리도 안 지르고……

미누친: 흥미롭네요. 아이는 당신이 썩 침착하지는 않다고 생각하는군요.

회기가 중반부를 지나가는 동안에 미누친은 가족과 함께 내가 도달하지 못했던 영역을 탐색하였는데, 내가 그 부분을 탐색하지 못했던 이유는 부모와 한편이라는 것을 확실히 하는 데 집중하였기 때문이다. 여기서 미누친은 딸 대신에 어머니에게 관심을 집중하는 문을 열었다.

내가 그 가족과 진행했던 첫 회기로 돌아가 보면 부모가 나에게 크리스티나가 얼마나 문제가 많은지에 대해 이야기하려고 애쓰고 있을 때, 나는 문제를 외재화하지 않았다. 나는 이것이 세 명으로 구성된 가족체계라는 점을 "아이는 누구와 있을 때 조금 더 '즐거워' 하지요? 캐롤라이나인가요, 데이비드인가요? 아빠는 크리스티나와 캐롤라이나가 그런 식으로 관계할 때 무엇을 하나요? 아빠와 크리스티나가 그런 식으로 관계할 때는 무엇을 하세요?"라는 질문을 통해 탐색해 볼 수 있었을 것이다. 이러한 질문들을 했다면 우리는 크리스티나의 행동이 다른 가족과의 관계 역동과 동떨어져 있다는 생각에서 벗어날 수 있었을 것이다. 그들이 말하는 문제에 대한 관점에 도전하지 않았기 때문에 나는 크리스티나가 문제라는 점을 타당화시켜 준 것이다. 캐롤라이나는 이 점을 알아챘다.

캐롤라이나: 우리 아이는 아주 영악해요. 제가 무엇인가를 못하게 할 것 같으면 데이비드나 할머니, 또는 다른 사람에게 가요. "그 사람들이 해도 된다고 했어요"라고 말하기 위해서이지요. 다른 사람들이 안 된다고 말하더라도 "그 사람들이 괜찮다고 했으니까 엄마도 괜찮다고 할 거죠?"라고 말할 거예요. 애들이 그러는 것은 흔할 거라고 생각해요.

치료사: 당신은 자녀에게 오늘 여기 오는 것에 대해 이야기해 주셨나요?

여기서 나는 문제에 대해 이야기하는 것을 중단시키고 싶었다. 왜냐하면 대화 내내 부모가 아이에 대해 이야기하고 있었기 때문이다. 나는 크리스티나를 대화에 참여시켜서 가족 과정의 관찰자 이상이 되고, 부모님이 자신을 왜 상담에 데려왔는지에 대한 아동의 생각을 알고 싶었다. 그러나 나는 아이가 고의적으로 그렇게 한다고 보는 어머니의 관점에 도전할 수도 있었을 것이다. 이러한 식으로 질문한다면 말이다. "아이는 그렇게 하는 것을 누구로부터 배웠을까요? 당신일까요, 아니면 남편일까요?"

캐롤라이나: 예, 딸은 알고 있어요.

치료사: 본인이 왜 여기에 왔는지에 대해 딸과 함께 이야기해 보시겠어요?

캐롤라이나: 아가야, 여기 왜 왔는지 알고 있어?

크리스티나: ('아니요'라는 의미로 고개를 가로저음)

캐롤라이나: 엄마가 너에게 우리가 좋아지려면 우리 가정을 고쳐야 한다고 말했던 것 기억하지? 내가 너에게 말할 때, 예를 들어 숙제에 대해서 "어, 이것은 잘못했네!"라고 하면 네가 화가 나서 울고, 우리가 속상해서 싸우기 시작하잖아. 이제 더 이상 나는 그러지 않고 싶다고 했었지? 네가 기분이 어떤지 말하는 법을 배웠으면 좋겠다고 했던 것 기억나지? 그리고 가끔씩, 최근 들어 네가 많이 우는 걸 엄마가 봤거든. 네가 엄마 아빠에게 왜 우는지, 아니면 어떻게 느끼는지 말할 수 있었으면 좋겠어. 우리는 널 도와주고 싶어서 여기에 왔어. 우리는 그 누구보다 널 사랑하고, 네가 행복하기를 바라서 여기에 온 거야. 네가 겪고 있는 모든 다양한 감정을 다루는 법을 배웠으면 좋겠어. 너는 많은 변화를 겪고 있어, 그렇지?

　캐롤라이나는 자신들이 왜 치료에 왔는지에 대한 생각 틀을 펼쳐 놓았다. 나는 가족이 치료에 올 때 무엇이 문제인지에 대해 알고 있고, 치료사가 그것을 고쳐 줄 수 있다고 잘못 생각하고 있으며, 자신들이 알고 있는 것보다 더 풍부한 자원을 가지고 있다는 점을 모르고 있다는 점에 대해서 머리로는 알고 있었다. 그러나 어떤 이유에서인지 이 지식은 치료적 개입을 할 때 내 머릿속에서 나와 적용되지 못하였다. 대신 나는 가족 유기체가 치료사에게 요구하는 바에 굴복하였다. 나는 질문과 침묵을 통해 캐롤라이나의 입장을 따랐다. 여기서 관계에 대한 지식을 사용해서 크리스티나 문제 외에 캐롤라이나나 데이비드의 관계는 어떠한지에 대해 질문할 수도 있었다. 분노가 표출되기 전에는 어떠한 상황이었는지에 대해 질문할 수도 있었다. 그럼으로써 크리스티나가 무엇에 반응하고 있는지에 대해서나, 또는 아동의 반응이 가족에서 어떠한 기능을 하고 있는지를 살펴볼 수 있었을 것이다.

　또한 이것은 치료 회기 내에서 실연(enactment)을 시작하려는 나의 첫 시도였다. 실연은 치료사로 하여금 가족의 과정에 대해서 살펴볼 수 있는데, 그보다 중요한 점은 치료실 내에서 무엇이 일어나고 있는지에 대해 생각할 수 있게 한다는 점이다(가족 구성원 사이에 무엇이 일어나는지와 가족 구성원 및 치료사 사이에서 무엇이 일어나는지를 포함해서). 이 시점이 바로 치료사가 자신의 왼쪽 발을 쳐다보며 생각을 할 수 있는 지점이다. 그러나 나는 발을 내려다보지 않았다. 정면을 응시했다. 대학원생 치료사로서 나는 아무것도 하지 않는 대신에 무엇인가를 해야만 할 것 같은 충동이 들었고, 그것은 실수였다. 발을 쳐다보라는 미누친의 격언은 '아무것도 하지 말라'는 말처럼 들리지만, 무엇인가를 하기 전의 서곡일 뿐이다. 내가 가족에 개입할 때 반응적으로 했던 것보다 더 숙고하여 반응할 수 있다.

이때 나는 '영향력이 있지만 중심에서 탈중심화'하기 위해 가족 간에 이러한 것들에 대해서 대화를 나누도록 조성했다.

크리스티나: (자신감 없는 목소리로) 네.

캐롤라이나: 선생님이 뭐라고 하신지 이해했니?

크리스티나: 제가 무슨 생각을 하고 있는지 말해야 한다고 했어요.

캐롤라이나: 아주 좋아! 너는 어떻게 느껴?

(침묵)

캐롤라이나: 네 생각에는 어때? 기분이 어때? 네가 뭐라고 하든지 간에 아무도 너한테 화를 내지 않을 거야. 지금은 안전지대 같은 거야. 무슨 이야기를 해도 되니까 네 이야기를 할 수 있겠니? 그러면 우리가 서로를 잘 이해할 수 있도록 도와줄 수 있단다.

크리스티나: (조용하게) 아빠 생각을 했어요.

캐롤라이나: 어, 기분이 어때? 그냥 아빠 생각을 했다고 하면 안 되지. 그건 우리한테 알려 주는 게 별로 없지, 아가야.

(크리스티나는 여전히 침묵함)

캐롤라이나: 지금 머릿속으로 무슨 생각을 하고 있니?

크리스티나: 나는 다른 형제자매들을 못 보고 있다는 거요.

캐롤라이나: 네가 그 애들을 못 만난다는 게 어떤데? 네가 그 애들을 못 본다는 것에 대해서 기분이 어때?

크리스티나: (머뭇거리며) 슬퍼요.

캐롤라이나: 슬프다고? 네가 슬플 때는 어떤 일이 일어나니?

크리스티나: 화가 나요.

치료사: 아이가 슬프거나 화가 나면 나머지 가족은 어떤 영향을 받죠? (부모를 향해) 어떻게 하세요?

나는 여기서 문제라고 제안되는 크리스티나의 분노를 가족의 맥락으로 옮기려고 시도하였다. 그러나 성공하지 못하였다. 내 생각에 내가 언급한 것은 관계적인 것이었고, 그들에게도 어느 정도는 그러했겠지만, 여전히 문제는 크리스티나 내부에 있는 것으로 초점을 맞추는 것이었다.

아직까지 아이는 가족에게 주어진 짐이었다. 아이의 분노는 모든 가족이 유지시키고 있는 증상이 아닌, 다른 가족 구성원에게 불편한 것이 되었다.

캐롤라이나: 솔직히 딸이 그렇게 하면 우리는 화가 나요. 딸이 울고, 짜증내는 것을 보면 저희 안의 화가 차올라요. 왜냐하면 그렇게까지 하지 않아도 되잖아요.
치료사: 그럴 때는 무력감이 드시겠네요.

이 상황에 대해 가족이 무력감을 느끼고 있다고 보는 것은 크리스티나를 훨씬 덜 병리적으로 보고, 부모가 아동을 비난하기보다는 지지할 수 있도록 하며, 부모 자신의 감정 반응을 소유하도록 한다. 여기서도 나는 관계 안에서 작업을 하고 있다고 생각했는데, 여전히 기저에는 개인적 요소가 자리 잡고 있었다. 나는 캐롤라이나에게 완벽하게 좋은 공감 반응을 하였다. 그러나 그 반응은 크리스티나가 확인된 환자라고 보는 가족의 이야기를 변화시키지는 못하였다.

나는 실연을 해 보도록 촉진할 수는 있었지만, 그것이 여러 가지 목적으로 진행된다는 것을 잊어버렸다. 먼저, 실연을 할 때 치료사는 뒤로 물러서서 관찰하고 생각을 할 수 있다. 치료실 내에서 가족 구성원 간에, 또 가족과 치료사 간에 일어나고 있는 과정에 대해 관찰할 수 있게 된다. 나는 그들의 대화 내용에 휩쓸려서 공감하였다. 그러나 가족 과정에서 일어나고 있는 것에 대해서 질문을 하는 것은 놓쳐 버렸다. 만약 질문하였다면 문제를 개인의 것이 아닌 체계에 기인한 주제로 외재화할 수 있었을 것이다.

치료 회기의 이 시점에서 나는 가족으로 하여금 무슨 일이 일어나고 있다고 생각하는지에 대해 설명하도록 한 것이 잘한 것이라고 생각하고 있었다. 가족 과정의 밖에 있으면서 객관적인 자세를 취하고 있다고 생각했다. 누군가가 "휩쓸려 들어가는 것에 주의하세요"라고 말하더라도, 그것이 일어날 때 알아채고 무엇인가 다르게 해 보는 것은 쉽지 않다.

캐롤라이나: 엄마가 왜 결국은 소리를 치냐고? 너한테 질문을 하는데 네가 대답을 안 하니까. 아니면 거짓말을 하고… 그러면 너에게 사실대로 말하라고 하지. 그러면 너는 계속 거짓말을 하고… 그러면 엄마는 미친 여자가 되어 버리는 거야, 맞지?

(치료실 내에 웃음소리가 퍼짐)

캐롤라이나: 나는 더 이상 미친 여자가 되고 싶지 않아. 그래서 여기에 와서 잘못된 것들을 고치려고 하는데, 왜냐하면 네가 편안하게 지내기를 바라는 것처럼 엄마도 편안하게 지내고 싶거든. 우리가 서로 대화할 수 있게 되어서 비명을 지르고, 소리를 지르는 미친 사람들이 돼 버리고 싶지 않거든. 알겠지만 너는 화가 나면 떼를 쓰잖니. 그때 어떤 기분인지 알지? 네가 거짓말을 하고, 말을 안 하고, 사실을 말하지 않을 때 나도 그런 기분이야. 엄마는 그런 끔찍한 기분을 느끼고 싶지 않아. 그래서 우리가 여기에 온 것이고, 우리가 그렇게까지 되지 않으려고 온 거야. 이해하겠니? (크리스티나가 약하게 고개를 끄덕임) 좋아. 우리는 행복해지고 싶은 거야, 그렇지? (크리스티나가 더 약하게 고개를 끄덕임) 이것들이 최근에 우리가 이야기 나눈 거예요. (둘째 아이가 이 시점에서 더 활발하게 움직이기 시작함)

치료사: 둘째는 항상 그렇게 움직이고 흔들거리나요?

캐롤라이나: 네, 둘 다 그래요. 제가 본 중에 오랜만에 가장 차분히 앉아 있는 거예요.

치료사: 저는 크리스티나가 매우 잘하고 있다고 말하려고 했어요.

캐롤라이나 학교에서 딸아이는 우등생이에요. 머리가 매우 좋아요.

아동복지 및 심리교육자의 위치에 있기 때문에 생기는 문제점 중의 하나는 '그 문제'를 관계의 상황으로 바라보는 것이 아니라 그 문제 자체에 초점을 두는 것이다. 어머니가 크리스티나가 거짓말을 하면 '미친 여자'가 된다고 말했을 때, 그것이 어디에서 시작되는지 탐색해 볼 기회가 있었다. 분노는 어디에서부터 시작되고, 크리스티나의 행동은 어떻게 분노를 고조시키는 것일까? 이러한 종류의 질문을 캐롤라이나에게 하는 것은 나에게 큰 도전이 될 수 있었다. 그녀는 크리스티나의 행동에 대해서 내가 비난한다고 받아들일 수 있다. 그러나 나는 체계 이론을 훈련 받았기 때문에 행동은 맥락 내에서 의미가 있다는 것을 알고 있는데, 그 맥락을 밝혀 내지 않았다.

나는 크리스티나가 남동생을 여러 차례 도와주는 것을 보았다. 내가 아이에 대해 칭찬하기 시작하자, 캐롤라이나는 크리스티나가 남이 보는 것을 의식해서 교묘하게 구는 것이라고 말했다. 캐롤라이나와 데이비드 두 사람 모두 크리스티나는 다른 사람들을 관찰한다고 했다. 나 또한 크리스티나가 어떻게 데이비드처럼 관찰자, 또는 사람들을 살피는 사람이 되었는지를 연결시켰다. 캐롤라이나는 크리스티나가 얼마나 다른 사람들을 조종하는지에 대한 이야기를 하였다. 그녀는 아이가 영아기부터 그러하였는데, 아기 침대에서 사람들을 바라보면서 다른 사람들이 어떻게 하면 자기가 원하는 것을 해 줄지 알아내려고 사람들에 대해 재더라는 것이다. 나는 "어머님은 천재를 낳으셨군요?"라고 말함으로써 그 신념을 재구성하고 도전하려고 했다. 가족은 그것에 동의했는데, 아주 어린아이가 그토록 큰 영향력을 미칠 수 있다고 생각하는 것이 매우 이상했다. 천재라는 이름표는 변하지 않고 들러 붙어서 데이비드는 그 회기의 나머지 시간에 그 용어를 몇 번 사용하였다.

나는 크리스티나의 정체성을 문제아로부터 관계를 잘 아는(그런 면에서 천재인) 사람으로 확장하려고 시도했다. 그러나 캐롤라이나와 데이비드는 내가 재구성하려는 것을 거부하면서 문제가 있는 것으로 변화시켰다. 그들의 신념을 지나치게 존중한 나머지, 나는 나의 능력을 심각하게 제한했다. 여기서 우리는 미누친 박사가 가족과 진행한 회기를 살펴볼 것이다. 가족의 어머니는 나와의 치료 회기 마지막 부분에서 했던 것과 비슷한 이야기를 시작하자마자 했다. 그러나 당신이 보게 될 것처럼 대화는 너무나도 다른 방향으로 진행되었고, 그것은 매우 다른 이유들 때문이었다.

미누친: 당신은 크리스티나가 그렇게나 똑똑하다고 생각하세요?

캐롤라이나: 오, 확실해요. 크리스티나는 아주 똑똑해요.

미누친: 오, 훌륭합니다! 저는 똑똑한 아이들을 좋아해요. 저도 똑똑하거든요. 저는 60년간 소아 정신과의사였기 때문에 아이들에 대해서 많이 알고 있지요. 아이가 떼를 쓰고, 똑똑한 여덟 살짜리라면 떼를 쓰도록 한 무슨 일이 있었다는 거죠. 나는 당신으로부터 정보를 얻고 싶어요.

캐롤라이나: 아이가 네 살이었을 때, 성질이 얼마나 못됐는지 어린이집에서 쫓겨났어요. 왜냐하면 벌컥 화를 내고 다른 애들을 때렸거든요. 아이에게는 오랫동안 분노 문제가 있었는데, 제 생각에 그 원인의 많은 부분이 딸아이가 더 어렸을 때와 그 애가 가정에서 보았던 그 모든 것으로부터 온 것 같아요. 많은 부분이 제 화를 대해야 하고, 저 아이 아빠의 성격과 아빠가 가정에 함께 없다가 사라진 것 때문이라고 생각해요.

미누친: 캐롤라이나, 저는 완전히 초심자이고 당신은 자신이 잘 알고 있는 것에 대해서 이야기하고 있어요. 조금 더 자세하게 이야기해 보시겠어요? 제가 당신 집에 와 있는 것처럼 느끼도록 알려 주세요.

캐롤라이나: 딸아이가 더 어렸을 때, 데이비드와 함께 살기 전에 딸은 자기 아빠가 저를 신체적으로 학대하고, 목을 조르고, 때리는 것을 봤어요. 딸이 봤다는 것은 그거예요.

미누친: 크리스티나, 너는 기억나니? 너의 아빠가 엄마를 때렸던 것을? (크리스티나는 아니라고 고개를 저음)

캐롤라이나: 저는 아이 앞에서 그런 이야기를 한 적도 없어요.

미누친: 그러면 너는 엄마를 지키려고 해 본 적이 없니? 어머님은 아이가 어머님을 지키려고 했던 때를 기억하세요?

캐롤라이나: 네. 자주 그러지는 않았는데, 왜냐하면 폭력이 시작되면 제가 얼른 자리를 피해 버렸기 때문이에요. 그때 제가 아이를 품에 안고 있었는데, 그 사람이 저를 벽으로 몰아붙이고 목을 조르자 아이가 그 사람의 가슴을 주먹으로 때리면서 그만두라고 소리쳤어요.

미누친: 크리스티나, 기억나니? (크리스티나는 고개를 가로저으며 "아니요."라고 말함) 기억이 안 나는구나. 그렇지만 너는 영웅이었네. 너는 엄마를 지키려고 하는 아주 강인한 꼬마였구나. 멋지구나. 아이가 그렇게 했군요. 그리고 나서 당신은…….

캐롤라이나: 그 사람을 떠났어요.

나는 내담자들의 정체성을 확장시키려고 했다. 크리스티나가 사람들을 '읽을 수 있으므로' 그녀가 천재라고 하는 것을 포함해서 말이다. 그러나 캐롤라이나와 데이비드는 아이가 교묘한 술책을 쓰고 있는 것이라고 여기면서 나의 시도를 차단했다. 미누친이 크리스티나와 함께, 그리고 그녀에 대해 이야기를 할 때 얼굴이 환해지는 것을 보았는데, 그는 진심으로 아동에게 매료된 것이 분명했다. 이제 아동은 잔뜩 골이 난 아이 대신에 끔찍한 상황으로부터 엄마를 보호하려고 하는 영웅이 되었다.

미누친:	데이비드, 당신은 어떻게 크리스티나의 아버지가 되었나요?
데이비드:	같이 살기 시작하면서 그렇게 되었습니다.
미누친:	아니, 아니, 아닙니다. 그렇지 않습니다. 절대 그렇지 않아요.
데이비드:	그렇지 않다는 것이 무슨 이야기입니까?
미누친:	과정이 있다는 것이지요. 항상 과정이 있기 마련인데, 왜냐하면 캐롤라이나와 크리스티나는 서로 가까웠고 당신이 거기에 끼어든 것이지요. 당신은 캐롤라이나에게 반했고, 그녀에게는 자녀가 있기 때문에 어떤 과정이 시작되지요. 그 당시를 기억해 보고 어떠했는지……
데이비드:	캐롤라이나가 저를 집으로 오도록 허락했던 그 시점에서 저와 크리스티나의 관계가 시작되고 유대감이 생기기 시작했어요. 왜냐하면 그게 정기적이 되었기 때문이죠.
미누친:	캐롤라이나는 걱정을 많이 하는 편인가요?
데이비드:	어떨 때는요. 본인이 열정을 강하게 느끼는 것에 대해서는 그러하죠.
캐롤라이나:	걱정을 많이 하냐는 것이 무슨 뜻이죠?
미누친:	알다시피 그녀가 전 남편과의 관계에 대해 설명했는데, 그런 종류의 폭력을 경험한 사람들은 그런 비극이 언제라도 일어날 수 있다고 주시하고 매우 두려워하거든요.
데이비드:	맞습니다.
미누친:	과잉경계를 하게 됩니다.
데이비드:	맞아요.

내가 가족과 함께 진행한 두 회기 동안, 나는 문제의 영역이 크리스티나 밖에 있다고 확장시키는 방법을 강구하고 있었다. 동시에 나는 가족의 관점에 대해 매우 존중하려고 노력하고 있었다. 나는 미누친의 가르침을 잊고 있었던 것이다. 가족에 합류했을 때는 훨씬 자유롭게 도전할 수 있다는 점에 대해서 말이다. 나는 가족에 합류를 잘했지만, 부분적으로만 그러하였다. 어떠한 면에서는 나의 합류가 미약한 위협이 되어서 내가 말한 점을 부모가 마음에 들지 않아 한다면 쉽게 퇴출될 것이라고 여겼던 것 같다. 여기서 미누친은 확인된 환자를 '화가 잔뜩 나 있는 딸'로부터 옮겨 놓았고 체계를 재맥락화(recontextualized)하였는데, 여기에는 '과잉경계를

하는 어머니'가 포함되어 있었다. 그는 그 가족을 아끼는 사람으로서 이렇게 하였기 때문에 도전을 할 수 있었던 것이다. 이것은 내가 배워야 할 점을 명백하게 보여 주었다.

미누친:　좋아요. 제가 예상해 보기로 캐롤라이나는 과경계하게 되었을 것 같은데, 저는 당신이 크리스티나와 함께 있을 때 얼마나 과민해지는지에 대해 궁금합니다.

캐롤라이나:　맞아요, 저는 아주 상세하게 살펴보아요.

미누친:　우리는 서로에 대해 알아가기 시작했네요. (미누친의 지팡이가 바닥에 떨어지자 크리스티나가 그것을 집어들기 위해 움직임) (크리스티나를 향해) 고맙다, 애야. 내 밑에서 일해 보겠니? (지팡이를) 집어드는…… 농담이란다.

크리스티나:　저는 이런 것이 익숙해요. 왜냐하면 엄마가 집안을 치우라고 하시거든요.

캐롤라이나:　딸은 저를 잘 도와줘요.

미누친:　훌륭하네요. 아이가 동생인 다니엘도 잘 도와주나요?

캐롤라이나:　동생과 놀아 주고 분유도 먹여요. 저를 많이 도와주지요. 저에게는 만성 피로 증후군과 다른 건강 문제가 있어요. 아픈 데가 많은데, 약을 먹어도 듣지 않아요.

미누친:　그것은 굉장히 까다로운 질병인데, 많은 약물로 치료되고 있다는 것은 문제입니다. 그렇다면 당신은 가끔 심하게 과민해지나요?

　　나는 캐롤라이나가 만성 피로 증후군을 호소하고 있고 아픈 곳이 있다는 것도 알고 있었기 때문에 첫 회기 중에 이것을 약간 다루었다. 그녀의 신체 증상이 딸과의 상호작용의 형태를 만드는 데 영향을 주고 있다고 가설을 세웠지만, 그 영역으로 돌아가지는 않았다. 나는 미누친이 캐롤라이나의 고통에 대해 연민을 표현하는 것을 보면서 이 점을 내가 진행하는 회기 내에서 어떻게 말할지 중요한 접점을 만들게 되었다.

캐롤라이나:　네, 많이 아플 때는 짜증을 잘 내지요.

미누친:　아내가 신경질적일 때는 당신과의 관계에서 어떤 일이 일어나나요? 아내가 쉽게 화를 내나요?

데이비드:　네.

미누친:　(데이비드를 향해) 그럴 때는 어떻게 하십니까?

캐롤라이나: 저이는 저를 못 본 척해요. 왜냐하면 남편은 제가 기분이 안 좋은 상태라는 것을 알고 떨어져 있어요. 대부분은…….

데이비드: 제가 아내를 피하려고 하는 것은 아니에요. 아내에게 방해가 안 되려고 비키는 거예요. 왜냐하면 아내가 폭발할 수 있다는 것을 알고 있으니까요.

미누친: 크리스티나에게는 어떠한 일이 일어나나요? 아내에게 방해가 되지 않으려고 당신이 나가고, 아내가 신경질적이 되면……?

데이비드: 아니요, 저는 아무 데도 가지 않아요. 거기에 있어요.

미누친: 당신은 그녀가 고통스러워 할 때 방해가 되지 않게 비켜 있는 것이 도움이 된다고 알게 되셨군요.

데이비드: 맞아요, 아내가 위층에 있으면 다른 방으로 가거나 아래층에서 TV를 보지요.

미누친: 그렇게 하는 것이 도움이 됩니까?

캐롤라이나: 그렇기도 하고, 아니기도 해요.

미누친: 그렇기도 하고, 아니기도 하다고요? 아닌 면에 대해서 이야기해 주세요.

캐롤라이나: 도움이 안 되죠. 왜냐하면 제가 기분이 좋지 않을 때 남편이 함께 있으면서 저를 안아주고, 사랑한다는 것을 보여 주기를 바라는데, 그렇게 하면 좌절감이 들고 아주 외로워요.

이 순간이 바로 이 치료의 정수를 볼 수 있는 때였다. 머릿속으로는 알고 있었지만 나의 치료에서 섬세하지 못하고 어설픈 방식으로 실현하려고 분투하고 있었던 부분이다. 계속해서 관계에 대한 질문을 하면서 가족 구성원이 서로 연결되어 있다고 진실로 바라볼 때, 개인의 이야기가 아닌 가족의 이야기가 전개된다. 미누친은 기능에 대해서 질문을 하고 있었다. 그 시점에서 캐롤라이나가 아플 때 데이비드가 거리를 두었기 때문에 캐롤라이나는 대체물이 필요하게 되었다는 점이 명료하게 드러났다.

미누친: 거기에서 다니엘이 하는 역할은 무엇이지요? 아들은 다정합니까?

캐롤라이나: 다니엘은 아주 다정해요. 다니엘은 엄마만 찾는데, 크리스티나는 아빠만 찾아요. 아들은 성격이 아주 부드러워요.

미누친: 좋습니다. 여러분은 제가 지금 형사처럼 질문하고 있는 것을 보고 계십니다. 저는 맥락을 찾아내려고 하는데요, 왜냐하면 저는 분노 조절이 문제라고 생각하지 않습니다. 저는

저 나이대의 분노는 직접적인 것이고, 그것은 내면에만 있는 것이 아니라고 생각합니다. 분노는 누군가를 향합니다. 그래서 저는 당신이 신경질적일 때 데이비드와는 어떤 일이 일어나고, 다니엘에게는 어떤 일이 일어나며, 크리스티나에게는 어떤 일이 일어나는지 알기 위해 질문을 하였습니다. 왜냐하면 어떠한 일이 일어나는지 알아야 우리가 그것을 고칠 수 있기 때문입니다. 통증이 길어질수록 당신은 더 신경질적이 될 테고, 주의를 집중할 수 있는 역치가 낮아질 것이기 때문입니다. 당신은 여유가 적어질 것입니다. 당신에게 이러한 일이 일어나면 크리스티나에게 어떠한 일이 일어난다는 점을 이해해야 할 필요가 있습니다. 크리스티나가 기분이 좋다면 당신 또한 기분이 좋은 상태라는 가설을 세울 수 있습니다.

캐롤라이나: 아니요, 사실 저는 상태가 더 안 좋아졌어요.

미누친:　　그렇다면 제가 틀렸네요.

캐롤라이나: 네, 저는 상태가 아주 안 좋아져서 지난 4개월 동안 일을 하지 못했어요. 제 상태가 나빠지면서 크리스티나가 책임감이 생긴 것 같아요. 아이가 지난 6개월간 성숙해졌고, 저를 더 많이 도와주게 되었어요. 제가 더 아파지면서 우리 사이가 나아진 것 같아요.

미누친:　　훌륭하군요. 그러면 아이는 당신을 도와주는 사람이군요.

미누친 박사 옆자리에 앉아 있으면서 나는 기분 좋은 놀라움을 느꼈다. 내가 부모님으로 하여금 다른 방법으로 훈육하도록 하는 것을 넘어서서 보다 과감하게 개입하는 것을 망설였던 이유 중의 하나는 내가 틀릴 수도 있기 때문이었다. 그러나 미누친은 자신이 틀렸다는 것을 그저 받아들였다. 그럼에도 캐롤라이나는 모든 가족 구성원 사이에 보이지 않는 연결이 있고, 그녀가 통증을 느낄 때 신경질을 내는 상황에서 데이비드가 피해 버리면 크리스티나가 영향을 받는다는 미누친의 가정에 대해서는 도전하지 않았다. 이것이 내가 탐색하고자 하는 역동이었는데, 명료하게 제시하지는 못하였다. 나는 크리스티나를 구해 내고 부모가 크리스티나가 떼를 쓰거나 거짓말을 하지 않도록 돕는 데 지나치게 집중하고 있었다. 나는 아동이 폭발하는 데 있어서 무엇이 선행되는지와 그것이 캐롤라이나의 정서적·신체적 상태와 어떻게 연결되어 있는지를 보지 못하였다.

나의 목표 중 하나는 미누친의 슈퍼비전 집단에서 경험한 것에 근거하여 내담자 각자의 정체성을 확장시키는 것이었다. 내가 그 가족과 진행한 두 회기에서는 그들을 구해내야 한다는 사명과 부모가 딸을 도울 수 있도록 조력하는 것에 너무 집중한 나머지 크리스티나가 부모님을 어떻게 돕고 있는지를 보지 못하였다. 이러한 멋진 생각의 틀은 미누친이 아동을 확인된 환자 역할에서 빠져 나오도록 돕는 방법 중의 하나였다.

캐롤라이나: 네.

미누친:　이 사랑스러운 아이는 정도 많군요. 엄마가 통증을 느낄 때 어떠하시니? 엄마가 우시니?

크리스티나: 가끔은요. 거의 매번 그래요.

미누친:　오, 저런 세상에! 네가 얼마나 힘들지 싶네! 엄마에 대한 흄을 조금만 보자구나. 엄마가 아플 때 통증 때문에 우시는 거니?

크리스티나: 음, 통증이 최악일 때는 우시는데요, 대부분은 심하거나 최악의 통증은 아니에요.

미누친:　눈물을 흘리면서 우시니, 아니면 말을 하면서 우시니? "아, 나 아프다" 하면서.

크리스티나: "아프다" 하세요.

미누친:　엄마가 아파하실 때 너는 무얼 하니?

크리스티나: 엄마에게 뭐 도와드릴 거나 필요하신 것은 없는지 여쭈어 봐요.

미누친:　너는 너그러운 사람으로 자라나겠구나. 엄마가 너에게 무엇인가를 해 달라고 하시니?

크리스티나: 네, 제가 엄마에게 물이나 마실 것이 필요한지 여쭈어 봐서 엄마가 그렇다고 하면 제가 아래층으로 가서 물을 가져와요.

미누친:　너는 여덟 살인데도 어떻게 도움을 줄지에 대해 배우고 있구나.

크리스티나: 네, 엄마가 아래층으로 내려갔는데 전화기나 열쇠 같은 것을 잊어버리고 윗층에 놓고 왔을 때 저보고 가져오라고 하시면 제가 올라가서 가져와요.

미누친:　너는 친절하구나. 정말 상냥하기도 하지. 너는 여기 잘생긴 남자(데이비드를 언급하며)를 위해서도 그런 일들을 하니? 아빠가 너에게 어떠한 방식이든지 네 도움이 필요하다고 하시니?

크리스티나: 그럼요. 그것은 조금 더 어려운 질문이네요.

미누친:　내가 어려운 질문을 하더라도 너는 쉽게 대답할 수 있지?

크리스티나: 가끔 아빠는…… 음…….

미누친:　너는 어떻게 하니? 아빠가 너와 잘 놀아 주시니? 어떤 사람들은 아이들과 잘 놀아 주는데, 어떤 사람들은 정말 잘 못 놀아 주거든…….

크리스티나: 아빠는 내가 놀아 달라고 하면 알았다고 하는 사람이에요.

미누친: 너는 사람들을 읽는 방법을 배웠구나? 와, 아이가 두 분 모두를 파악하고 있네요.

크리스티나: 아빠가 아프거나 그럴 때 저는 물이나 마실 것이 필요한지 여쭈어 봐요. 보통 엄마가 편찮으실 때는 사랑을 드려요.

미누친: 친절도 하지. 학교에서는 어떻게 지내니? (크리스티나가 입을 다물고 캐롤라이나를 쳐다봄) 있지, 얘야! 내가 너에게 질문을 하고 네가 답을 모르겠을 때는 엄마를 쳐다보는구나.

캐롤라이나: 얘는 엄마가 자기를 구하러 오는 것이 익숙한가 봐요.

미누친: 그렇지만 구해 줄 사람이 필요하지 않지요. 그녀는 아주아주 똑똑하거든요. 저는 당신이 와 주신 것이 너무 다행스럽습니다. 덕분에 따님에게 푹 빠지는 기회를 갖게 되었고, 아주 좋네요. 내 생각에 두 사람은 아주 멋지네요. 이제 따님과의 관계 문제는 조금 나아졌나요?

캐롤라이나: 훨씬 나아졌어요.

미누친: 아이가 당신에게 얼마나 반응하고 있는지 아시겠지요? 당신이 고통스러워할 때 아이도 고통스러워하고 있다는 점에 대해서도요? 당신이 고통으로 인해 무엇인가를 하지 못할 때는 기능을 잘할 수가 없고, 아이는 정서적으로 고통스러울 때 기능을 잘하지 못합니다. 우리의 의견이 일치하나요?

이 시점에서 나는 시간을 멈추어서 이 부분을 액자로 만들어 명작이라고 이름을 붙이고 싶었다. 이 가족이 어떻게 연결되어 있고 서로 얽혀 있는지 드러난 것을 목격하는 것은 아주 멋진 일이었다. 이는 진정한 변화를 위한 움직임으로 보였다. 그들은 서로를 새로운 시각으로 바라볼 수 있었다. 나의 다른 일부분은 경험이 부족하고 세련되지 못한 나의 상태에 대해 알게 되면서 경외심을 느끼고 있었다. 내가 처음 회화 수업을 시작하였을 때 채색 작업을 할 수 없었던 것이 떠올랐다. 왜냐하면 회화 강사님은 내가 먼저 유화 물감, 그림용 칼, 붓의 속성을 숙지하기를 원했기 때문이다. 그것을 배우는 동안 내가 여전히 '흑백 그림 그리기'를 한다는 것을 알게 되었는데, 매체, 도구, 대상을 이해하고 이 모든 측면을 포함하여 내 의도를 실현해 내는 방법을 알게 될 때까지는 그러하였다.

3년간의 훈련 기간 동안, 미누친은 대학원생들에게 자신의 치료 녹화 영상을 보여 주기를 주저하였는데, 왜냐하면 대학원생들이 그의 치료 방식에 참여할 수가 없었기 때문이다. 대학원생들은 자신만의 방식을 찾아야 했다. 이 시점에서 나는 내 방식에 대해 흐릿한 감을 잡고 있었다. 나의 강점 중의 하나는 차분하고 진정시키는 태도다. 어떤 때는 이러한 점이 도움이 될 수 있었지만, 보다 강할 필요가 있을 때는 세련되지 못하도록 하였다. 나는 완강함을 개발하여 내담자들을 구하려고 하는 경향에 맞설 필요가 있다.

나는 미누친이 가족을 간의 연결에 집중하는 것을 계속 지켜보았다.

캐롤라이나: 그런 것 같아요.

미누친: 좋습니다. 아이는 자신이 사람들을 관찰하고 있다는 것을 알게 되었네요. 아이는 당신을 관찰하다가 당신이 통증을 느끼면 알아채지요. 아이는 정서적으로 반응해요. 멋진 일입니다.

크리스티나: 저는 엄마가 언제 통증을 느끼는지는 몰라요. 그렇지만 엄마 얼굴을 보면 엄마가 아픈지 아니면 무엇인가 잘못된 것인지 알 수 있어요.

미누친: 멋지구나! 그 말은 네가 사람들을 보는 어떤 관점을 갖게 되었다는 것을 뜻한단다. 너도 알다시피 나는 정신과 전문의인데, 정신과 전문의들이 하는 일이 바로 그런 것이란다. 우리는 사람들을 보고 이해하려고 하는데, 심리학자들도 그렇단다. 그런 것이 우리의 일인데, 너는 아주 흥미로운 아가씨로 자라나고 있구나.

크리스티나: (엄마를 쳐다보며) 그게 뭐예요?

미누친: 네가 궁금한 것이 있을 때는 데이비드를 쳐다보려무나. 엄마를 쳐다보지 말고. 데이비드를 쳐다보거라.

크리스티나: 선생님이 이야기하신 그것을 어떻게 말하는지 잘 모르겠어요.

데이비드: 정신과 전문의?

크리스티나: 네, 그게 뭐예요? 무엇을 하는 직업이에요?

미누친: 멋져요! 아이가 정말 영리하네요!

데이비드: 음, 그 사람들은 학교를 다닌단다. 의사 선생님이야. 다른 종류의 의사 선생님이지. 사람들을 이해해 주고, 어떨 때는 사람들과 그 사람들이 처해 있는 상황을 도와줄 수도 있어.

크리스티나: 아, 여기처럼요. 여기 오는 사람이 좌절을 해서 ….

데이비드: 맞아. 처음에 우리가 여기에 왔던 이유가 그것 때문이었어. 왜냐하면 네가 자주 거짓말을 하고, 학교에서 잘 못 지내고, 엄마와 나에게 매우 무례하게 굴어서 우리는 네가 뭔가

괴로운 것 같지만 무엇 때문인지를 몰랐거든. 그래서 의사 선생님에게 와서 어떠한 상황인지 알아내려고 했단다. 다른 사람들도 아마 비슷한 이유로 여기에 올 거야. 정신과 의사들은 그러한 것들을 한단다. 상황을 나아지게 만들기 위해서 무엇을 도와줄 수 있을지 알아내는 일을 말이야.

미누친: 크리스티나, 아빠도 엄마처럼 네 질문에 대답해 줄 수 있다는 것을 알았지? 엄마에게 질문하는 대신에 아빠에게 질문할 수 있다는 것도? 내가 한 가지를 알려 주려고 하는데, 엄마가 아파하고 계실 때 네가 무엇인가가 필요할 때는 아빠에게 부탁할 수 있단다.

내가 가족과의 회기를 진행하는 동안에 머릿속에 캐롤라이나와 데이비드가 다르다는 점을 확실히 강조하려고 생각하고 있었기 때문에 이러한 유형의 개입을 할 수 있었을 것이다. 아마도 나의 시각은 미누친만큼 넓지는 못한 듯한데, 왜냐하면 나에게 의미 있었던 비언어적 단서들을 보았을 때 나는 그것을 보다 개인적인 행동으로 여겼기 때문이다. 이 경우에 미누친은 누가 누구를 쳐다보았는지와 같은 비언어적 단서들을 관계적으로 보았다. 크리스티나는 자신의 엄마에게 단단히 연결되어 있었다. 그가 한 개입으로 인해 아동은 엄마의 기분이 어떠한지에 대해 많이 걱정하지 않고 새아빠와 연결될 수 있었다.

캐롤라이나: 아이가 그렇게 해요.
미누친: 크리스티나, 나는 네 아빠가 나의 직업에 대해서 너에게 이야기해 주는 방식이 매우 인상 깊었단다. 왜냐하면 아주 정확했거든. 내가 마무리해 볼게. 나는 너를 알게 되었고, 네가 아주 좋아. 왜냐하면 너는 굉장히 똑똑하고, 다른 사람들과 함께 있을 때 아주 친절하고, 미소가 아주 마음에 들거든. 네가 사람들에게 마음을 쓰는 것은 어느 정도까지는 아주 좋아. 어느 정도까지만 좋은 것인데, 왜냐하면 일시적인 것이기 때문입니다. 그러니 아이가 언제 떼를 쓰는지 생각해 보십시오. 아이가 어떨 때는 치유하는 일을 하고 있고, 그 일을 하기에는 아직 너무 어리다는 점을 생각해 보세요. 애야, 너를 만나서 아주 기뻤단다.

나는 이 회기에 참여하면서 짧은 한 시간 동안에 내가 함께 작업했던 가족과 함께 치료사가

'존재하는 방식'이 크리스티나로 하여금 분노 문제가 있는 자녀의 위치에서 치유의 역할을 하는 애정 많고 배려심 많은 딸로 이동하도록 하는 것을 목격할 수 있어서 놀라웠다. 미누친은 아동을 확인된 환자(떼를 쓰는 거짓말쟁이)에서 가족에게 매우 소중한 위치(어머니의 고통에 지나치게 연결되어 있는 애정이 많은 딸)로 이동하도록 재구성하였다. 이러한 것들이 내가 마음속으로는 목표로 삼고 있지만 성취하지 못한 것들이었다. 미누친은 또한 부모에 도전하여 다른 방식으로 행동하도록 하였다. 그가 언급하였듯이 크리스티나는 자신의 어머니를 치유하는 역할을 하기에는 너무 어리다. 아내가 딸로부터 지지를 받을 것이 아니라 남편에게 지지를 구해야 하며, 그녀의 남편은 아내에게 어떻게 도움이 될 수 있을지에 대해 보다 기민해져야 한다는 것을 의미한다.

결론

내가 두 회기 동안에 어른 가족 구성원들에게 진정으로 도전하는 것에 대해 망설이고, 무의식적으로 크리스티나를 구원하고자 하는 충동이 여기에 결합되자 비효과적이 되었다. 나는 마음속에 여러 가지 목표를 갖고 있었는데, 그것은 미누친의 훈련 동안에 배웠던 것들로서 증상을 외재화하는 것, 정체성을 확장시키는 것, 가족 조직의 더 큰 뉘앙스를 탐색하는 것이었다. 나는 이러한 목표들을 달성하지 못했을 뿐만 아니라, 확인된 환자의 정체성을 부지불식간에 축소시키고 증상들을 유지시켰다. 이 회기 직후에 우리는 치료실 내에서 보낸 시간 동안에 드러난 점들을 천천히 살펴보았다. 나는 미누친이 자주 언급하고 짧은 50분 동안에 시연한 상보성, 상호 책임, 가족 구성원이 다른 구성원을 치유시킨다는 점, 실연, 스트로크(stroking), 킥(kicking), 그리고 치료사 자신을 도구로 사용하기 등의 여러 가지 주제에 감명을 받았다. 내가 그 가족의 치료를 진행해 보았기 때문에 더욱 그러하였다. 다른 사례의 설명이나 이론 강의를 몇 시간 듣는 것보다도 그 50분 동안에 더 많이 체험적으로 배웠다.

많은 면에서 내가 '잘 모름의 자세를 가진 전문가(uncertain expert)' 또는 '탈중심화하지만 영향력 있는 치료사'가 되는 여정은 내 왼발을 쳐다보는 기술을 완벽하게 다듬는 것과 관련이 있다. 초반 몇 번은 가족이 나와 대화하기보다는 서로 대화할 수 있도록 시도하였지만, 나는 시선을 돌리는 것과 나 자신의 역할을 작게 만드는 것, 가족과는 다른 것에 초점을 두는 것을 잊어버리는 바람에 실패하였다. 지나치게 빨리 무엇인가를 하거나 중단시키면서 나 자신에게 생각할 시간을 주지 못했고, 또는 아무것도 하지 않음으로써 개입하는 여유를 갖지 못했다. 그러나 치료자로서 성장하면서 미누친이 호문쿨루스, 또는 '작은 자기'라고 칭하는 것이 나에게 있고, 그것은 내가 너무 가족에게 가까이 다가가 있으니 듣기만 할 것이 아니라 바라볼 수 있는 거리가 필요하다고 말해 줌을 깨달았다.

나는 언제 치료사로서의 자신감이 생겨서 나이나 외모가 어떠하든 그것을 넘길 수 있고, 나 자신이 이해할 수 있는 방식으로 위험을 감수하고 가족에게 도전할 수 있을지 모르겠다. 그러나 그렇게 해야 한다는 것을 알고 있고, 아마도 그것은 내가 가질 수 있는 가장 강력한 힘 중의 하나일 것이다. 보아야만 하는 것이 무엇인지 볼 수 있다는 점 말이다.

여러분에게 내가 '실패'했고, 그로부터 배웠다고 생각하는 사례를 제시하였다. 내가 지식이 있고, 또한 모르는 영역도 있다는 것을 안다. 그리고 이제는 생각했던 것보다 더 많이 위험을 감수할 수 있음을 깨달았다. 미누친과 작업을 하면서 나는 여러 면에서 성장하였다. 우리가 함께 작업하던 초반에 내가 잘못 생각하고 있었던 점은 구조적 가족치료를 완벽하게 실시하는 방법을 배우게 될 것이라는 점이었는데, 실제로는 그렇지 않았다. 나는 미누친으로부터 소중한 기법과 개념을 배워서 내 방식대로 적용할 수 있었는데, 그러면서 보다 다재다능하고 덜 편협한 치료사가 될 수 있었다. 치료실 안에서 가족과 함께 있을 때, 나는 듣기능력보다는 행동과 패턴 및 상호작용을 이끌어내는 가족의 체계를 이해하고 평가하며, 나 자신을 관찰하고, 내가 그 체계에 어떻게 영향을 미치는지 관찰하는 것을 신뢰하게 되었다. 그리고 내가 편안하게 느낄 수 있는 것은 나 자신의 방식뿐이며, 내가 통찰력을 발휘할 때 나는 고유한 전문성이 있다는 것을 배웠으며, 내가 하는 말을 신뢰할 때 내 목소리에는 힘이 생긴다는 것을 믿는다. 관계적인 질문을 하는 데에는 노력이 필요하지만, 그 결과는 기술을 발전시키기 위한 노력을 할 만한 가치가 있다. 무엇보다도 그러한 경험은 나로 하여금 보다 나은 구조적 가족치료사가 될 수 있도록 도왔으며, 그것은 도전해볼 만한 일이다. 나의 '실패'와 미누친 박사의 '성공'에 대한 비교 분석에서 배웠던 점들을 통해서 당신도 자신과 내담자 가족과의 작업에 대해 새로운 방식으로 바라볼 수 있게 되기를 기대한다.

무엇을 배울 수 있는가

이 장에서는 젊은 초보 치료사와 나이가 더 많고 매우 숙련된 치료사를 비교하였다. 각자는 동일한 목표를 성취하려고 시도하고 있었는데, 바로 가족을 문제에 갇힌 상태로부터 보다 조화로운 경험을 하는 상태로 이동시키는 것이었다. 한 치료사는 성공을 거둔 반면, 다른 치료사는 성공하지 못하였다. 이 부분에서 우리는 통상적인 질문들을 각각 살펴보고, 두 치료사 간의 차이점에 대해 기술하고자 한다.

치료사

워커 씨는 가족에 합류하고자 하나, 회기가 시작되기도 전에 가족의 어머니가 나이와 자격증을 문제 삼으면서 그 시도는 약화되었다. 그러나 그녀 또한 자신의 능력에 회의를 품고 회기를 시작하기도 전에 수행 불안을 드러내면서 스스로를 불리하게 만들었다. 그럼으로써 그녀는 조작성을 잃게 되었고, 전문가로서의 위치에 서지 못하였다. '잘 모르는 자세의 전문가'가 되는 대신에 그녀는 '잘 모르는' 사람이 되었다. 자신을 믿지 못하고 가족의 이야기에 도전하지 못하였다. 또한 당시에는 자신이 얼마나 체계적 방식보다는 개인적 방식으로 상황을 보고 있는지를 인식하지 못하고 있었다.

증상의 외현화

로드리게즈 가족은 딸인 크리스티나를 확인된 환자라고 하였다. 그들은 딸에게 떼쓰기, 울적함, 행동 문제가 있으며, 딸이 친절하게 행동하는 것도 사실은 조종하려는 행동이라는 견지를 취했다. 워커 씨는 이러한 설명에 도전하고 싶어 했다. 그러나 그녀는 어떻게 해야 하는지 잘 알지 못했다. 그녀가 처음에 시도한 것은 크리스티나가 사람들을 관찰하고 자신이 원하는 대로 무엇인가를 하도록 하는 능력을 '천재'라고 일컫는 것이었는데, 부모는 다른 사람을 조종하고 골칫거리 자녀라고 봄으로써 그 시도는 혼란스러워졌다. 이 치료사가 증상을 외재화하는 데 애를 먹었던 것은 그녀가 대인 간의 연결에 대해 협소한 시각을 지니고 있었던 데 기인한다. 그녀는 개인에게 공감적이 되는 것에는 매우 탁월하다. 그러나 가족치료에서는 치료사가 가족의 과정을 이해하는 것이 요구된다.

　미누친은 크리스티나의 행동을 가정의 분위기와 연결시키면서 가족의 이야기를 빠르게 해체시켰다. 그는 크리스티나의 행동이 개선되는 것은 가정 내에서 무엇인가가 변화되었기 때문이라고 알려 준다. 여기에는 자녀와 부모는 서로 연결되어 있음에 대한 이해가 내포되어 있다. 회기의 후반에 미누친은 캐롤라이나가 결혼생활에서 폭력을 경험했다는 것을 알게 되었고, 이로 인해 그는 크리스티나 행동의 일부분은 어머니를 보호하려는 방법이었다는 가정을 한다. 그리고 그는 캐롤라이나의 신체 질병에 대해 알게 된 이후, 모녀가 어떠한 식으로 연결되어 있는지에 대해 이야기를 나누었다. 이것이 다시금 개인의 문제인 것처럼 여겨졌던 것을 가족체계의 기능을 수행하고 있는 증상으로 바꾸어 놓는다.

정체성의 표층

　치료사와 진행하는 회기 동안, 치료사의 정체성을 포함하여 개개인의 정체성이 크게 변화하지는 않았다. 첫 회기가 시작되기도 전에 치료사 자신과 가족은 이미 치료사를 전문가가 아니라 불안에 떠는 어린 대학원생 치료사로 여겼다. 치료사는 자신을 바라보는 방식을 어떻게 개선시켜야 할지 알지 못했는데, 만약 그렇게 할 수 있었다면 로드리게즈 가족은 그녀를 다르게 보았을 것이다. 그것은 치료적 관계에 있어서 가능성을 열어 줄 수 있다. 치료사는 크리스티나의 정체성을 화가 나 있는 아이에서 영민한 인물로 이동시키려고 시도하였다. 그러나 부모는 이 시도를 약화시켰다. 그녀가 가족과 회기를 진행하는 동안, 부모의 정체성을 변화시키려는 시도는 없었던 것으로 보인다.

　자문 회기 내내 미누친은 자기 자신과 정체성의 다양한 층을 활용할 수 있었는데, 이를 통해 가족이 새로운 경험을 향해 나아갈 수 있도록 도왔다. 그는 연로한 정신건강의학과교수로서 회기에 들어왔다. 가족은 그를 교수이자 가족치료사로 여겼는데, 이로 인해 그가 하는 이야기를 들을 준비를 마친 위치에 서도록 했다. 그러나 미누친은 수수께끼를 사랑하는 탐정으로, 잘 알지 못하지만 희망에 찬 전문가라고 자신을 제시함으로써 이러한 정체성 역할을 하였다. 이것은 로드리게즈 가족이 그에게 합류하여 자기 가족의 딜레마에 대한 수수께끼를 탐험하도록 하였다.

　치료사가 문제아로서의 크리스티나의 정체성을 확장시키지 못하였던 데 반해, 미누친은 크리스티나가 사람들을 관찰하는 특징을 강점으로 변환시켰다. 그는 크리스티나를 분노 때문에 행동 문제를 보이는 아동의 위치에서 정이 많고, 동정심이 많으며, 다른 사람을 잘 돕고, 사회적 관찰력이 있으며, 어머니를 보호하는 매우 영리한 소녀의 위치로 이동시켰다. 이를 통해 가족은 크리스티나를 새롭게 바라볼 수 있었다.

미누친은 데이비드를 항상 침착하며 냉담한 남편으로부터 (엄마에게 지나치게 연결되는 대신에) 크리스티나가 찾아갈 수 있는 (새)아버지의 위치로 이동시킴으로써 그의 정체성을 향상시켰다. 캐롤라이나와의 작업 시에 미누친은 그녀를 데이비드와 구별하였다('우리'에서 서로 다른 두 사람으로의 이동). 그는 엄격한 사람, 구원자, 그리고 고통을 겪고 있는 사람으로서의 그녀의 역할들과 연결할 수 있었고, 이를 통해 그녀의 이러한 면들이 어떻게 다른 가족 구성원과 연결되어 있는지 설명하였다.

가족 조직

로드리게즈 가족은 네 명으로 구성되어 있지만, 그들의 하위체계는 다양하다. 하위체계 중 일부는 엄마-딸/수감 중인 부친, 엄마-남편/딸, 엄마-딸/남편, 엄마-남편-아들/딸이다.

치료사는 엄마-아빠 하위체계에 주로 머물렀는데, 이는 딸에게 위계적 위치에 있었다. 가족의 다양한 하위체계에 대한 제한적인 관점 때문에 치료사는 이미 형성되어 있던 부모의 관점 안에서 작업하는 덫에 빠져 있었다. 그녀는 이 밖으로 빠져나올 수 없었고, 탐험의 기회를 보지 못하였다.

미누친은 회기를 시작하자마자 하위체계의 이러한 제한된 관점에 도전하였다. 엄마가 자신과 남편을 지칭하기 위해 '우리'라고 언급하였을 때, 미누친은 재빨리 자신과 그의 아내가 얼마나 다른 의견을 가지고 있는지에 대해 이야기를 하면서 캐롤라이나와 데이비드 또한 의견이 다를 것이라고 하였다. 이를 통해 부모는 구별된 독립체로 분리되었고, 이 때문에 그는 회기가 끝날 무렵에 크리스티나에게 엄마보다는 새아빠를 찾아갈 수 있다는 점에 대해서 말해 줄 수 있었다.

비슷한 가족 구조를 지닌 두 가족

미누친의 해설

크리스티나와 가족에 대한 읽기를 끝마치면서, 요청컨대 제4장에서 만났던 보이드 가족을 찾아보라. 이 두 가족은 공통적인 구조 특성을 지니고 있다. 두 가족 모두 재혼가족으로, 어머니들이 이전 결혼 시 낳은 딸을 두 번째 결혼에 데리고 왔고, 현재는 부부 사이에서 얻은 어린 자녀가 있다. 보이드 가족에 대해 말할 때, 나는 치료사가 가족을 분리된 하위체계로 해체하였다고 했다.

내가 전체를 분리된 하위체계로 나누었을 때, 위치를 이동했던 맥락은 다음과 같은 패턴이 있음이 분명해졌다.

- 부모의 주된 관심은 딸의 파괴적 행동임
- 부모는 딸을 철저히 감시하고 통제함
- 모녀는 고통스러울 정도로 가까움
- 남편은 모녀 간의 교류를 수동적으로 지켜봄
- 딸의 행동 문제에 집중함으로써 남편과 아내의 교류는 줄어듦

그렇다면 재혼가족과 작업할 때 다음과 같은 통상적인 질문에 대해 고려하는 것이 필요하겠다.

1. 아내가 남편을 사랑하는 것이 그녀의 딸에게 위협적인 일이 되는가?
2. 아내가 그녀의 딸을 사랑하는 것이 남편에게 위협적인 일이 되는가?
3. 친모는 남편이 자신의 딸에게 아버지 역할을 하는 것을 허용하는가?
4. 딸은 남편과 아내 사이의 갈등과 거리감을 크게 만드는가?

여러분이 보았듯이, 로드리게즈 가족과 작업을 시작할 때 나는 로드리게즈와 보이드 두 가족 모두와의 작업을 안내해 줄 지도를 사전에 갖고 있었다. 왜냐하면 그들은 어느 정도 특성이 비슷하기 때문이다. 그러나 '미누친'은 다른 미누친이다. 같은 지도를 따르지만 나는 다른 맥락

을 따라가게 되고, 10년이 지나면 나는 다른 작업 방식을 지닌 다른 사람이 된다.

나는 먼저 휘트니(보이드 가족의 딸)와 함께 가족에게 도전(증상을 가지고 있는 사람이라는 것에 도전하는 것)하였다. 나는 청소년에게 합류해서 은유의 의미 또는 특정한 은유의 의미를 인지적으로 탐색하도록 하였다. 이후 나는 그녀에게 자신의 행동에 대한 어머니의 반응을 탐색하고, 그들 모녀의 고통스러울 정도로 가까운 관계에 자신이 기여하고 있는 점에 대해 스스로 탐색해 보도록 하였다.

크리스티나와 작업할 때는 어리고 똑똑한 그녀와 놀며 자연스럽게 합류하였고, 우리의 만남에 대한 즐거운 감정을 표현하였다. 나는 어린 아동과 작업할 때는 의미를 고려하는 대신에 자연스러운 기쁨을 활용한다.

보이드 가족과 작업하면서는 나 자신을 중간 위치에 두었다. 초반에는 가족이 알아차릴 수 없는 기법을 고안하였는데, 그것은 의도적으로 아버지를 '형사님'이라고 부르면서도 그가 통제하는 것에는 도전하는 것과 같은 것이다. 나는 언어 유희를 이용하고, 유머와 역설을 사용했으며, 전반적으로는 이 부부를 지켜 주려고 하고 가족의 어머니를 공감하는 부친처럼 느꼈다.

로드리게즈 가족과 작업할 때 나는 보다 즉흥적이고 가까이 있었다. 교육자로서의 나 자신을 사용하면서 캐롤라이나의 신체적 고통의 본질과 그녀의 고통이 돌봄 행동에 미치는 영향에 대해 탐색하였다. 나는 아동에게 아버지와 대화하고 엄마인 캐롤라이나에게 향하는 것을 그만두도록 안내하였다. 내가 워커 씨의 슈퍼바이저라는 사실이 내 반응 특성에 영향을 준 것으로 보인다. 왜냐하면 나는 치료사와 그 가족의 선생님처럼 느끼기 때문이다. 뿐만 아니라, 나이가 든 사람으로서 나 자신이 더욱 즉흥적이 되고 인지적으로 자제하는 것을 덜 하도록 허용하고 있다.

나는 가족 조직에 영향을 받은 같은 '미누친'이지만 인생의 다른 단계에 있고, 다르게 반응하는 사람이라는 사실을 독자들이 알아 주었으면 한다. 또한 내 왼쪽 어깨 위 호문쿨루스의 중요성과 그가 인생의 다른 단계에서 어떻게 변화하였는지 고려해 주기를 바란다.

제 10 장

너무 가까워서 편하지 않은

로잔 파스칼

　결혼과 가족치료의 석사과정 대학원생이었던 시절, 나는 운 좋게도 매주 미누친 박사가 진행하는 컨설팅 집단에 참여할 수 있었다. 이론 강의에서 들은 구조적 치료의 간략한 개요를 통해 나는 미누친 박사의 방식이 내가 배워 온 포스트모더니즘 치료보다 직접적이고 직면적인 치료 방식이라는 것을 알 수 있었다. 이 모델이 나의 감수성과 맞을지 확신할 수는 없었지만, 이 분야의 창시자 중 한 분과 함께 공부할 수 있는 기회를 놓칠 수는 없었다.

　이 훈련을 받는 동안에 미누친 박사는 스스로를 관찰하는 치료사가 되는 것의 중요성과 우리의 인생 경험이 치료사로서의 강점과 맹점을 형성하는 데 영향을 준다는 점을 자주 이야기였다. 그는 우리에게 우리가 걸어온 길과 아직 걸어갈 수 있는 길에 대해 자각하도록 격려하였다. 학습의 과정은 궁극적으로 말이 아니라 행동하는 것이다.

　초보 치료사로서 나는 치료 양식이나 접근 방식을 아직 개발하는 과정에 있다. 이탈리아 혈통을 가진 뉴욕 출신인 나의 충동은 솔직하고 직설적이다. 그것과 대조적으로 나는 침착하고 현실적인 태도를 갖고 있으며, 이러한 점이 내담자들을 편안하게 해 주는 것처럼 보인다는 이야기를 들었다. 아직 초보인 나는 이 시점의 훈련 상태에서 그리 많은 내담자를 만나 보지는 못했다. 그럼에도 불구하고 나는 치료사로서의 나에게 영향을 미칠 수 있을 만큼의 충분한 삶의 경험을 가지고 있다. 나는 여성이자 딸이고, 누군가의 전 부인(ex-wife), 싱글맘, 예술가, 직장 동료이자 친구다. 나는 부모를 잃었고, 집에서 멀리 이사를 했으며, 생명을 위협하는 병을 앓아 보았고, 이제 반 백년이라는 중년의 시기와 빈 둥지의 고독함을 느끼는 시기에 접어들고 있다. 20년간 방송국의 프로듀서로 일을 한 후, 나는 새로운 길에 발을 내딛었으며 이제 남을 돕는 데 내 에너지를 쓰고 싶다는 일생일대의 꿈을 향해 가고 있다. 이 장을 통해 나는 이 길을 막 시작하여 치료시 일어나는 문제를 해결할 때 특히 근접성과 같은 유사한 도전에 직면하는 후학들에게 도움이 되기를 바란다.

한 부부에게 반응하는 치료사

미누친 박사의 컨설팅 집단에 참여할 때, 나는 성역할, 권력과 권위에 관련된 가정 문제를 다루기 위해 치료에 온 리디아와 카를로스라는 젊은 부부와 함께 작업했다. 이 내담자들과 함께 작업해 나가면서 나의 개인적인 목표는 내가 배운 구조적 가족치료의 원칙들로 효과적인 치료가 될 수 있을지를 보는 것이었다. 그와 동시에 많은 다른 가족치료 모델이 내 머릿속에 생생하게 떠올랐고, 어떤 특정 접근 방식에 더 적합할 것이라는 나의 능력조차 의심스러웠다. 치료실에서 나는 자주 당혹스러움을 느꼈다. 나는 내 직감에 따라 내게 보이는 그들의 장애물들을 밝히도록 적극적으로 도와주고 싶었다. 하지만 동시에 보다 우아하게 작업하기를 원했고, 또 그들에게 단순한 해결책을 주는 것이 효과가 없다는 것을 이해하고 있었다. 내 의견을 찾기 위해 고군분투했다.

한 컨설팅 시간에 우리 중 한 집단원이 커피를 마시자 미누친 박사는 아주 도발적으로 '치료에 오는 모든 가족은 잘못되었다.'는 말을 하였다. 방에 있던 사람들에게서 헉 소리가 동시다발적으로 들려왔다. 이것을 읽은 비규범적인(non-normative) 포스트모더니즘 동료들은 이 선전포고 후에 따라올 다음 말을 알기에 안심할 수도 있을 것이다. 이 부분이 바로 미누친 박사의 놀랍고 직면적이라고 느껴지는 방식이 사실은 늑대의 옷을 입은 순한 양처럼 가장 공감적이고 존경할 만한 방식 중 하나임을 보여 준다. '내담자는 항상 잘못되었다.' 하지만 그들이 잘못된 이유는 '그들이 자신에 대해 생각하는 것보다 더 가진 것이 많기 때문이며, 그들이 아직 인식하지 못한 사용가능한 대안들을 가지고 있기 때문이다.'

미누친 박사는 초보 단계 치료사들도 동일하다고 이야기하였다. 나의 경험은 비록 다양한 이론과 개입 방법에 대해 배웠지만 치료실에 들어서는 순간에 불가피하게 본래의 나대로 행동하게 되고, 하나의 (혹은 여러) 치료적인 접근 방식이 나를 이끌어 주기를 바라며 매달렸다. 내가 본능적으로 행동하기 시작하면 인지적 사고의 길을 잃고 가족드라마 속으로 빨려 들어가는 것을 발견했다. 나는 대부분 이러한 근접성의 문제 때문에 사용가능한 대안들을 찾아내는 것이 어려울 때가 많았다.

내가 초보 단계에 있는 치료사로서 했던 보편적인 실수는 무엇인가를 하기 위해 너무 적극적이었다는 점이다. 실제로 나는 무엇인가를 해야 한다는 **책임감**을 느꼈다. 나는 나에게 관심을 요구하고, 해결책을 찾고 있는 내담자들 앞에서 가만히 앉아 아무것도 하지 않는 것이 어렵다는 것을 알게 되었다. 나의 내담자들을 너무나도 돕고 싶어 하는 나의 적극적인 모습이 나를 그들과 마찬가지로 그들의 갈등에 갇히게 만들었던 것이다. 초보 치료사로서 이 부분에 대한 역량개발이 치료실 내에서의 나의 영향력과 내담자들에게 도움을 줄 수 있는 능력을 키우는 것에 가장 큰 영향을 미칠 것이라고 믿고 있다.

카를로스와 리디아의 사례에서 나는 야망적이고 주장적인 젊은 부인과 상냥하고 순종적인 남편을 만날 수 있었다. 그들은 리디아와 전 남편 사이의 두 아이와 그들 사이의 6개월 된 아기가 있었다. 리디아가 그들 관계의 공평성과 주도권(initiative)에 관련된 문제들을 논의하기 위해 처음 치료를 시작했다. 그녀의 불만은 먼저 육아에 대한 책임이나 집안일 배분 등 보편적인 가정 내 불화 등이었고, 더 나아가서는 보다 복잡한 재정적인 부분, 공동 양육과 친밀감 부족에 대한 불만을 가지고 있었다.

리디아는 하루 종일 세 명의 어린 아이를 보살피는 일로 지치고 좌절해 있었다. 그녀는 자신이 '거칠' 때가 있다는 것은 인정하지만 자신의 거친 말투는 가족에 대한 사랑과 염려로 인한 것이라고 주장했다. 리디아는 직접적으로 카를로스를 확인된 환자(문제시되는 개인), 즉 변화가 필요한 사람으로 지목했다. 카를로스는 대부분 소극적이면서 방어적인 자세를 유지했다. 그는 자신의 성별과 문화적 규범으로 인해 부여된 주도권을 당연하게 즐겼다. 그는 영향력을 가지려고 노력해 보았지만 자신이 말이 많고, 생각이 부족하다는 것을 알게 되었다. 그의 반응은 완전한 방어와 순종적 기질 사이에서 갈팡질팡 했다. 그는 이중구속(double blind)에 빠져 있었다. 리디아는 그가 운전을 하길 원한다고 말을 하지만, 리디아가 정한 길에서 벗어나지 않았다고 주장했다.

미누친 박사는 우리에게 선호하는 치료적 입장은 적극적이지만 탈중심적인 것, 즉 무엇보다도 가족 내 관계에서 메타(meta)적인 자리를 유지하는 것을 가르쳤다. 처음에 난 어떻게 탈중심적이면서 적극적일 수 있는지 이해할 수 없었다. 하지만 차차 나는 이 개념을 너무 글자그대로 이해하고 있음을 볼 수 있었다. 이것은 치료적인 방식에 대한 이야기이기보다 내가 이 가족 구성원들 사이의 역동에 얼마나 중심적인 역할을 하느냐의 문제였다. 그들이 서로 이야기하는 것이 아니라 나에게 이야기를 하고 있나? 내가 한 사람에게 다른 사람이 무슨 이야기를 하고 있는지 설명하고 있나? 만약 내가 이런 행동 중 하나를 하고 있다면 나는 역시 중심적이다. 적극적인 태도를 가지고 이 가족의 체계에 참여하여 대안을 볼 수 있도록 자극하거나, 지시하거나, 돕는 것이 적절하다는 미누친 박사의 가르침은 내게 너무 어려운 가르침이었다. 다음에 제시한 축어록에서 당신은 내가 이 부부 사이의 역동에서 너무 중심적인 역할을 함으로써 무의식적으로 그들이 나에게 인정이나 거절, 그리고 궁극적으로 해결을 바라는 방향의 치료적 과정을 유지해 온 것을 볼 수 있다. 나는 가족치료사가 아니라 나쁘게 말하면 판사이자 배심원이었으며, 기껏해야 조언자나 상담사였다.

미누친 박사의 가르침의 초석인 이 근접성의 개념은 내가 치료에서 실천하기 가장 어려운 것으로 밝혀졌다. 이 분리된 관심(detached concern)을 유지하는 능력에서 나의 일관성 없는 모습은 내가 시도한 많은 개입을 좌절시켰고, 나와 내담자들이 변화할 수 있는 가능성을 제한시켰다. 미누친 박사와 나의 사례를 검토하며, 나는 내담자들이 증상을 유지하도록 하고, 한정된 자기 인식에 계속해서 갇혀 있도록 하였으며, 그들의 관계 역동에 내가 어떻게 빠져 들어갔는지를 자각하게 되었다.

다음은 내가 권위와 근접성에 관련된 문제들로 분투하는 과정을 담은 축어록이다. 이 부부에 합류하는 것과 그들의 많은 불평에 휩쓸리는 것 사이의 구렁텅이에 빠지지 않으려는 나의 시도를 나누고자 한다. 내가 해당 회기 당시에 무엇을 하고 있었고, 왜 그렇게 하고 있었는지에 대해 독자들에게 하고 싶은 말들은 오른쪽 옆에 제시하였다.

회기 1: 로잔의 인터뷰

너무 연결됨

카를로스는 첫 시간에 지각했다. 나는 리디아를 방으로 들어오게 해서 함께 카를로스를 기다리는 실수를 저질렀다. 이 시간 동안에 그녀는 그의 많은 잘못된 부분에 대해 이야기를 하였다. 돌이켜 보니, 특히 첫 시간이었기 때문에 나는 카를로스가 도착하는 것을 기다렸다가 회기를 시작했어야 했다. 카를로스가 없는 몇 분 동안에 나는 리디아의 좌절과 분노에 대한 내용을 알게 되었고, 이를 통해 나는 그녀가 거만하다는 오염된 견해를 갖게 되었다. 이 대화를 통해 그들이 한 사람은 위, 한 사람은 아래(one up, one down)의 상보적인 관계 패턴을 가지고 있다는 느낌을 갖게 되었고, 첫 회기의 초기에 나는 카를로스에게 나를 소개하고 그와 합류하기 위해 유머를 사용하는 동시에 그의 순종적인 자세에 장난스럽게 도전하였다.

치료사: 카를로스, 오늘 여기에 왜 오셨나요?	
카를로스: 리디아가 우리가 와야 한다고 말했어요.	
치료사: 당신은 그녀가 말하는 것을 모두 하나요?	그가 순종적인 입장에서 말하는 것에 주목하고, 이러한 표현에 도전했다. 이 말을 하며 나는 미소 짓고 있었고, 이 미소는 그가 그것을 도전으로 경험했음에도 불구하고 그것을 인정하도록 하였다.
카를로스: 뭐, 그러려고 노력하고 있어요.	
치료사: 당신은 내가 말하는 것이면 무엇이든 할 건가요?	그가 성실하게 답하는 것을 보았기 때문에 나는 계속해서 그를 장난스럽게 자극하며 그의 입장에 도전했다.
카를로스: 아니요, 물론 저도 여기에 있고 싶죠. 우리의 관계를 개선하기 위해.	
치료사: 상담에 오는 것은 당신의 생각이었나요?	리디아의 계획이었다는 것을 알고는 있었지만 그들이 어떻게 의사결정을 하고, 그가 나의 도전에 어떻게 반응하는지 탐색하고 싶었다.
카를로스: 솔직히 말해 우리 둘 다 상담을 받는 것에 동의했다고 생각해요.	
치료사: 어떤 문제들이 있는지 말해 줄래요?	
카를로스: 제가 여기 늦은 것만큼이나 단순한 거예요. 누구의 잘못도 아닌 거죠? 그녀는 나에게 2시까지 여기 오라고 했어요. 전 시간에 맞춰서 오고 있었어요. 그런데 차가 막혔고, 예상치 못하게 학교 근처 어린이보호구역(school zone)에	

간혀 버렸어요. 여기 오기 전에 머리를 자르고
왔는데, 보통 그건 20분밖에 안 걸려요.

치료사: 타당하게 들리네요. (리디아를 쳐다봄)

나는 회기 전에 리디아와의 이야기를 통해 그녀가 그의 지각에 대해 괜찮아 하지 않는다는 것을 알고 있었다. 나는 수용적인 관점을 제안하여 그녀의 확신에 도전하고, 다른 해석 가능성을 보여 준다.

이 시점에서 나는 그들이 둘 다 나와 이야기하기보다는 서로 교류하기를 원했으며, 나는 거리를 좀 두고, 내용에 관여하지 않으려고 하였다.

리디아: 뭐, 저는 이게 타당하다고 생각하지 않아요,
왜냐하면 전 당신이 어떤 것을 대하는 방식은
당신에게 그것이 얼마나 중요한지를 보여준다
고 생각하거든요. 저도 다른 할 일이 있었어요.

치료사: 서로 이야기하세요.

리디아: 난 오늘 당신이 우선순위를 헷갈렸다고 느껴
요. 돈을 버는 직장에서 나와 머리를 자르는데
돈을 쓰고, 머리를 자르는 것 때문에 역시 약
속에 늦었잖아요. 이 약속이 더 중요하니까 당
신은 바로 여기로 왔어야 했어요.

치료사: 보통 두 분은 이렇게 지내시나요?

내용에 깊이 빠지는 것을 원치 않아 나는 그들이 관계하는 방식에 주의를 두고, IP(확인된 환자)를 카를로스로부터 그들의 관계 방식으로 확장하였다.

카를로스: 아니요, 이건 꽤 부드러운 걸요.

리디아: 이건 사실 평소에 하는 것보다 굉장히 약한 편
이에요.

치료사: 평소에는 어떠신가요?

리디아: 언성이 높아지죠.

내담자 서로가 이야기하도록 하는 것은 내가 앉아서 생각할 수 있는 여지를 준다는 것을 미

누친 박사에게서 배웠다. 그리고 나는 그렇게 했다고 생각했다. 하지만 축어록을 돌아보니 이 치료의 첫 시도에서 너무 빨리 개입했다. 난 내가 내용적인 부분에 너무 빠지는 것을 원치 않는다는 것을 알았지만 그들이 서로를 대하는 방식을 이해하도록 하기 위해 충분한 상호작용을 허락하지 않았다. 그리고 나서 내가 그들의 방식을 관찰하기보다는 그들에게 그들의 관계를 설명하라고 했다. 개입하고자 한 노력과 이 상황에 대한 나의 빠른 친숙함이 나를 너무 가깝게 그리고 중심에 있도록 하였다.

컨설팅 과정에서 미누친 박사는 내담자들이 우리에게 어떤 영향을 미쳤는지를 이야기해 보라고 하였다. 왜냐하면 이러한 영향이 우리가 치료실에서 하는 행동에 영향을 미칠 수 있기 때문이다. 나는 이 여자가 관계에서 너무 강하다고 생각했고, 내가 이 여자에게 답답함을 느끼고 있음을 알 수 있었다. 나는 나의 개념화가 체계적이라고 생각했지만, 난 그 부부와 동일한 방식으로 관여하고 있었다. 그들은 하나의 IP(카를로스의 무관심)를 치료에 가져왔고, 나는 하나의 IP(리디아의 공격성)를 치료에 가져 왔다. 나는 그들의 관계에서 리디아가 카를로스의 목소리를 억압하는 것이 해결해야 할 핵심적인 문제라고 생각했다. 나는 카를로스가 리디아의 밑이 아닌 옆 자리에 있지 않는 이상 이 관계는 계속해서 악화될 것이라고 느꼈다. 하지만 수동적이고 순종적인 카를로스로부터 그의 정체성을 확장하고자 하는 나의 노력은 거만하고 지배적인 리디아로부터 그녀의 정체성을 확장하고자 하는 동등한 노력이 수반되지 않았다. 그 이유는 리디아의 말하는 방식에 내가 내면적으로 반응을 했고, 따라서 내가 그녀에게 너무 가까워지게 만들었으며, 이는 그녀가 가장 익숙하게 보여주는 자기(Self)를 넘어 볼 수 있는 나의 능력을 제한했다.

갈등의 중심에서

다음의 축어록에서 나는 리디아가 단정해 버린 무능력한 사람이라는 카를로스의 정체성을 그의 직장 상사나 고객들이 보는 능력 있는 사원으로 확장하고자 하는 노력을 시작했다.

치료사:　(카를로스에게) 당신은 당신이 하는 일을 잘하
　　　　　나요?

카를로스: 굉장히 잘하죠.

리디아: 나를 위해 일하라고 당신을 고용하고 싶네요.

치료사: 당신이 일을 잘 한다는 것을 어떻게 할 수 있죠?

카를로스: 손님들이 추천을 했어요. 그들은 내 직장 상사에게 전화를 해서 일에 대해 긍정적인 피드백을 해요.

치료사: 그럼 당신은 유능한 사람이네요.

카를로스: 매우 유능하죠.

치료사: 그럼 그렇게 능력 있는 사람이 어쩌다가 당신의 아내가 아이를 대하듯이 당신에게 이야기하는 상황에 놓이게 만든 건가요? 당신은 어떻게 그렇게 되었다고 생각하나요?

이것은 나의 '어루만지기와 차기'(Stroke & Kick) 기법의 시도이다. 그의 유능함을 인정하는 동시에 그의 아내가 그를 대하는 방식을 형성하는 데 그의 적극적인 역할이 있었다는 것을 언급한다.

카를로스: 뭐, 만약 그녀가 나한테 애한테 하듯 이야기를 한다고 생각하면 그녀한테 왜 그러냐고 물어야 할 것 같네요.

그는 방어적이었으며, 그녀가 그를 대하는 방식에 미친 책임을 완전히 거부하였지만, 나는 그의 수동적인 피해자의 역할을 깨뜨리고 도전하고자 했기 때문에 개의치 않았다.

치료사: 전 당신에게 묻고 있어요.

카를로스: 뭐, 그녀가 나한테 애 대하듯 이야기한다면 그건 그녀의 선택이죠. 그녀는 그렇게 대화 해야 한다고 생각하는 것이고, 상관없어요.

치료사: 그건 단지 저의 관점이에요. 당신은 그게 정확하지 않다고 생각하세요?

그가 자신을 향한 리디아의 대화 방식과 거기에서 그가 한 역할을 직접 말하고 싶어 하지 않는 것을 보고 나는 한걸음 물러서서 불확실한 전문가(uncertain expert)의 입장을 취한다.

카를로스: 당신도 알다시피 좋은 이유 때문에 그럴 수 있어요.

치료사: 가끔은 그녀가 옳다고요?

카를로스: 네, 가끔 그녀가 옳아요.

안타깝게도 리디아의 대화 방식에 대한 나의 반응을 내가 잘 관리하지 못하고, 리디아가 무엇이 필요한지를 알고 있다고 너무 확신했기 때문에 나는 그들의 갈등이 상호 보완적이라는 것을 볼 수도, 언급할 수도 없었다. 대부분의 회기가 본질적으로 너무 비난적이었고, 나는 계속해서 그녀가 보여 주는 지배적이고 요구적인 자기와 관계했다. 이런 상태로 몇 회기가 진행되었으며, 가끔 공감적인 대화가 그녀 자신이나 카를로스에게 했던 요구들을 완화시켜 주었다. 나는 이 회기 중 카를로스를 피해자로 보고, 그가 이 역동에서 맡고 있는 역할을 도전하는 것에 실패했기 때문에 그들의 이 폭발적인 역동에 그가 어떻게 기여하고 있는지를 탐색하도록 도와주지 못했다. 대신 나는 그를 변호하고 있었다.

물러서지만 머물러 있기

지난 회기들을 보여 주던 한 슈퍼비전에서 미누친 박사는 그들 중간에 앉는 것은 너무 중심적이고 변화로 이어지지 않기 때문에 그 자리에 앉지 말라고 상기시켜 주셨다. 다음 회기에서 나는 그들의 갈등적인 대화에서 빠져 나오려고 노력했다. 다음의 축어록에서 이 부부는 다시 한 번 자신들의 관계에서 경험하는 불행이 서로의 탓이라고 비난하였다.

치료사: 잠시 멈출게요. 왜냐하면 두 분 다 저에게 이야기하고 계시지만 저는 누가 옳고 누가 그르다고 이야기 할 수 있는 입장이 아니기 때문이에요. 저는 판사도 아니고 여러분에게 판결을 내려주지 않을 거예요.

리디아: 우리 관계에 관한 나의 결론은 내가 질렸다는 겁니다. 나는 항상 아이들과 집에 있어야 한다는 것이 지긋 지긋하고, 그게 여러 가지 방식으로 표출한 거예요, 알겠어요? 표출했다고요! 평생 동안 나는 이런 짐을 져야 했어요. 지금은 남편이 있는데 난 아직도 짐을 짊어지고 있어요! 왜

그들은 매우 심한 갈등 상태에 있고, 나의 관심을 요구하고 있다. 나는 나의 입장을 이야기했지만 그들이 서로를 비난하고 싶은 마음에는 큰 영향을 미치지 않는다.

몇 분 동안의 언쟁과 여러 번의 중단시도가 실패한 후, 나는 이 대화가 관계적으로 전환될 수 있는 틈을 발견한다.

항상 내가 모든 것을 알아야 해요? 왜 내가 책임자가 되어야 하냐고요?

치료사: 매우 좋은 질문이에요! 제 생각에는 두 분 모두 스스로에게 그 질문을 하는 것이 도움이 될 것 같네요.

리디아: 왜냐하면 만약에 내가 하지 않으면 모든 것이 순식간에 엉망진창이 될 거니까, 그래서 그런 거예요! 나는 성공한 사람의 특성을 보고 싶어요. 당신도 알잖아, 우리가 무언가를 할 수 있는 시간이 단지 하루나 이틀의 아침 몇 시간 밖에 없다는 것을… 엉덩이 떼고 좀 일어나라고!

카를로스: 당신은 왜 엉덩이 떼고 안 일어나는데?

리디아: 왜 내가 "일어나, 일어나, (화장지를 테이블에 내려치며) 일어나, 얼른!" 이라고 말해야 해요? 로잔의 얼굴을 좀 봐요. 그녀의 표정을 읽을 수 있겠어요?

카를로스: 당신이 읽어요!

리디아: 내가 나서는 게 아니에요. 그녀가 조용히 하라고 했어요! 왜냐하면 그녀가 한마디도 할 수 있다고 느끼지 않기 때문이고, 그리고 나도 마찬가지예요.

치료사: 한마디도 끼어들 수 있다고 느끼지 않는 것은 아니에요, 물론 분명히 끼어들 수는 없지만. 이건 두 분이 그냥 이렇게 계속할 것이기 때문이죠. 저는 여기 몇 시간 동안이든 앉아서 같은 춤을 출 것이고, 무엇인가를 말할 지팡이가 없어요…….

리디아: (그녀가 날 중단시킨다) 왜냐하면 핵심 문제들이 있기 때문이에요. 우리는 각자 핵심 문제들을 가

여기에서 그녀는 나와 대칭이 되는 입장을 취한다. 그녀는 나에게 무엇을 해야 하고, 어

지고 있어요, 알겠죠? 그리고 우리는 제 삼자, 즉 당신이, 카를로스에게 "당신 부인이 계속 흔들고 있는 저 빨간 깃발이 저기 있어요!"라고 말해 줄 필요가 있다고요!

떤 역할을 해야 하는지에 대해 지시하려고 시도한다. 이는 내가 얼마나 많이 그들의 체계에 들어가 있으며, 그녀가 카를로스에게 하는 것과 같이 나에게 그렇게 관계한다는 것을 보여 주는 지표이다.

내가 의식했어야 하는 것은 부부간의 권력 다툼 뿐만 아닌 내담자들과 나 사이의 권력 다툼이었다. 이 시점에서 미누친 박사는 나에게 권위자가 되는 것에 문제가 있다고 이야기하였다. 그는 내가 권위적인 것과 권위주의자가 되는 것을 혼돈하고 있다고 지적하였다.

전문가 입장에 있는 나는 어떻게 하면 강압적이지 않으면서 권위를 가질 수 있을까 하고 고민한다. 나의 축어록을 돌아보면 그 내용이 리디아를 위한 것이었을 때 나는 카를로스에게 질문을 주로 했다. 다른 때는 나의 내 의견을 간접적으로 전달하고 내담자들이 내 의미를 알아차리기를 희망했다.

그 이후 나는 내가 리디아와 카를로스를 개인이나 부부로서가 아니라 단지 원형(archetypes)으로 보고 있음을 알 수 있었다. 이는 페미니즘 비판가들에게 다뤄지는 주요 원칙들은 아니었음에도 나에게는 페미니즘적인 딜레마가 되었다. 나에게는 자신의 목소리를 찾기 위해, 혹은 자신의 주체성을 개발하기 위해 지지와 격려가 필요한 여성 내담자가 없었다. 리디아는 그녀의 분노를 직접적으로 표현하고 그녀에게 필요한 것, 원하는 것들을 강하게 주장할 수 있는 능력이 충분했다. 미국에서 자란 리디아는 자신이 카를로스와 평등한 관계를 하고 있다고 생각했으나, 전통적인 성 역할의 관행이 가장 고결한 맹세와 의지조차도 필요없게 만든다는 것을 깨닫게 되었다. 그녀는 벗어날 수 없는 어머니로서의 의무와 경제적인 어려움에 자신이 여전히 매여 있음을 발견했다.

리디아와 카를로스와 함께 작업하는 동안 나는 그녀와 너무 대칭적으로 되는 것에 대해 갈등하였다. 그녀의 주장적인 모습은 그녀의 남편과 아이들은 물론 나까지 삼켜버릴 것 같은 에너지의 소용돌이같이 느껴졌다. 비록 내가 거리를 두고 확신에 찬 모습을 유지할 수는 있었지만 이야기를 할때 그녀에 대한 나의 반응을 조절하기 위해서 모든 것을 쏟아야 했다. 나중에 미누친 박사가 지적했듯, 리디아를 향한 나의 좌절은 내가 치료에서 무엇을 해야 하는지 바라보는 관점을 변형시켰고, 내가 그 부부를 다른 방식, 즉 서로가 영향을 미치고 그들의 고통에

서로 기여를 하는 방식을 보지 못하게 하였다.

이 모든 것이 내가 리디아에게 합류하지 못했다는 것을 이야기하는 것이 아니다. 나는 사실 내가 그녀와 너무 연합되었다고 믿는다. 우리의 역동은 자매와 같은 것으로, 나는 그녀에게 비효율적이고 불리한 요구 방식을 보여 주려고 노력하는 언니같은 역할이었다. 하지만 나에게는 그녀가 IP였고, 이것이 이 부부와 내가 한 작업의 가장 궁극적이고 치명적인 결함이었다.

내가 박스에 갇혀있는 것을 보고 미누친 박사가 뚜껑을 열어주었다. 그는 나에게 내가 남편을 존중하지 않았다고 했다. 혼란스러웠다. 당연히 그를 존중했다. 나는 그를 방어해 주고 있었는데! 하지만 미누친 박사는 내가 그를 **존중**하지 않고, **보호**하고 있다고 지적했다. 이 순간은 나에게 이 사례를 보는 방식을 바꿔 놓는 "아하!"의 순간이었다.

나는 남편이 아내에게 도전하는 것을 돕는 시도하였는데 이것은 그를 대신해서 이야기해 줄 여성이 필요한 사람으로서의 위치를 강화하고 있었다. 나는 엄마처럼 그를 보살피고 있었다. 치료 중에 그는 아기였을 때 아파서 그의 엄마와 새엄마가 그를 보살펴 주었다는 이야기를 한 적이 있었다. 그리고 이제 서른다섯 살의 성인 남성인 그는 그의 아내와 나에게 비슷한 역동을 만들어낸 것이다.

이 하나의 깨달음을 더 깊이 생각하며, 나는 다시 한번 성별을 고려했다. 보살피는 엄마와 같은 사람인 나를 치료실에서 권위 있고, 존경스럽게 생각하도록 어떻게 행동할 수 있을까? 특히 구조적 가족치료의 위계와 관련하여 부인에 대한 그리고 남편을 대한 여자로서의 내 개인적 입장은 무엇인가? 내담자들을 아이처럼 대하지 않으면서 어머니의 지혜와 권위를 어떻게 통합시킬 수 있을까? 그리고 그들이 각각 나에게 관계하는 방법에 나의 성별이 어떻게 영향을 미쳤을까? 만약 남성 치료사가 나와 비슷한 접근법을 사용했다면, 그의 도전에 대한 그들의 관점에 그의 성별은 어떤 영향을 미칠까?

내가 분명하지 못한 문제점은 근접성에 관련된 것이었다. 나는 이 부부를 돕는 것에 너무 몰입하고 있었고, 이는 그들이 서로 지각하는 방식에 의미 있는 변화를 만들 수 있는 방향으로 나를 이용하는 능력을 제한하고 있었다. 일곱 차례의 회기를 통해 내담자들은 조금 개선되었다고 보고했지만 그들은 첫 회기와 마찬가지로 관계적으로 대립하는 경향이 있었다.

리디아에 대한 반응때문에 내가 당시에는 미처 알아차리지 못했던 것은, 카를로스는 그렇지 않다고 주장을 했지만 그가 아무리 불편하다고 생각해도 그 입장에 만족하고 있었을지도 모른다는 것이다. 나중에 회기 테이프들을 재검토 해보니 카를로스가 얼마나 자주 나에게 그의 관점으로 보도록 만들고, 내가 그의 메시지를 리디아에게 전달하는 것을 돕는 것에 완전히 몰두하면 그가 물러나는 것을 볼 수 있었다.

면담을 발표하고, 논의한 후 미누친 박사는 그 가족과 함께 상담을 진행했다. 아래에 두 번째 회기으로 소개되어 있다. 오른쪽 부분에 적힌 의견들과 이 장의 이후의 글들은 독자들을 위해 저자들이 작성하였다.

이 회기 전에 미누친 박사는 나에게 이 회기에서 무엇을 원하는지 물었다. 나는 카를로스가 일어나 리디아와 동등하게 서기를 바란다고 말했다. 이것만이 이 부부가 새로운 부모로서 경험할 무수한 갈등과 도전들을 견디고 극복하고 부부로 온전할 수 있을 수 있논 유일한 방법이라고 느꼈다.

회기 2: 미누친 박사의 인터뷰
연결되었지만 연결되지 않은

미누친 박사는 슈퍼비전 집단의 대학원생들에게 치료사의 가장 주된 책임중 하나는 내담자들의 가능성을 위해 내담자들에게 도전하고, 그들이 확장될 수 있는 방식으로 지적하는 것이라고 계속해서 강조했다. 다음은 카를로스와 리디아를 미누친 박사가 치료를 하며, 리디아와 카를로스가 자신에 대한, 그리고 서로에 대한 감각이 확장되도록 미누친 박사가 그들에게 도전하는 내용이다. 그는 남편과 아내가 상대방을 새로 만드는 데 도움이 되는 상호보완적인 관계로 연결한다. 다음의 발췌 내용은 각자의 어린 시절의 부분들을 탐색한 이후의 회기 약 중반 정도에서 시작한다.

미누친: 내가 못 들었다고 생각하나요?

리디아: 내 말을 들었다고 생각해요? 조금은, 하지만 난 당신이 내 접근 방식을 무력화시킨 것 같아요. 마치 당신이 나를 완전히 이해하는 게 어려운 것처럼요.

미누친: 오, 아니에요, 부인

리디아: 아니라구요?

미누친: 당신은 매우 이해하기 쉬워요. 당신은 복잡한 사람이 아니에요. 당신은 똑똑한 사람이에요. 당신은 재능 있는 사람이죠. 하지만 이해하기 어려운 사람은 아니에요. 당신은 복잡한 것을 인정하지 않기 때문에 비교적 단순해요. 당신은 모든 것들에 대해 복잡함을 줄이고 나서 그것을 받아들이죠. 그렇기 때문에 전 당신을 알아요. 당신은 복잡한 사람이 아니고, 왜 그러는지를 이해하고, 그 이유를 인정하고 이해하죠. 당신의 남편이 되는 것은 훨씬 더 어렵지만 당신의 치료사가 되는 것은 어렵지 않아요. 단지 당신이 복잡한 것은 좋다는 것을 이해시키기만 하면 되는 문제거든요.

리디아: 그래요?

미누친 네. 하지만 불확실함은 필요해요. 당신이 갈림길을 만났을 때 어쩌면 둘 다 옳을 수도 있어요. 그래서 당신은 카를로스를 단순한 요소로 축소시키고 싶죠. [카를로스에게] 그녀가 수용하기 위해서 당신은 매우 단순할 필요가 있어요, 그래야 그녀가 당신을 관찰할 수 있어요. 당신은 매우 복잡한 사람이에요, 매우 복잡한 삶을 살고 있고, 매우 다른 문화 출신이에요.

리디아: [카를로스에게] 아니, 난 당신에게 더 이상 시간을 줄 수 없어요. 난 당신에게 우리가 어디에서 지낼지에 대해서 명백하게 알고 싶다고 말했어요. 난 당신에게 결정권을 줬고……

마누친은 리디아의 강직함을 이기적으로 보기보다 그녀가 그것에 갇혀있다고 본다. 로잔이 거만한 태도라고 보았던 것을 그는 불확실함과 복잡함을 견디지 못하는 것으로 재정의했다. 그는 그녀가 똑똑하다는 말로 어루만져 주고(stroke) 난 후 그녀의 남편과는 달리 그 자신은 그녀를 현명하다고 생각하지 않는다고 이야기하면서 그녀를 걷어 찼다(kick). 그와 동시에 미누친은 불확실함은 좋은 것이라고 말하며, 그녀가 불확실함을 받아들이도록 배우는 것을 도와달라고 카를로스에게 요청했다. 이런 방식으로 그는 카를로스가 아내의 요구를 충족시켜 줄 수 있는 유능한 남편으로 참여시켰다.

카를로스가 미누친의 날카로운 관점으로부터 리디아를 방어하던 순간에 미누친은 카를로스의 강점인 화합 욕구를 재정의했다. 리디아가 대칭적인 위치에서 대화에 참여하려 하자, 미누친은 그녀의 강압적인 생각을 지적하고, 그녀가 남편이 침묵하도록 만드는 그들 관계의 주된 문제를 정의했다.

미누친: 리디아?

리디아: 네.

미누친: 당신은 말을 많이 해요.

리디아: 그래요. 난 말을 많이 해요. 반복적으로.

미누친: 당신이 말을 많이 하면, 그가 말이 훨씬 적어진 다는 것을 알고 있나요? 그가 당신을 만들어 낸 다는 것을? 그 개념이 이해가 되나요? 당신은 그 가 침묵하도록 만들고 있어요.

리디아: 어쩌면요.

미누친: 아시다시피, 저는 관찰자예요. 당신은 그에게 침 묵하도록 만들어요. 왜냐하면 당신은 이야기하 고, 이야기하고, 이야기하고……

리디아: 미누친 박사님, 이 대화를 한 게 한 10번째 인 것 같아요. 10번.

미누친: 저는 이번에만 관찰했을 뿐이에요, 그러니까 전 모르겠어요.

사람들은 서로 연결되어 있다는 것을 인식 하지만, 그들이 하는 행동들에 따라 상대방 이 어떻게 반응하는지를 알려주고, 이것은 그들이 어떻게 반응하는지를 얼마나 알려주 는지를 인식하지 못한다. 이 상보성, 순환성 에 대한 개념은 개인적인 행동을 관계적인 패러다임으로 변환시키는 체계론적인 사고 이다. 지난 축어록에서 미누친은 리디아와 카를로스가 궁극적으로 서로 연결되어 있 고, 계속해서 서로 관계를 어떻게 만들어가 는지를 파악하였다. 그들이 서로 상대방을 만들어 내고 있기 때문에, 상대방이 다르게 행동하도록 만들기 위해 변화할 수 있다.

리디아: 10번이요.

미누친:　잠깐만요. 당신은 이 대화를 좋아하나요?

리디아:　아뇨. 좋아하지 않아요.

미누친:　바꾸고 싶나요?

리디아:　아예 하고 싶지도 않아요!

미누친:　전 단지 당신에게 만약 좋아하지 않는다면 바꾸
　　　　고 싶냐고 묻고 있을 뿐이에요. 대화를 바꾸라는
　　　　말이에요.

리디아:　네.

미누친:　쉬워요.

리디아:　제발 어떻게 해야 하는지 알려줘요. 제발 말 해
　　　　줘요.

미누친:　전 말해 주고 있어요. 당신이 듣지 않아요.

리디아:　전 듣고 있어요.

미누친:　아니요, 당신은 듣지 않고 있어요. 난 말해 줬어요.

리디아:　당신은 이렇게 말하지 말라고 했어요.

미누친:　그리고 여유를 줘요.

리디아:　얼마큼의 여유요?

미누친:　아뇨, 여유를 줘요.

리디아:　미누친 박사님.

미누친:　[카를로스에게] 기다려요. 기다려요. 기다려요.
　　　　그리고 대답을 해요. 그녀가 알아 들을 수 있게
　　　　대답을 해요. 해보세요. 당신은 그녀에게 통제받
　　　　는 느낌이 드나요? 당신은 그녀가 통제적인 사
　　　　람이라고 느껴지나요?

카를로스:　전 그녀에게 통제 받는다고 느끼지 않아요, 하지
　　　　만 그녀는 통제적이죠.

미누친:　그녀가 당신을 통제하려고 한다는 느낌이 드나요?

카를로스:　가끔은요, 네.

미누친: 당신은 그녀의 말을 듣고 있지 않아요. 당신들은 둘 다 매우 비슷해요, 매우 중요한 문제 하나는 그녀가 무엇인가 원할 때 그녀는 지금 그것이 필요하다는 거예요. 당신은 "내일"이라고 말하는 남미의 문화 사람이에요. 나는 당신의 문화를 알아요. 내가 그 문화에서 왔어요. 리디아는 그걸 이해할 수 없어요, 왜냐하면 내일은…

미누친: 너무 멀어요. 그래서 그녀가 그렇게 행동할 때 당신은 그녀가 당신을 통제하려고 한다고 느끼죠, 당신의 대답이 맞아요. 당신은 "당신은 나를 통제하지 않아."라고 말했어요. 하지만 그녀는 당신을 통제하려고 하는 게 아니에요. 그녀는 안전함을 원해요. 이건 필요예요. 그녀는 당신을 통제하려는 게 아니에요. 그녀는 자신의 불안을 통제하려고 하는 거예요. 당신은 그녀를 안심시킬 수 있나요? 그녀는 당신의 안심되는 말이 필요해요. "당신, 내 남편, 나를 사랑하는 남편, 나를 위해 무엇을 해 주세요." 그녀가 하는 말은 이거예요. 그녀는 매우 안 좋은 방식으로 이야기하지만 이게 그 의미에요. 나는 당신의 부인 같은 사람을 위한 통역사예요, 그래서 그녀의 말을 당신에게 통역해 주고 있어요. 당신은 그녀에게 말해 줄 수 있나요? "날 믿어"라고?

카를로스: 네.

미누친: 그리고 그녀는 통제적이지 않아요. 당신은 그녀의 욕구를 만족시켜 주지만 당신은 그녀가 당신을 통제하는 것을 허락하지 않아요, 왜냐하면 그

로잔은 이 부부를 추상적인 도전(변화해요, 하지만 나는 서로가 서로에게 어떻게 연결되어있는지는 알려주지 않을 거예요)을 통해 변화시키려 했지만, 미누친은 서로가 서로에게 치유자가 될 수 있도록 돕는 방식을 발견했다. 비록 그는 리디아가 변화해야 한다고 표현했지만 이를 카를로스에게 그가 이 변화를 이뤄내야 하는 사람이라는 이야기를 하며 변화하도록 했다. 그들은 두 명의 개인이지만 복잡한 드라마에 속해 있는 두 명의 개인이었다.

걸 좋아하지 않으니까요. 제 말을 이해할 수 있나요?

카를로스: 이해해요. 만약에 우리가 시간을 내서 그냥 반응하고 말하는 것이 아니라 다시 생각해 볼 수 있는 시간을 좀 가진다면 아마 훨씬 나아질 거예요. 어쩌면 나는 그녀가 하는 말에서 옳은 부분을 볼 수 있을 거예요.

미누친: 그녀는 당신에게 "나는 필요해요."라고 말하고 있어요. 하지만 "카를로스, 나는 필요해요."라고 말하는 것이 아니라 "카를로스, 당신은 틀렸고 난 당신을 통제할 거야"라고 말해요. 그리고 당신은 그걸 좋아하지 않죠. 당신이 맞아요. 그건 기분 좋지 않죠.

카를로스: 알았어요.

미누친: 그녀를 도와줄 수 있나요?

카를로스: 물론 그녀를 도울 수 있어요.

미누친: 당신은 큰일을 맡았어요. 당신이 그녀에게 지팡이를 주는 일이에요. 당신이 지팡이가 되어줄 거예요.

카를로스: 지팡이요?

미누친: 네, 그녀는 기댈 수 있는 당신이 필요해요.

카를로스: 그녀가 저한테 기대도 돼요.

미누친: 그녀는 그걸 몰라요. 그건 당신의 일이에요. 그녀는 그녀와 세 자녀가 당신에게 기댈 수 있다고 느낄 필요가 있어요. 아이들에 대해 어머니는 아버지와 다른 관점을 가지고 있어요.

로잔이 이 부부, 특히 리디아에게 도전하려는 시도들은 리디아가 주장적이라고 보았던 것에 대한 그녀의 좌절과 혐오에서 비롯되었다. 미누친 박사는 리디아의 행동을 무례하게 보지 않고 타인과 관계하는 그녀의 특성이라고 보았기 때문에 그들과 연결되는 다른 방법을 찾았다.

카를로스: 확실해요. 동의해요. 그녀는 안전하다는 것을 알고 싶어 해요. 저는 마음속으로 제 아이들을 고통스럽게 내버려 두지 않을 것이라는 것을 알고 있어요. 만약 아이들이 고통받지 않는다면 그녀도 고통받지 않아요, 왜냐하면 그녀는 그 아이들의 엄마이니까.

리디아: 난 고통받고 있어요.

카를로스: 만약 아이들이 고통받지 않는다면요.

미누친: 잠깐만요. 그녀가 그 말을 했을 때, 당신은 인정하지 않았어요. 제가 단어를 빌려 드릴게요.

카를로스: 알았어요.

미누친: 그녀에게 물어보세요. "당신은 왜 고통받고 있어요?" 그녀에게 그걸 물어보세요. 제가 이걸 빌려 드리는 것뿐이라는 걸 알고 계세요. 당신은 이걸 빌릴 수 있어요.

카를로스: 알았어요.

미누친: 이유를 물어보세요.

카를로스: 당신은 왜 고통받고 있어요?

리디아: 난 걱정되니까.

미누친: 흥미롭지 않아요? 당신은 그녀가 안심시키기 굉장히 힘들 거라는 것을 알고 있어요. 그걸 아셔야 해요.

미누친: (리디아에게) 그래서 가끔 당신은 틀려요. 당신은 불확실성을 받아들이지 않아요. 그는 미숙하고 당신도 그래요. 여러분은 두 분 다 많은 성장을 해야 해요, 많은 성장.

(카를로스에게) 당신은 그녀가 아주 아주 힘들

어 하는 것이 무엇인지 알아야 해요. 바로 긴장을 푸는 것. 그냥 긴장을 푸는 것이에요. 그녀는 상처가 깊어요. 그녀는 매우 굳어 있어요. 그래서 당신이 싸우는 방법을 찾았다는 것이 맞아요. "그래, 나는 싸우고 싶지 않으니까 더 크게 말할게요"라고 말하고 있어요. 하지만 그녀가 당신을 통제하고 싶어 하지 않는다는 것을 알아야 해요. 그녀는 삶을 통제하고 싶어 해요. 그녀는 할 수 없죠. 그녀는 삶을 통제할 수 없어요. 어떻게 그녀를 도울 건가요?

카를로스: 어, 저는 그녀를 도와주려 노력할 거예요. 제가 생각할 때 그녀가 필요한건, 우리가 통제할 수 있는 건 우리가 해결하면 돼요. 어떤 것들은 우리가 통제할 수 없죠. 전 그녀가 변화하기를 강요할 수는 없어요.

미누친: 할 수 있어요. 남편과 아내는 서로를 변화시켜요, 항상요. 그리고 지속적으로요. 나는 결혼한 지 60년이 되었어요.

제 아내가 저를 아주 많이 변화시켰다는 것을 알고 있어요. 저도 그녀를 아주 많이 변화시켰죠. 이 회기에서 우리는 한 시간을 함께했고, 여러분은 변화했어요. 당신은 매우 유연했어요. 당신은 그녀에게 그녀를 만족시킬 수 있는 것들을 할 거라고 이야기해 주었죠. 당신은 그녀가 긴장을 풀기 위해 필요한 것이 있다면 그녀에게 제공할 거라는 사실도 이야기했어요. 그건 굉장히 좋았고 한 시간 안에 일어났어요. 당신이 그걸 했어요.

당신이 알아차렸는지 모르겠어요. 하지만 나는 알아차렸어요. 당신도 알아차렸나요?

리디아: 음~흠.

미누친: 당신은 알아차렸나요?

리디아: 저도 알았어요.

미누친: 왜냐하면 당신이 남편보다 더 유연해졌기 때문이에요. 당신이 했어요. 잘하셨어요.

카를로스: 당신은 그것을 유연성이라고 보았지만, 저는 제가 뭔가 더 많이 해야 하고, 시간에 맞춰서 해야 한다고 생각하고 있었어요.

치료사가 사용하는 주 도구 중 하나는 재구성이다. 이 부분에서 미누친은 통제를 굳어 있음이라고 재구성했고, 부부는 서로가 긴장을 풀도록 도울 수 있게 되었다. 그는 또한 저항을 불러일으키지 않고 부부의 상보성에 대해 이끌어 냈다. 아내는 단지 남편에 따라 행동하는 것이 아니고, 남편이 이러한 행동을 선호하기 때문에 이러한 행동을 하는 것이다. 남편과 아내는 부부의 증상을 유지하는 춤을 함께 추고 있다. 회기의 마지막 부분에서 미누친은 서로가 상호 간에 얼마나 의지하고 있는지를 이끌어 냈다.

미누친: 네, 훌륭해요. 그녀는 매우 굳어 있고, 당신은 그녀가 긴장을 풀도록 도와줄 필요가 있어요. 그녀가 당신을 통제하고 싶어 하는 것이 아니에요. 그 부분에서는 당신이 긴장을 풀어도 돼요. 그녀는 당신을 통제할 수 없어요. 그녀는 삶을 통제할 수 없어요. 그러니까 얼마간 당신은 그녀를 위해 배려해 주면서 그녀가 성장할 수 있기를 기대해야 해요. 그녀는 성장해야 해요.

카를로스: 맞아요. 당신은 성장을 조금 해야 해요.

미누친: 사실 당신은 그녀가 너무 많이 변하는 것을 원하지는 않아요. 왜냐하면 당신은 그녀가 당신을 위해 해 주는 방식을 좋아하거든요. 당신은 그녀가 당신을 보살펴 주어야 하고, 당신을 위해 이것저것 해 주는 것을 좋아해요. 알고 있죠? 당신이 그걸 좋아한다는 것을 당신도 알고 있어요.

미누친: 그래서 나는 왜 당신이 리디아를 선택했는지 알아요. 왜냐하면 당신은 누군가가 당신을 보호해 주는 것이 필요하니까요.

리디아: 난 그렇게 해요.

미누친: 맞아요, 당신은 그렇게 해요. 나도 알고 있어요.

카를로스: 저는 저를 보호해 줄 누군가가 필요하지 않아요.

미누친: 전 당신이 필요하다고 생각해요. 보세요, 그녀는 굉장히 보호가 필요한 사람이에요.

카를로스: 그녀는 그래요. 그녀는 그녀를 보호해 줄 누군가가 필요하죠.

미누친: 그것 또한 맞아요.

카를로스: 제가 그녀를 보호할 거예요. 하지만 가끔 그녀는 보호를 받아들이지 않아요.

리디아: 그건 맞아요. 맞아요, 미누친 박사님.

미누친: 당신은 나에게 무엇인가를 배웠다고 생각하나요?

카를로스: 완전히요. 저는 당신에게 내가 더 주의를 기울이고, 더 귀를 기울이는 남편이 될 수 있는 기회를 줄 무엇인가를 배웠다고 믿어요. 그녀가 나를 통제하려고 할 때 그냥 사진만을 보는 게 아니라 듣는 것에 더 개방적이게 되는 것을요.

무엇을 배울 수 있는가

이 장은 치료사가 내담자와 얼마나 밀접한지 혹은 거리가 있는지에 관한 근접성이라는 개념에 대해 탐색했다. 로잔은 탈중심화를 원했지만 부부의 딜레마와 특히 아내의 행동들에 대한 그녀의 감정적인 반응은 그녀로 하여금 거리를 두고 폭넓게 바라보는 시각을 잃게 하였고, 부부의 갈등적인 관계로 인한 불안감에 휩쓸리게 했다. 한편 미누친은 남편과 아내와 함께하면서도 탈중심화를 유지할 수 있었다.

치료사로서 로잔은 아마 첫만남에서 무엇인가를 해야 하는 것에 긴장을 해서 실수를 했다. 그녀는 카를로스의 참석을 기다리지 않고 첫 회기를 시작했다. 이것은 리디아로 하여금 카를로스에 대한 그녀의 불만을 표현하도록 하였고, 치료사가 그들의 상호관계를 보는 것을 막았다. 대신에 그녀는 '화가 난' 사람처럼 보이는 것에 초점을 두었다.

미누친은 두 가지 수준으로 가족에 합류 했다. 미누친은 그들에게 그가 나이가 많지만 또한 정신과 교수이자 선생님이라는 것을 알려 위계적인 위치에 놓았다. 그는 자신이 '도움이 되도록 노력'할 것이며, 이것은 그가 할 수 있는 최선이기 때문에 '불확실한 전문가'이다. 그는 그들에게 약속을 하지 않지만, 이 만남을 통해 무엇인가가 일어날 것이라는 기대가 있다.

증상을 외재화하기

처음 치료를 시작할 때 부부는 카를로스를 확인된 환자라고 하였다. 그의 의사 결정에 대한 참여부족과 일처리의 적시성이 부족하다는 점이 문제로 제시되었다. 증상을 외재화 하는 것에 대한 치료사의 어려움은 그녀의 근접성에서 비롯되었다. 즉, 리디아가 그녀의 환경에 대해 처리하는 방식(치료사가 그녀가 통제하려는 성격이라고 보았던 것)이 카를로스와 리디아를 대안적인 방식으로 보는 치료사의 능력을 좁아지게 하였다.

미누친은 사례를 슈퍼비전 하면서 카를로스가 확인된 환자로 보여지고 있다는 것을 알았다. 미누친은 회기에서 리디아가 많은 상실을 경험하였고, 누구와 어디에서 살던 안정을 느끼지 못했던 그녀의 아동기에 초점을 두었다(공간의 제약으로 축어록 발췌에는 포함되지 않은 자료). 미누친은 이 부부에게 리디아와 같은 아동기를 가진 사람들은 불안하다고 설명하고, 정상적인 탈병리 과정보다는 병리화함으로써 상담을 시작하였다. 그는 하나의 특이한 특성을 그녀가 한 인간으로서 누구인지를 명명하는 것으로 변형시켰다. 하지만 이는 문제가 어디에 위치했는지 초점을 옮기기 위한 전주곡이었다. 미누친이 안젤라(제7장 참고)의 슈퍼비전에서 설명했듯, 치료사와 한명의 가족 구성원이 개인에 대해 탐색을 하는 것은 탐색의 일부이며, 앞으로 다른 구성원들에게도 확장될 것이라는 것을 치료사가 알고만 있다면 괜찮다.

카를로스는 초기에 여러 가지 의미로 가족에 속해 있지 않은 존재로서 확인된 환자였다. 리디아에 대한 미누친의 개별적인 초점은 그녀를 과도하게 요구하는 아내로부터 도움이 필요한 여성으로 변화시키기 위한 노력이었다. 그는 그녀에게 대안을 마련함으로써 변화해야 한다고 말했다. 본질적으로 그는 개인적인 성향인 리디아의 편협함이 그녀를 곤란하게 하고, 그녀를 확인된 환자로 만든다는 것을 부부에게 알렸다. 미누친은 그 후 남편에게 아내는 그가 필요하고, 그가 변화해서 치유자가 되지 않는 이상 그녀는 변화할 수 없다고 이야기한다. 이 전략적인 움직임은 리디아를 통제하는 사람에서 카를로스가 필요한 사람으로, 그녀의 병은 남편이 치유자이지 못했기 때문으로 바뀌게 한다. 치료사는 카를로스를 리디아와 동등한 힘을 가진 수준으로 옮기고 싶어 했지만 어떻게 해야 할지 몰랐다. 미누친은 다른 사람을 도움으로써 보다 많은 권위를 가지게 된다는 것을 알았다.

이 회기에서 미누친은 각각 개인적으로 작업하여 자신을 확장시키기를 요구했다. 이 개인적인 탐색 후에 그들은 집으로 돌아가 각각 다르게 살기 위해 노력할 것이라는 기대를 받는다. 치료의 막바지에 카를로스는 더 이상 확인된 환자가 아닌 아내의 잠재적인 치유자로 여겨진다. 리디아의 통제하려는 시도들은 남편의 도움이 필요한 그녀의 약점이 된다. 부부에게 전해지는 메시지는 그들이 서로를 만들고, 그들의 개인적인 변화가 궁극적으로 상대방을 변화하게 할 것이라는 점이다.

정체성의 층

치료사는 이장의 시작 부분에서 그녀에 대한 이야기를 통해 그녀가 누구인지를 소개하였다. 그녀는 이탈리안 뉴요커이자 어머니이고, 새로운 경력을 쌓고 있었다. 사례 진행에서 보았듯이 그녀가 사례에서 일어나고 있는 일들과 동일시되자 수축된 렌즈를 갖게 되었다. 페미니즘 적인 사상에 대한 지식은 그녀의 관심을 제한된 드라마에 초점을 두게 했다. 많은 초보 치료사가 그러하듯이, 그녀는 자신을 도구로 사용하여 가족을 변화의 방향으로 밀고 가는 것이 편하지 않다.

미누친은 리디아가 확신을 가지기 위해서는 그녀와 관련된 분야의 누군가가 필요하다고 믿었기 때문에 이 회기에 전문가로 입장하여 그 위치를 활용했다. 여기서 우리는 이전 장들에서 그가 불확실한 전문가로 입장했던 것과는 꽤나 다른 미누친을 볼 수 있다. 이 부부와는 전략적인 이유로 그는 불확실하지 않다. 그가 리디아에게 "전 당신을 알아요. 당신은 복잡한 사람이 아니고 나는 그 이유를 이해하고 인정하며, 그것도 나는 이해하죠."라고 말했던 것처럼 말이다. 이러한 그의 위치나 권위를 보았을 때 이 개입은 초보 치료사가 할 수 없는 개입이었을 것이다. 그녀는 반발에 부딪혔을 것이고 개입은 실패했을 가능성이 높다.

이 회기는 카를로스가 무관심하고 의지할 수 없는 사람으로 보이는 것으로 시작되었다. 카를로스가 리디아의 지팡이가 되어야 한다는 비유를 통해 그는 그녀의 짐에서 그녀의 지지대로 바뀌었다. 이 회기는 카를로스가 리디아의 보호자가 되는 것으로 마무리 된다.

리디아의 정체성은 공격적이고, 요구적인 아내에서 어려운 어린 시절을 가진 사람으로 복잡함을 감당하기 힘들어하는 사람으로 변화되었다. 어떤 부분에서는 병리적인 관점을 포함하고 있지만 이 변화는 그녀에게 불확실함을 받아들이게 하는 도전이다. 첫 회기의 초반에 리디아는 매우 강력한 위치에 있는 것처럼 스스로를 표현하였지만 미누친과의 치료 막바지에는 이전에 공격적으로 비추어졌던 그녀의 통제를 향한 시도들이 필요와 도움을 위한 외침으로 바뀌었다.

가족 조직화

로잔과 미누친은 둘 다 이 사례에 대한 중대한 실수를 저질렀다. 그들은 마치 카를로스와 리디아 2인가족인 것처럼 작업을 작업했다. 하지만 이 가족은 5인가족이었다. 치료에 아이들을 포함시키지 않음으로 대학원생과 선생 둘 다 그들의 가족 체계에 대한 관점을 제한시켰다. 비록 아이들이 꽤 어렸지만 아이들을 한 치료에 참여하도록 하는 것은 치료사가 양육시스템을 볼 수 있도록 했을 것이다. 그들은 누가 아이들에게 가장 반응하는지, 아이들이 누구에게 지지를 받으려 하는지, 그리고 부모들이 책임을 서로와 어떻게 협상하는지에 관한 방식들을 알아차릴 수 있었을지 모른다. 그렇지 않았으므로 그들은 부부관계라는 하위체계만을 볼 수 있었으며 잠재적 행동경로(potential pathways of movement)는 이용할 수 없었다.

성찰

미누친의 해설

대칭적 강화를 하는 부부와 함께 일하는 기술 중 하나는 부부의 구성원 중 하나가 다른 구성원보다 더 많은 영향력을 갖게 되어 부부의 불균형을 만들어야 하기 때문에 젊은 실무자에게는 어려울 수 있다. 그것은 또한 일시적으로 치료사가 한쪽의 편을 들어 다른 쪽에 맞서기 때문에 불공평한 기술이다. 이 기술이 초래하는 위기는 부부의 대칭성에 도전하고 상보성(complementarity)을 도입한다. 이 경우에는 카를로스를 그의 아내의 치유자로 만들어 준다. 이 변화는 배우자들의 관계 방식에 대한 대안을 제시하며, 아내를 지지하는 새로운 치료적 개입을 위한 통로를 열어 주고 치료적 중립성을 재도입한다.

제11장

미누친 박사의 가르침

헬렌 T. M. 레이놀즈

어느 날, 미누친 박사가 조각상 하나를 방 한가운데에 있는 테이블 위에 놓고는 '저렇게 생각하기 시작하게 되면 여러분은 치료사가 될 것이다'라고 말했다. 테이블 위의 그 금속 조각상을 바라보며 나는 이 단 하나의 물건이 우리가 배우려고 하는 모든 것을 어떻게 완전히 압축하고 있는지 의아하게 생각했다. 깃발과 방패를 들고 말 위에 타고 있는 남자 조각상은 겉보기와는 달랐다. 말의 머리는 망치의 머리로 만들어졌고, 척추와 꼬리는 두꺼운 사슬들이 연결되어 있었다. 다리는 구부러진 펜치(pliers)로 만들어져 있어서 달리는 말의 동작을 솜씨 좋게 보여주고 있었다. 기수의 머리는 볼트로 되어 있고, 발은 대장장이용의 못으로 되어 있었으며, 납작해진 숟가락으로 만들어진 방패를 들고 있었다. 조각가가 본 것처럼 보는 것을 배우기 위해서는 망치가 말의 머리일 수도 있고, 포크가 깃발로, 그리고 금속 케이블이 고삐라고 볼 수 있어야 한다고 미누친 박사는 설명했다. 한 가족을 여러 가지 방식으로 볼 수 있도록 배우는 것이 우리를 치료사로 만들 것이다.

이 장은 내가 미누친 박사의 비유를 어떻게 이해하게 되었으며, 다양한 렌즈를 통해 가족들을 볼 수 있게 되었는지를 서술하고 있다. 나는 결혼과 가족 치료 석사과정 2년 차 서른다섯 살의 여성이다. 내가 미누친 박사에게 슈퍼비전을 받기 시작했을 때 나는 가족치료를 1년째 공부하고 있었다. 나는 우리 대학교 진료소에서 내담자들을 만나고 있었고, 합류하고, 개방적 질문들을 하고, 유용한 비유를 만드는 기본적인 치료 기술들을 발달시키기 시작했다. 나는 다양한 이론의 기법, 도구들과 개념들을 배우고 있었고, 관계 지향적인 관점을 유지하기 위해 최대한 노력하고 있었다. 하지만 여러 가지 의미로 나는 바다에서 조그마한 배를 타고 노 저어

가고 있는 한 명의 열성적인 선원이라는 것을 알았다. 노 젓는 기술은 늘고 있었지만, 나는 내가 육지를 향해 가고 있는 것인지 아니면 같은 자리를 맴돌고 있는 것인지 알지 못했다.

나는 수많은 교수님으로부터 치료의 기술(the art of therapy)를 배우는 가장 빠르고 좋은 방법은 자신의 치료 테이프를 보는 것이라고 들었지만, 난 내가 실수하는 모습을 봐야하는 불쾌감이 두려워 피해 왔다. 미누친 박사와의 슈퍼비전에서 나는 테이프를 보는 것뿐만 아니라 축어록을 만들고, 주석을 달고, 발표까지 해야 했다. 이 경험은 몹시 고되었지만 나의 치료적 방식과 치료적 체계에서 나의 영향 두 가지 모두를 세밀하게 분석하도록 해 주었다. 내가 해결방안이나 문제, 가족 구조 혹은 정서적 일치성, 관계적 윤리나 차별성 등 어떤 것에 초점을 두는 치료 장면에서든 스스로를 관찰하는 도구가 되는 과정은 훨씬 더 나은 치료사가 되도록 나를 준비시켰다.

이 장은 자주 초조하게 하고, 당황스럽게 하고, 끝도 없이 활기를 주는 미누친 박사의 슈퍼비전이 나의 치료사로서의 성장에 어떻게 도움이 되었는지를 설명하고 있다. 미누친 박사는 언젠가 자신이 상상하는 어깨에 앉아있는 **호문쿨루스**에 관해 묘사한 적이 있다. 이 난쟁이는 행동을 하지 않고 치료에서 일어나는 모든 것들을 관찰하는 작은 자기자신이다. 우리에게는 운 좋게도 미누친 박사의 호문쿨루스를 고용할 수 있었고, 지금은 내가 가족과 함께 치료실에 들어갈 때마다 그는 내 어깨에 앉아있다. 나는 아직도 굉장히 초보이지만, 미누친 박사와 함께했던 시간들은 내가 치료를 접근하는 방식을 변화시켰다. 나는 그의 슈퍼비전을 통해 너무 많은 것을 배웠고 그의 가르침을 모두 완벽히 적용하기 위해서는 몇 년이 필요할 것이다. 이 장에서 나는 미누친 박사를 통해 받은 가장 의미있는 가르침 중 여섯 가지를 소개하고 있으며, 다른 초보 치료사들이 치료를 시작할 때 도움이 되길 바란다.

윌슨 가족

미누친 박사에게 슈퍼비전을 받으며 나는 윌슨 가족과 2개월 반에 걸쳐 9번의 회기를 진행했다. 로리 윌슨은 이혼 후 6개월 간 개인상담을 받아 왔고, 그녀는 자신의 결혼이 깨지면서 일어난 일들에 두 딸이 잘 적응하지 못한다는 걱정을 하고 있었다. 평소에는 매우 훌륭한 대학원생이었던 나탈리(15세)는 학교생활을 힘들어 하였고, 잡다한 생각을 하고, 우울증상을 보였다. 조셀린(11세)는 매우 감정적이었고 자주 악몽에 시달리고 있었다. 내가 처음 이 가족을 보기 시작했을 때, 나는 아이들의 아버지인 켄이 강압적이고 통제적인 사람이고, 로리와 그녀의 아이들을 몇 년 동안이나 괴롭힌 악당이라는 로리와 딸들의 가족 이야기(family narrative)를 빨리 받아들였다. 이 관점에서 아이들은 '피해를 입은' 사람들이었다.

하지만 미누친 박사의 슈퍼비전을 통해 이 가족이 현재 기능하고 있는 방식에 대한 이해를 확장시키기 시작했고, 이 가족 체계가 어떻게 아이들의 증상들을 유지하고 있는지를 보는 것을 천천히 배워나갔다. 나탈리와 조셀린은 오래전에 부모의 결혼생활에 휘말려 있는 것처럼 보였다. 조셀린은 엄마의 보호자의 역할을 담당했고, 나탈리는 로리의 요구에 너무 익숙해져 때때로 제대로 기능조차 하지 못했다. 비록 로리는 자녀들에게 최선을 다하고자 하였으나 어느 순간인가 그녀는 자녀들에게 정서적인 보호를 받고자 하였고, 그녀의 결혼이 파국으로 치닫게 되면서 그녀의 정서적인 요구의 정도가 심해지게 되자 나탈리와 조셀린의 짐도 커지게 되었다. 결국 나탈리는 자신의 관점에서 어떠한 일이 일어났는지 간단하고 유창하게 설명했다: "제가 여섯 살인가 일곱 살 때 시작했다고 생각해요. 엄마랑 아빠, 누구 편을 들어야 하지? 라고 생각했어요. 왜냐하면 중립이라는 것은 없어요. 왜냐하면 조만간에 결국은 누군가의 편이 되어야 해요."

첫 번째 가르침: 목소리의 복잡성을 증가시키라

매주 우리는 서로의 치료 비디오를 논의하기 위해 미누친 박사의 거실에서 만났다. 각 녹화의 몇 분 정도를 시청한 후 미누친 박사는 비디오를 멈추고 우리에게 무엇을 보았는지 설명하라고 요청했다. 우리가 가족의 행동에만 제한하여 관찰하고 있을 때마다 미누친 박사는 치료사의 행동까지 포함하도록 렌즈를 확장할 것을 상기시켰다. 그녀는 어떻게 체계에 들어갔는가? 치료실에서 그의 존재가 가족이 서로와 관계하는 방식에 어떻게 변화를 주고 있는가? 나는 비디오를 시청하며 치료사의 행동이 가족의 관계적 패턴을 멈추기보다 강화하고 있을 때가 그렇지 않을 때보다 많다는 것을 볼 수 있었다.

초심자로서 나는 여전히 개인문제에서 관계적인 문제로 전환하고, 어떻게 문제들이 체계들에 의해 유지되는지를 이해하는 것을 배우고 있다. 스스로가 가족의 문제가 있는 역동에 어떻게 참가하는지를 알아차린다는 것은, 특히나 치료 중에, 나에게는 별도의 일처럼 느껴졌다. 그럼에도 불구하고 내담자들에게 유용한 사람이 되기 위해서는 이 도전을 받아들이고, 치료실 내에서 내 자신을 관찰해야만 했다. 수술 집도인은 수술실에 들어서면서 자신이 메스와 겸자 (forcep: 수술시 고정용 도구)를 어떻게 사용하든지 관계없이 망가진 폐를 고칠 것이라고 기대할 수 없다. 마찬가지로 치료사는 자신이 얼마나 치료라는 기술을 잘 배웠는가와 관련 없이 자신이 배운 이론들과 기법들이 가족에게 도움이 될 것이라고 기대할 수 없다.

스스로 관찰하는 도구가 되는 첫 번째 걸음은 충격으로 다가 왔다. 내가 훈련을 시작했을 때 나는 이미 아이들과 작업한 경험이 많이 있었고, 따뜻하고 공감적인 태도를 가지고 있었다. 내가 내담자들을 만나기 시작하면서 자연스럽게 이미 가지고 있던 기술들을 이용했고, 그래서 나는 미누친 박사가 나의 장점들이 결국 내 성장에 걸림돌이 될 것이라는 것을 선언했을 때 무척 놀랐다. 내가 잘하는 것들만 계속한다면 나는 특정분야의 전문가로서 남아있을 것이고, 치료사로서의 범위가 좁을 것이다. 내 능력의 가능성을 확장한다는 것은 내가 내 능력을 버리고 모험을 해야 한다는 의미였다. 미누친 박사가 정의했듯이 "당신은 더듬거리고 있는 언어를 배워야 한다."

나는 나에게 도움을 바라고 있는 고통받고 있는 사람들과 앉아서 내가 잘하는 것을 자제하기 위해 노력하는 것이 매우 직관적이지 않다는 것을 발견했다. 만약 내가 이것이 궁극적으로 나를 더 나은 치료사로 만들 것이라는 확신이 없었다면 나는 이렇게까지 나를 몰아세우거나 하지 않았을 것이다. 하지만 내 테이프를 보면서 내가 내담자들과 어떻게 교류하는지에 관심을 가져보니 내가 주로 중앙에 두는 나의 부분들이 다른 부분들을 옆에 두게 한다는 것을 곧 인식할 수 있었다. 미누친 박사가 스미스 가족과의 장면(3장 참고)에서 시연했듯, 모든 개인은 다수이기도 했다. 치료사로서 나는 내 목소리의 복잡함을 증가시키기는 것을 배워야 했고, 이를 통해 나에게 내 내담자들에게 말하듯 "당신은 당신이 생각하는 그 이상이다."라고 말해야 했다.

윌슨 가족과의 첫 회기에서 가장 어린 딸인 조셀린은 이혼 전에 아빠가 다른 사람이랑 결혼했기를 바란다고 자신에게 말했던 장면에 대해 설명했다. 조셀린은 보기에도 매우 괴로워 보였고, 그녀가 말을 하면 할수록 내가 어떻게든 도와야 한다는 필요를 느꼈다. 회기를 시작하며 나는 그들의 상호교류를 보기 위해 가족과 충분한 거리를 두겠다는 목표를 가지고 들어갔으나 조셀린의 불안이 표면으로 들어나자 내 몸 안의 '아이의 구원자'가 '중립적인 관찰자'를 밀어제치며 차지하는 것 같았다.

조셀린: 가장 안 좋았던 건 아빠가 제게 아빠의 꿈에서 엄마가 영원히 떠나고 다른 아내가 있었다고 말을 했을 때예요.

나는 로리가 딸의 강한 감정 앞에 무력하다는 것을 관찰했고, 그래서 나는 조셀린을 구해야 한다고 강하게 느꼈다. 비록 가족치료사로서 나의 역할이 조셀린을 보살피는 것이 아니라는 것을 알고 있었지만, 나는 어떤 아이에게라도 했을 것처럼 그녀를 돕기 위해 손을 내미는 반응을 했다.

치료사: 아빠가 네게 그렇게 말했니?

조셀린: 네!

치료사: 조세린, 내 생각에 이런 상황에서 너에게 매우 중요한 사람이 너에게 상처를 주었을 때는 정말 어려울 수 있단다. 왜냐하면 너에게 너무 여러 가지의 감정들이 남아 있거든. 넌 무서울 수도 있고 화가 날 수도 있고 미칠 것 같을 수도 있고 혼란스러울 수도 있고 미울 수도 있고, 한편으로는 사랑하는 그 사람을 그리워하고 배려하는 마음이 들 수도 있는데, 이렇게 많은 감정들이 동시에 일어나는 것이 힘들 수 있어요.

이것은 로리를 마비시키는 작용을 했을 뿐 아니라 나로 하여금 이 가족 체계가 어떻게 운영되고 있는지에 관심을 두는 것을 막았다. 조셀린은 내가 말하지 않은 것처럼 그녀의 기억의 흐름을 다시 이어나갔다.

조셀린: 전·아빠에게 편지를 쓰고 있어요. 있잖아요, 전 기억해요, 아빠가 엄마한테 맨날 소리 지르면서 엄마 때문에 아빠는 돈도 다 잃었고 재산도…….

나는 내가 당시의 치료적 목표에 굳이 도움이 되지 않음에도 조셀린을 달래고 싶은 욕구에 따라 충동적으로 행동했다는 것을 즉시 알아차렸다. 그 회기를 되돌아보면 나는 치료사가 가족에 들어가 조작성(maneuverability)을 유지할 수 있도록 자기모습을 바꿀 수 있어야 한다는 아이디어에 대해 생각해 보았다. 어떨 때는 치어리더가 되는 것이 더 유용할 때가 있고, 어떨 때는 냉소적인 사람이 되는 것이 유용하다. 우리가 내담자에게 어떻게 반응해야 하는지에 대해 미누친 박사가 자신의 의견을 이야기했을 때, 나는 그가 하나의 효과를 만들어 내는 수많은 다른 방식들이 있다는 것을 알았다. 나는 경청하고, 공감하고, 호기심을 배웠지만, 이제 치료사는 자신의 내담자를 놀래키거나, 거슬리게 하거나, 회유하거나, 무시하거나, 흥분시키거나, 혼란스럽게 만들거나, 불안하게 하거나, 웃기게 해야 할 수도 있음을 보았다.

조셀린과의 교류에서 나는 미누친 박사의 호문쿨루스가 내 어깨 너머로 인상을 찌푸리며 내가 아이 구원자 이상이라는 것을 상기시키는 것을 느낄 수 있었다. 회기의 나머지 시간에서 나는 조셀린의 보호자로 개입하고 싶은 욕구에 저항했다. 나는 로리와 아이들에게 서로 이야기하도록 하는 내 전략을 재개하여 참여 관찰자의 역할을 유지하였다. 무엇인가를 해야 한다는 부담을 느끼지 않고 명확하게 생각하는 것이 더 쉽다는 것을 알았다. 이 경험은 마치 매직아이 그림을 응시하는 것과 같다는 느낌을 받았다. 대화에서 한 걸음 물러남으로써 내 초점이 바뀌었고, 혼란스런 내용들 속에서 관계적 패턴이 급작스럽게 드러났다.

로리와 조셀린은 부모가 아이를 보호하는 전통적인 엄마와 딸 역할이 뒤바뀐 것처럼 보였다. 조셀린은 자신이 어떻게 아빠를 타임아웃(time-out)하게 했는지, 아빠에게 물건을 집어 던졌는지, 아빠와 어떻게 다퉜는지, 엄마를 방어하기 위해 어떻게 아빠에게 맞섰는지에 대해 열정적으로 설명했다. 대조적으로 로리는 그녀의 딸의 강한 감정 앞에서 다소 속수무책인 모습을 보였다. 그녀는 동정과 격려의 말을 했지만 그녀의 목소리는 공허했다.

회기의 초반 동안에 나는 그들이 모두 켄의 문제로 인한 피해자라는 가족의 아픈 이야기에 끌려들어가는 것을 느꼈다. 이제 조셀린과 로리의 관계가 조셀린의 증상에 기여하는 요인이라는 것을 볼 수 있게 되었고, 나는 새로운 행동을 만드는데 도움을 줄 수 있을 것이라 믿으며 불안감을 조성했다. 회상해 보면 이렇게 가족을 보는 것의 중요성은 이것이 '진실'이었는가에 대한 것이 아니라 이것이 유용했는가에 대한 것이었다. 내담자들과 이야기를 하면서 처음으로 나는 불안감을 조성하기 위한 목적을 가지고 질문을 했다. 위험을 감수하고 다른 무엇인가를 하면서 나는 목발에서 지렛대로 변신했다.

치료사: 조셀린, 내가 틀렸으면 말해 줘, 얘기를 들어보니 네가 너희 엄마를 아빠로부터 지켜드렸니?	나는 엄마의 안전을 지키는 책임을 지게 된 아이를 보았다. 내 목표는 이 관계의 균형을 깨뜨려 로리가 능력 있고, 힘을 갖게 하고, 조셀린이 엄마를 지켜야하는 책임에서 벗어나도록 하는 것이었다.

조셀린: 네.

치료사: 얼마나 오랫동안 그래 왔니?

조셀린: 다섯 살 때부터요.

나는 조셀린에게 그녀가 엄마의 '백마 탄 왕자님(kngith in shining armor)'처럼 행동하고 있으며 그녀가 '검을 들고 다니며' '밤에 베게 밑에 검을 두고 자는' 한, 악몽을 꿀 것이라고 이야기했다. 그리고 나서 로리를 보며 어떻게 하면 딸에게서 '검을 가져'올 수 있을지에 대한 질문했다. 이 시점은 그 후 여러 회기에 걸쳐 로리와 조셀린이 서로 관계하는 대안적인 방식을 발견하는 대화의 시작이 되었다. 만약 내가 나에게 익숙한 역할에서 물러날 의지가 없었다면 이 대화에 절대 참여할 수 없었을 것이다. 내 목소리에 복잡성을 증가시켜 나는 나를 더 부유하게 만들고, 내담자들도 더 부유해질 수 있는 가능성을 만들어 내고 있었다.

두 번째 가르침: 관계의 수준에서 개입하라

내가 윌슨 가족과의 첫 회기를 미누친 박사에게 발표했을 때 그는 내가 개인상담사였다고 선언했다. 나는 넋이 나갔다. 1년간 체계이론을 공부하고 몇 달간 그의 상담 그룹에 참석하면서 나는 체계론적으로 개념화하고 관계적으로 기능하고 있다고 믿었다. 나의 의도와 실천을 분리시킨 것은 대체 무엇이었을까? 내 회기의 어떤 특성들이 내가 개인 치료와 관계적 치료를 병행한다고 결정하는 것인가?

미누친 박사의 작업들에서 영감을 받기를 희망하면서 나는 그의 가족과 부부 평가하기(Assessing Families and Couples)(Minuchin, Nichols, & Lee, 2007)저서의 첫 사례를 다시 읽어보았다. 하지만 사례의 전부를 다 읽어보는 것이 아니라 축어록 부분으로 건너뛰었고, 미누친 박사의 질문들만을 읽으며 어떠한 맥락에서 질문했는지도 무시했다. 거의 즉각적으로 나는, 돌이켜 보면, 아주 명백한 사실을 깨우쳤다. 미누친 박사의 모든 질문들은 관계에 대한 정보를 요청하는 것이었다. 나의 회기와 비교해 보자 차이점은 분명했다. 미누친 박사의 첫 10개의 질문은 관계적이었으며 반 이상이 상보성을 나타내고 있었으나, 반면 나의 첫 10개의 질문은 거의 전적으로 개인에 대한 정보를 요청하는 것이었다.

〈표 11-2〉 **부모화 된 아이(The Parentified Child)에서 미누친 교수의 질문들**

	질문	질문에 나타나는 인물	상보성
1.	하지만 왜 **가족이** 함께 왔나요?	사라 + 가족	
2.	**가족 중 당신**만이 문제인가요?	사라 + 가족	
3.	**당신은 사라**에게 무슨 일이 일어나고 있다고 생각하나요?	자매들 + 사라	
4.	**가족 내 무엇이 혹은 누가** 그녀를 슬프게 할까요?	자매들 + 가족 + 사라	가족이 사라를 슬프게 한다.
5.	**그녀가 당신의 부관**인가요? **당신의 아내가 모두**를 위해 일을 하나요?	어머니 + 남편 + 가족	부인이 남편에 의해 징집 되고 / 가족에게 고용되었다.
6.	왜 **당신이** 이 일을 맡았나요? **당신은 아버지, 어머니, 아니면 형제**들을 보호하고 있나요?	사라 + 가족	딸이 가족을 지키기 위해 고용되었다.
7.	**당신만이 어머니**를 도울 수 있나요?	사라 + 어머니 + 가족	남편의 실패가 딸을 그 역할에 밀어넣었다.
8.	왜 **당신은 어머니**가 어머니가 되도록 허락하지 않죠?	사라 + 어머니	딸은 자신의 어머니가 어머니 역할을 하는 것을 방해하였다.
9.	아니요. **당신이 형제**들의 어머니가 되었어요. 당신이 언제부터 어머니의 조력자로 일하기 시작했는지 물어볼래요?	사라 + 형제들 + 어머니	어머니는 딸을 자신의 조력자로 만들었다. 딸은 어머니가 남자아이들을 돌보는 것을 막았다.
10.	집에서 어떤 논쟁을 하죠?	어머니 + 가족	

첫 회기에서 나의 질문들

1.	자, 그럼 내가 알고 시작했으면 하는 것은 무엇인가요?	나탈리	
2.	그게 누구에게 문제인가요?	나탈리 + 불특정다수	
3.	강박이라는 단어를 썼어요. 누군가가 당신에게 설명해 준 것인가요? 어디에서 그런 생각을 가지게 되었죠?	나탈리 + 불특정다수	
4.	그가 그런 말을 했다고요? 글쎄요, 그 말은 여러 사람들에게 다른 의미를 가지고 있어요. 당신에게는 어떤 의미인지 얘기해 줄 수 있어요?	나탈리	
5.	어떻게 그렇게 했죠?	나탈리	
6.	그럼 재확인하는 것이 도움이 되고 있었네요?	나탈리	
7.	여기에 오는 것에 어떤 부분이 도움이 될까요?	조셀린	

8.	어떤 특징인가요?	조셀린
9.	부모님은 이혼하신지 얼마나 됐죠?	조셀린 + 부모
10.	그리고 그때부터 악몽을 꾸기 시작했나요?	조셀린

이 깨달음을 얻자마자 나는 '광각 렌즈(wide-angle lens)'를 가지고 가족에게 돌아갔고 맥락에서 벗어나 각 개인에게 초점을 두는 것을 하지 않으려고 노력했다. 다음의 대화에서 로리는 그녀의 고통을 설명하고 있었고, 나는 그녀의 감정에 대한 세세한 인터뷰를 하기보다 그녀가 어떻게 나탈리와 조셀린에게 영향을 미치고 있는지에 대한 탐색으로 대화를 확장시켰다.

엄마: 패배자같은 느낌이 들어요. 나는 일을 제대로 하려고 너무나 노력했지만 어차피 틀렸어요.

치료사: 고개를 끄덕이네, 나탈리?

나탈리: 아뇨, 엄마에게 고개를 끄덕이지 않았어요. 저한테 끄덕였어요.

치료사: [로리에게] 당신이 그런 말을 하는 것을 나탈리가 들을 때 그녀의 기분이 어떨지 궁금하네요. 당신이 스스로를 패배자라고 부를 때….

> 나의 의도는 로리의 말이 나탈리에게 어떠한 영향을 주는지를 탐색하려는 것이었지만, 나는 조각가의 눈으로 보고 있지 않았다. 로리와 나탈리가 스스로를 패배자라고 불렀고 나는 그들의 꼬리표를 받아들였다. 그들의 '패배자' 정체성에 도전하고 그들의 관계에 대해 더 알아내기 위해서 나는 "이야기를 들어보니 나탈리가 당신의 쌍둥이가 되는 것 같네요. 어떻게 그런 일이 일어날 수 있다고 생각하나요?"라고 물을 수 있었을 것이다.

나탈리: 저도 그렇게 느껴요.

엄마: 우리는 똑같이 그렇게 느껴요. 아쉽게도 내가 그렇게 자랐고 나는 내가 그러는 줄도 모르고 그녀에게

이걸 옮겨 버렸어요.

치료사: 두 분 사이에 그런 연결이 있다고 한다면 나탈리가 당신이 패배자같이 느껴진다는 말을 들을 때 어쩌면 그녀도 패배자같이 느껴지겠네요?

엄마: 하지만 난 그렇게 자라왔어요. 그리고 내 남편하고도 똑같은 방식이었어요. 어쨌든, 그건 지나간 일이에요. 나는 한 시간 동안 패배자처럼 느껴지지만, 승리자처럼…… 느끼기도 해요.

나탈리: 하루의 나머지 시간 동안.

엄마: 하루의 나머지 시간 동안.

나탈리: 제가 그렇게 느껴요.

이 비유는 조셀린과 나탈리의 증상을 가져다가 파괴적인 관계의 방식으로 설명했다. 나는 '우울' '분노'와 '강박' 등의 단어들을 상호작용과 관련된 언어로 바꾸고 있었다.

치료사: 예전에 어땠는지를 생각해 보면, 여러분이 4명의 가족이었을 때, 당신의 결혼에 4명이 있었던 것 같아요. 당신과 남편이 있었고, 그리고 조셀린과 나탈리가 당신들 사이에 끼어 있었기 때문에 마치 4명이 결혼한 것과 같아요. 그리고 당신이 "나는 패배자야."라고 느낄 때 나탈리도 "나는 패배자야"라고 느끼죠, 왜냐하면 그녀는 당신의 결혼에 껴있었으니까요.

[나중 대화에서 같은 주제가 조셀린에게서 나왔다.]

엄마: [조셀린에게] 넌 날 버리는 게 아니야. 넌 너희 아빠와 나를 사랑할 수 있어. 그는 언제나 너의 아빠야.

조셀린: 아냐, 그렇지 않아. 그리고 난 우리가 이혼하고 나면 바로 정상으로 돌아올 거야.

이미 기반을 닦아 둔 후이기 때문에 나는 조셀린의 단어만 강조하면 되었다. 로리는 즉각적으로 반응했고, 그녀의 단호함

> 이 조셀린으로 하여금 그녀의 습관적인 보호자 역할에서 내려올 수 있도록 했다.

치료사: 그녀가 무슨 말을 했는지 들었나요? **"우리가** 이혼하기만 하면……."

엄마: 넌 이혼 안 해. 내가 이혼하는 거야.

이 회기의 마지막에 로리는 이 회기가 생산적이었다고 말하며, 아이들이 얼마나 자신에게 정서적으로 밀착되어 있었는지 이제 볼 수 있다고 말했다. 나는 관계적인 치료를 진행하는 방법에 대해 배우고 있었지만 이 가르침은 몇 번이고 다시 배워야 하는 것이었다. 나는 아직도 치료실에서 특히 아이들이 관련되어 있을 때 마치 방에 둘만 있는 것처럼 내담자에게 반응하기 위해 '초점을 맞추는' 내 모습을 느낀다. 그러나 회기를 분석하면서 내가 문제에 대한 체계론적인 관점을 유지하는 대신 그렇게 진행한다는 것을 볼 수 있었다. 내가 증상을 보는 방식은 내가 하는 질문과 내가 하는 개입을 완벽하게 바꾸며, 내가 내담자를 치유하는 일을 맡았을 때, 가족들이 현재는 물론 미래에도 치유 매체가 되는 것을 막는다.

세 번째 가르침: 가끔은 불편한 메시지를 전달하라

훈련 과정에서 들었던 미누친 박사의 "치료에 오는 모든 가족은 잘못되었다."라는 놀라운 주장은 가족치료의 핵심적인 원칙을 이해하는데 도움이 되었다. 수업에서 공부한 모든 글에서 모든 성향의 체계론적 치료사가 문제에 대한 내담자들의 견해가 제한되어 있고, 모든 가족이 현재 이용하고 있는 것보다 넓은 범위의 대인 관계적이고 개인적인 자원에 접근할 수 있다는 믿음에 근거하여 움직인다는 것을 확인했다. 이 시점의 훈련까지 나는 가능한 내담자들의 감각을 확장하기 위해 그들에게서 아이디어를 끌어내려고 시도했었다. 미누친 박사는 우리에게 내담자들이 불편함을 느낄 수 있는 방식으로 그들에게 도전하라고 격려했다. 내가 이 목적을 가지고 치료에 접근을 하자마자 나의 서투름을 강하게 인식하게 되었고, 윌슨 가족은 새로운 시도를 하려는 나의 시도로 큰 고통을 느끼게 되었다.

나는 초보 가족치료사의 경험을 너무 많은 공을 가지고 연습하려고 하는 초보 저글러(juggler)의 경험과 같다고 생각했다. 모든 공을 공중에 떠있게 하는 것은 극도로 어려운 일이고, 하나를 떨어트리는 순간 모든 것이 무너진다. 훈련 중인 치료사의 문제는 치료의 한 측면에서의 역량이 치료의 다른 측면이 부족할 때 비효율적이게 될 수 있다는 것이다. 다음의 발췌 내용은 내 방식에 도전적인 목소리를 포함하고자 노력하면서 가족들과 연결하지 못하는 것을 보여주고 있다. 조셀린이 몇 가지 악몽에 대해 묘사하고 있었고, 나는 로리에게 조셀린이 이야기하는 것을 도우라고 요청했다.

엄마:	그녀가 그런 꿈을 꾸는 것은 지금 일어나고 있는 일에 대해서 그녀가 걱정하기 때문이에요. [조셀린에게] 너는 강해. 그리고 그 꿈들은 사라질 거야, 왜냐하면 너는 보다 평화로운 자신을 발견할 테니까. 너는 마음 깊은 곳에서 네가 누구인지를 찾아 낼거야. 너는 정말 특별한 아이야. 너는 나에게 무척 소중해. 나는 네가 그 꿈들에 대해 걱정하지 않았으면 좋겠어. 가끔 우리는 우리가 왜 그런 꿈을 꾸는지도 몰라. 하지만 꿈들에 대해 걱정하지 마. 그것들은 꿈일 뿐이야, 현실이 아냐.	이 이야기를 들으며 나는 로리의 말과 그녀의 바디 랭귀지 사이의 괴리감을 느꼈다. 그녀는 마치 그녀도 믿지 않는 대본을 읽는 것과 같았다.
치료사:	조셀린에게 무슨 말을 하고 있나요?	
		나는 분명히 이 질문이 로리가 조셀린을 더 효율적으로 지지할 수 있다는 점에 도전하는 것이라고 생각했다. 나는 로리의 권위부족이 어떻게 조셀린이 책임을 놓는 것을 방해하고 있는지를 탐색하고자 했으나, 내 질문은 그 관계를 뒤흔드는 것이 아니라 강화하였다.
엄마:	그녀의 아빠가 돌아 오는 것에 대해…….	
치료사:	아뇨, 제 말은…… 그녀에게 무슨 일이 벌어지고 있나요?	
엄마:	넌 어떻게 생각하니, 조셀린?	이 짧은 교류에서 많은 일이 벌어졌다: 로리는 조셀린에게 해답과 지시를 바라

고, 조셀린은 그녀의 아버지에게 극도의
공격성으로 반응하며, 나탈리가 개입해
조셀린을 조용히 시키고, 로리는 아빠가
"나쁘다."고 넌지시 이야기한다.
이것은 굉장히 풍부한 정보이지만, 나는
가족에게 도전하는 것에 몰입해 있었으므
로 일어나고 있는 일들을 무시했다.

조셀린: 진정이 안 돼요.
엄마: 그래. 그럼 어떤 말이 듣고 싶니? 내가 어떤 말을 해
주길 바라니?
조셀린: 아빠가 죽었다는 말.
나탈리: 조셀린, 그건 아니다…….
엄마: 그렇게 말하면 안 돼, 조셀린. 아무리 나쁜 사람이
라도 그들은 변화할 수 있어. 그는 하나님이 너에게
주신 아버지이며, 우리는 그를 위해 기도할 거야, 하
지만 지금 당장 우리는 단지 네가 행복하고 안전하
다고 느끼는 것에 대해 걱정할거야.
치료사: 로리, 전…… 잘 모르겠어요. 혼란스럽네요. 다시
한번 당신의 이야기가….
엄마: 뭐가 혼란스럽다는 거죠?
치료사: 음, 저는 뭔가를 이해하려고 하고 있는데 놓친 것 같
아요. 당신이 조셀린에게 무슨 말을 하고 있는지 다
시 말해 주시겠어요?

내가 이렇게 거칠게 질문을 반복한 것은
의도적이었다. 나는 이 가족이 조셀린이
아빠에게 느끼는 감정에 대해 습관적인
패턴 안에 갇혀있다고 믿었다. '강도를 만
드는 것(creating intensity)'에 대해 읽
은 바가 있었고 로리에게 압력을 가함으
로써 그녀가 새로운 것을 하도록 도전하
고자 했다. 아쉽게도 내가 노련하게 사용

하지 못한 이 기법은 단순히 그녀를 방어적으로 만들었다.

엄마: 그녀가 아빠를 걱정하고 있기 때문에 그럴 필요가 없다…….

치료사: 당신이 그녀에게 그렇게 말하고 있는 동안, 그녀에게는 무슨 일이 일어나고 있나요?

엄마: 뭐, 나는 어떻게 다르게 말해야 하는지 모르겠네요.

나탈리: 단순하게 그냥 조셀린이 도움을 밀어내는 것 뿐이에요. 제 말은 다름이 아니라…….

이것은 나탈리가 구원자로서 역할하는 매우 좋은 예였지만, 다시 한 번 나는 그것을 놓쳤다. 나는 대화의 중심에 나를 둠으로써 방해를 받았고, 이는 내가 가족을 관찰하지 못하고 그들이 서로와 교류하는 것을 막았다.

치료사: 그래서 이건 조셀린의 잘못이다?

나탈리: 모두 그녀의 잘못은 아니에요.

엄마: 그 애의 잘못이 아니에요, 다만 그 애는 긍정적이어야 할 필요가 있어요.

월슨 가족이 새로운 눈으로 자기들을 볼 수 있도록 돕는 것이 아니라, 나는 그들의 역할을 강화하는 것에만 성공하고 말았다. 미누친 박사님께 이 회기를 발표했을 때, 그는 합류하기가 첫 회기 첫 20분만 하는 활동이 아니라 가족들이 가능한 효율적으로 도전하도록 만들어주는 매 회기마다 지속적으로 해야 하는 과정이라고 지적했다. 이 회기에서 나는 로리와 연결하는 것에 실패했고, 그녀가 전혀 다른 방식으로 볼 수 있는 다른 유리한 지점으로 함께 걸어가는 것이 아니라 그녀를 구석으로 몰아갔던 것이다.

치료적 관계의 필수적인 요소를 무시하는 것에 덧붙여, 나의 도전은 추측에 기반한 것이었다. 내담자들은 입증될 수 없는 제안들을 쉽게 묵살할 수 있다고 미누친 박사는 지적했다. 대신에 그는 우리를 그들의 관계가 치료실 내에서 살아나도록 했다. 내담자가 '춤을 추는 것을' 활성화하기 위해 우리를 초대했고, 재연을 통해 얻은 정보들을 활용하여 우리가 관찰한 특별한 것들을 내담자에게 반영할 수 있었다. 다음의 대화에서 나는 로리를 방어적인 위치로 밀어 넣지 않으면서 놀라움을 줄 수 있기를 바라며 미누친 박사의 질문을 빌려 왔다.

엄마: 이제 아이들은 자유롭게 자신을 표현할 수 있어요, 왜냐하면 아이들도 내가 소리 지르지 않을 거라는 것을 알거든요. 아이들한테 우리는 제일 친한 친구가 되어야겠다라고 말했어요. 저는 "나는 너희들의 엄마이고 너희들은 나를 존중해야 하지만, 동시에 나는 너희들의 친구도 될 수 있어."라고 말했어요. 이제 아이들은 알아요. 만약에 실수를 하더라도 저에게 솔직하게 말할 수 있다는 걸요. 어렵다고 하더라도요. 그래서 어떨 때 저는 아이들의 엄마이지만 어떨 때는 아니에요. 가끔 저는 나탈리의 친구에요. 그 애가 어떤 질문을 가지고 있더라도 저한테 올 수 있어요.

치료사: 몇 살이죠, 나탈리?

나탈리: 열다섯 살이요.

치료사: 그러니까 나탈리는 젊은 숙녀가 되고 있네요. 가끔 그녀는 엄마가 필요하고 가끔은 친구가 필요하죠. 하지만 조셀린은 열 살이에요. 그녀와는 어떻게 다른가요?

나는 엄마와 자녀들이 동등하다는 이미지에 경계했다. 조셀린은 엄마를 보호해야 한다는 책임감으로 인해 고통받는 것처럼 보였다. 나는 로리가 설명하는 이런 유동적인 부모-자식의 경계가 조셀린보다 그녀에게 더 득이 되는 것이 아닌가 고민했다.

미누친 박사와 메노티 가족(2장 참고)과의 회기를 기억하며 나는 부드럽게 들어가기로 했다. 나는 "어린아이에게 좋은 엄마가 때로는 나이가 많은 아이에게는 어려운 엄마가 된다."는 것을 역으로 말하고 있었다. 만약 로리가 내가 부모로서 그녀를 공격하고 있지 않다고 느끼면 앞으로의 도전을 좀 더 받아들일 수 있기를 바랐다. 로리라는 사람에 대한 도전이 아니라 특정 행동에 대한 도전이라는 것을 그녀에게 전달하는 것이 나의 의도였다.

엄마: 조셀린과 저는 같은 역할을 한다고 생각해요. 가끔 그애는 나한테서 뭔가를 숨기길 좋아하고, 전 "조셀린, 넌 나한테 솔직하게 말하고 있지 않아, 난 네가 솔직해지길 바라."라고 말하죠.

치료사: 그럼 그때는 당신이 엄마일 때인가요?

미누친 박사가 비슷한 질문을 하는 것을 들었다.

엄마: 맞아요. 제가 "자 어서, 우리는 진지하게 이야기할거야. 다시는 이렇게 하지 마, 난 너를 믿고 싶어."라고 해요.

치료사: [조셀린에게] 자 난 너희 엄마가 하는 말을 듣고 있어. 그녀는 항상 엄마이니? 그녀는 가끔 친구이니?

[엄마와 조셀린이 끄덕임]

치료사: 그럼 그 애가 당신의 친구일 때 조셀린의 엄마는 누구인가요? 그 애가 그 애 자신의 엄마인가요?

엄마: 네, 그 애가 내 엄마가 돼요.

치료사: 그 애가 당신의 엄마가 돼요?

엄마: [웃으며] 가끔 그 애는 내 엄마에요. 그 애는 나를 보살펴 주고 내 손톱도 다듬어 주고……

이 질문들은 로리가 존중받는다고 느끼는 대화 속에서 이루어졌다. 나는 이 질문들이 로리가 알아차릴 만하면서도 그녀가 방어해야 할 만큼 과하지 않은 '차기(kick)'가 되기를 바랐다.

치료사: 그럼 그 애가 당신의 엄마일 때 그 애의 엄마는 누구예요?

엄마: 몰라요. 우린 그 얘기는 안 해 봤어요.

다음 회기에서 로리는 이 대화에 대해서 생각해 보았다고 보고했다. "당신이 '당신은 어디있었어요?' 라고 말했을 때 느꼈어요. 그 애가 나인 것처럼 할 때, 그애가 내 역할을 할 때." 처음에 나는 내가 로리의 감정을 상하게 했다고 걱정했고, 내 반응은 그녀를 부모로서 존중한다는 것을 확신시키는 것이었다. 그녀가 내 질문을 통해 불안함을 느끼기는 했지만 모욕을 느낀 것은 아니라는 것을 이해하는 데 도움을 준 사람은 로리 자신이었다.

가족을 향한 나의 첫 도전들은 우리의 관계를 위험하게 만들 수 있었고, 나는 로리가 강하고 탄력성이 있는 여성이자 헌신적인 어머니여서 운이 좋았다. 그녀는 나의 무능함을 버텨내고 내가 적응하고 가족과 다시 연결될 시간동안 머물러 주었다. 나는 우리의 연결의 질에 항상 민감해야 하는 중요성을 배울 수 있었고, 나는 이 연결 안에서 어떻게 불균형을 만들어내는지를 배우고 있었다.

네 번째 교훈: 당신이 불확실한 전문가라는 것에 편해지라

우리의 치료 시간 중에 계속해서 표면화 되었던 주제 중 하나는 치료사의 권위를 둘러싼 딜레마에 대한 것이었다. 초보 치료사로서 우리는 경험부족을 뼈저리게 느끼고 있었고 실수를 하는 것에 대해 매우 두려워했다. 이러한 소심함 때문에 우리는 내담자들에게 도발적이거나 도전적인 이야기를 하는 것이 매우 불편했다. 만약 우리가 틀리면 어떡하나? 이러한 의심에 미누친 박사의 반응은 우리는 항상 틀리다, 왜냐하면 현실이란 항상 여러 가지 관점으로 만들어져 있기 때문이라는 것을 상기시켜 주는 것이었다. 중요한 것은 옳은 것이 아니라 유용한 것이다.

내 내담자들의 확신에 도전하기 위해서는 비판적인 목소리와 공감적이고 존중하는 목소리의 균형을 꼭 맞춰야 한다는 것을 배웠다. 아이러니하게도 의심하는 노력을 계속할수록 나 또한 나름의 확신을 가지고 이야기하기 시작했다. 나는 '알지 못함'의 위치에서 '모든 것을 앎'의 위치로 움직였다. 다음의 대화는 학교의 댄스파티에 초대 받은 나탈리와 로리의 관계를 탐색하려고 노력하면서 진행되었다.

나탈리: 그건 나에게 자신감을 주었어요. 그냥 세상 어딘가에 나의 자리가 있다는 것을 아는 것만으로도요. 우리엄마는 저에게 하루에도 몇 천 번씩 이야기해요…….

나탈리가 제공한 이 정보는 이 관계를 탐색하기 훌륭한 정보였지만, 이 교류에 대해 더 알아보는 시간을 들이기 전에, 그리고 어쩌면 재연을 시작하기 위해, 나는 즉시 개입하여 상호작용을 고치려 했다. 이는 매우 흥미로운 사실을 드러낼 수 있는

치료사: 엄마가 그걸 하루에 천 번씩 이야기 해줄 필요가 있
　　　　니?

나탈리: 아뇨.

엄마:　 천 번씩 얘기하지 않아요.

상호작용에 집중하지 못하게 했다.

나탈리: 아니에요.

치료사: 엄마에게 네가 뭐가 필요한지 말해 보렴.

나탈리: 그냥 과장일 뿐이에요. 당신은 저에게 "넌 할 수 있
　　　　어"라고 하루에 한 번 말해요.

엄마:　 그래, 난 그렇게 말해. 난 널 격려해 주지. 난 네가
　　　　할 수 있다는 것을 알기를 원해.

나탈리: 요즘 들어 전 좀 더 행복해요. 무슨 말이냐 하면……

치료사: 너는 엄마가 격려해 주는 것이 필요하니?

로리가 방어적이게 되자 나탈리는 즉시 뒤로 물러선다. 그녀는 스스로에게 과장 했다고 비난하고 보호하는 위치로 물러난다. 내가 '해결사(fixer)'의 태도로 있었기 때문에 나는 로리와 나탈리 사이에서 펼쳐지고 있는 상호작용을 볼 수 없었다.

나탈리: 제 말은, 가끔은요, 네.

치료사: 그럼 엄마에게 네가 무엇이 필요하고 무엇이 필요하
　　　　지 않은지 이야기해 보렴.

난 나탈리가 자신의 주장을 하는 것을 지지하려는 의도였지만, 사실 엄마를 더 보호하도록 만들어 버렸다.

엄마:　 네가 필요한 게 뭐니?

나탈리: 제가 우울한 상태로 들어가면, 전 엄마가 격려하는
　　　　게 필요해요. 흔들어서 정신 차리게요.

어쩌면 나탈리가 엄마가 화나지 않게 하려고 카멜레온이 되는 법을 배웠다는 것이 얼마나 흥미로운지에 대해 좀 더 고민을 했다면 훨씬 더 유용했을지 모른다.

미누친 박사가 언젠가 말하길, 가족들은 치료사에게 하나의 이야기를 하고 치료사는 가족에게 유사하지만 조금 다른 이야기를 한다고 했다. 이 회기를 돌아보고 나는 윌슨 가족에게 말을 하지 않고, 이야기를 설득하려고 하는 것이 보였다. 이는 마치 내가 한발자국 먼저 뛰어가면서 그들을 끌어와 내 관점에서 보게 하려고 노력하는 것과도 같았다. 당연히 로리와 나탈리는 재빨리 도망쳐서 나에게 자신들이 보는 관점을 설득하려고 더 열심히 노력했다.

나는 그들이 스스로의 관찰자가 되도록 돕기 위해 가족을 더 잘 관찰하는 사람이 되어야 했다. 이는 미누친 박사가 매주 우리에게 주는 익숙한 것을 익숙하지 않게 만드는 과제를 하는데 필수적인 것이었다. 그는 우리에게 물었다. "사람들에게 그들이 하는 행동들이 반복적인 것이고, 그들은 죄수라는 것을 알게 하기 위해 어떻게 도울 것인가? 어떻게 그들이 스스로를 새롭게 보도록 만들 것인가?" 나는 내 목표가 가족이 아직 이용할 수 없는 아이디어를 소개하는 것이라는 것을 알고 있었다. 문제는 내가 이 목표를 실행할 수 있는 기술들을 개발하지 못했다는 것이었다.

미누친 박사는 우리에게 치료사를 호기심과 즐거움을 가지고 삶의 불합리함을 관찰하는 기능을 가진 '불확실한 전문가'로 생각하도록 제안했다. 치료사는 가족이 동의하지 않는다면 '죄송합니다. 제가 많이 틀렸나 보네요. 저에게 설명해 주세요'라고 말할 수 있다는 것을 아는 자유를 가지고 이상하고 기이한 아이디어를 가족에게 소개할 수 있다고 그는 설명했다.

미누친 박사는 우리가 어떻게 내담자들에게 반응할 수 있었는지 제안하는 다음과 같은 예시를 제공했다:

- 실수로 머리를 잘랐다고 이야기한 아이의 엄마에게: 저는 당신이 단호하게 무시하는 모습에 매료 되었습니다. 그녀는 머리를 잘 잘랐고, 당신은 거짓말에 초점을 맞췄네요. 당신은 항상 그런가요? 당신은 부정적인 것에 모든 관심을 집중하는 성향을 가지고 있나요?
- 남편의 단점에 대해 매우 노골적으로 이야기하는 아내의 남편에게: 그녀는 항상 이렇게 말이 많은가요? 그녀는 굉장히 시적이네요. 그녀는 항상 이렇게 말이 긴가요?
- 학교에서 낙제하고 있는 십 대 여자아이의 아빠에게: 당신은 그녀를 여섯 살에 머물게 하네요. 저는 당연히 당신이 그러고 싶지 않다고 생각해요. 무엇이 당신을 그렇게 하게 만드나요?

나는 미누친 박사의 방식을 정확하게 모방할 수도 모방하려 노력해서도 안 된다는 것을 알았으며, 이렇게 초롱초롱한 눈빛으로 혼란스럽고, 호기심 많게 내담자들에게 반응하는 나만의 방식을 만들 필요가 있다는 것을 알았다. 만약 내가 나탈리와 로리의 대화로 돌아가 불확실한 전문가의 입장을 취할 수 있었다면, 나는 나탈리가 엄마의 기분이 나쁘다고 생각했을 때 그녀의 반응을 바꾸는 능력이 있다는 것을 관찰했을 것이고, 그 후 그녀에게 항상 이렇게 재능 있는 카멜레온이었는지를 물었을 것이다.

다섯 번째 가르침: 가족치료에서 지혜의 시작은 상보성이다

비록 관계적인 관점을 유지하는 법을 배우고 있었지만, 나탈리에 관해서 나는 아직도 그 가족의 현실에 얽매여 있었다. 그녀는 우울했고, 강박적인 생각에 압도된 상태였으며, 그녀의 부모의 적대적인 결혼생활과 몇 년을 함께 살며 상처를 입었다. 그녀와 말할 때면 내 안의 '아이 구원자'가 계속해서 날 차지했고, 이는 나의 역할을 중심적으로 만들고 나탈리와 다른 가족 구성원들 간의 관계를 관찰하는 것을 방해했다. 로리가 자신을 보호하도록 나탈리를 고용했다고 미누친 박사가 제시했을 때도 나는 나탈리의 행동이 어떻게 방패로써 기능했는지 상상하는 것이 어려웠다.

이 질문을 가지고 며칠을 씨름한 후에도 나는 여전히 의문이었다. 가족이 확신을 가지는 부분에서 나는 불확실함을 경험해야 한다는 것을 알고는 있었지만 그것은 마치 내 얼굴에 접착제로 붙어 있는 안경을 벗으려고 노력하는 것과 같았다. 다행스럽게도 그 주중 며칠 후, 제이 헤일리(Jay Haley, 1982)가 설명한 젊은 남성의 중독문제로 고생하는 한 가정의 사례를 읽게 되었다. 첫 회기에서 치료사는 그 부모가 서로 직접 대하는 것을 아예 멈추고 대부분의 소통을 아들을 통해서 한다는 것을 관찰했다. 그들은 아들의 중독에 대한 책임은 없었지만 이는 그들의 관계에 안정을 가져다 주었다. 따라서 아들의 회복은 그들이 원하는 것이긴 했지만, 또 한편으로는 그들에게 위협이 되는 것이기도 했다.

그제서야 나는 미누친 박사가 조각상을 보여 주며 망치는 망치일 수도 있고 말의 머리일 수도 있다고 했던 말을 이해했다. 당연히 로리는 아이들에게 최선을 다 하려고 했지만 그녀와 그녀의 남편이 아이들을 해치는 위치에 두었다. 그녀는 아이들을 위험으로부터 보호하기 위해 최대한 노력을 했지만, 그들을 방패로 이용하기도 했다. 아이같은 상태로 퇴행하면서 나탈리는 로리에게 자신을 묶어 두었고, 그녀가 무력하게 있는 동안 로리가 집을 나가 그녀를 버리지 못할 것이다.

　미누친 박사는 우리에게 "치료사는 해결사가 아니다. 치료사는 가족 구성원들이 서로를 변화시키는 맥락을 정리하는 사람이다."고 이야기를 했다. 이 이야기를 유념하고 나는 가족과 나 사이의 관계를 어떻게 이용하여 습관적인 가족 내 역할을 불균형하게 만들지를 생각했고, 회기 시작에 로리와 단둘이 이야기를 하기로 결정했다. 내 의도는 그녀의 역할을 강하게 만들고 딸들의 책임자 위치를 약하게 만드는 데 도움이 될 수 있는 동맹을 만드는 것이었다. 아이들에게 엄마와 내가 은밀하게 할 이야기가 있었다는 것을 알게 함으로써 나는 로리가 아이들에게 지지받고 보호받는 역동을 방해하는 무대를 꾸미고 있었다.

　로리는 학교에서 일찍부터 데리러 와 달라고 전화하는 나탈리의 최근 역사에 관련해서 설명하고 있었다.

엄마:　8시 반이었어요, 나탈리가 나에게 전화를 해서 "엄마, 지금 저를 데리러 오셔야 해요. 여기 더 이상 있을 수가 없어요. 제발 데리러 와주세요." 전 너무 화가 났어요. 뭘 어떻게 해야 할지 모르겠어요.

> 로리는 나탈리가 정신적으로 건강하지 않다고 믿었다. 나는 나탈리의 행동이 로리에 대한 반응이라는 생각을 소개하고 싶었다. 어린아이로서 나탈리의 이미지는 관계적 비유의 시작이었다. 나는 나탈리가 아프다는 로리의 이야기를 받아들이기보다 로리와의 관계에서 엄마에게 의지하는 작은 여자아이로 그녀의 행동을 묘사했다.

치료사:　음, 저는 당신이 이것에 대해 어떻게 생각하는지 물어보고 싶어요. 작년 한 해 동안 당신의 가족은 큰 변화를 겪었어요. 당연히, 나탈리와 조셀린에게는 정말 힘들었을 거예요. 가끔 이런 상황에서 아이들은 부모를 보호하려고 노력해요. 우리가 조셀린에 대해 대화했을 때와 같이 말이죠. 당신과 남편이 싸울 때 그녀가 들어와서 "나를 봐요!"라고 말함으로써

모두의 주의를 딴 곳으로 돌린 것 같아요. 어쩌면 나탈리도 다른 방식으로 당신을 지금 보호하려는 것일 수 있어요. 당신이 나탈리의 화난 모습과 학교에서 전화하는 것을 이야기할 때 그녀는 어린 소녀같은 느낌이 드네요. 어린아이요.

엄마: 그녀는 심지어 읽지도 못한다고 했어요! 선생님 말을 이해할 수도 없다구요!

치료사: 맞아요! 마치 아이로 퇴행하는 것 같아요!

엄마: 아이로요.

치료사: 저는 그녀를 그렇게 하게 만드는 것이 무엇인지 잘 모르겠어요. 어쩌면 그녀가 당신을 보호하려는 것일 수도 있겠죠. 왜냐하면 그러면 당신이 그녀의 엄마가 될 수 있고 보살펴 줄 수 있으니까요. 그녀는 어쩌면 그게 당신한테 안전한 곳이라고 느끼는지도 몰라요. 왜냐하면 그녀가 나이가 들면 당신을 떠나야 하는 것을 알고 있으니까요.

엄마: 나는 이제 그 애가 혼자 있을 수 없다는 것을 알았어요. 도움을 받기 전까지는요.

치료사: 이것은 마치…… 왜 사람들이 작은 아기가 있을 때 안전벨트하는 것 알죠? 이건 마치 그녀가 당신에게 "나는 아기예요! 여기 이걸 잡으세요. 저를 가까이 데리고 있어야 해요."라고 말하는 것 같아요. 알죠?…… 고삐 혹은 안전벨트?

엄마: 네 그런 벨트가 있어요.

치료사: 네, 둘이 함께 묶여 있는 것 같아요.

로리는 내가 재정의한 나탈리의 행동의 의미를 받아들이는 듯 했다.
나탈리는 우울한 십대에서 어린 소녀, 엄마의 지킴이로 돌아갔다.

로리는 이 교류가 있은 잠시 후 주제를 바꿨고, 그 후 우울한 나탈리의 이미지로 뒤돌아갔다.

나는 로리가 그녀를 혼자 둘 수 없다는 감정을 재구조화했다. 벨트의 이미지는 나탈리가 그녀의 증상을 통제하고 있을 뿐만 아니라, 그녀와 로리가 서로 행동을 만들고 있다는 것을 암시했다.

나탈리의 행동이 로리를 보호하려는 무의식적인 시도일지 모른다는 가능성을 소개한 후,

"나는 당신이 로리에게 성장해도 좋다는 허락을 해 주는 것을 돕고 싶다"라고 말했다. 우리는 이것이 로리에게 어떻게 도움이 될지에 대해 논의했고 로리는 동의했다. 따라서 나탈리와 조셀린이 치료실 안으로 초대되었을 때 로리와 나는 공동 치료사로 활동했다. 로리는 나탈리가 더 독립적이게 되는 것에 대한 준비가 되었다고 나탈리에게 이야기하며 시작했다.

나탈리: 엄마를 떠날 수 있으며, 우리 모두에 대해 너무 걱정하지 않아도 된다는 것을 알게 되니 좋아요.

엄마: 그 이야기를 들으니 좋구나. 나는 네가 자유로웠으면 좋겠어. 너는 갈 준비가 되었고, 나는 혼자 있을 준비가 되었어.

나탈리: 알고 있어요.

치료사: 엄마가 어떤 말을 하고 있다고 생각하니?

나는 로리를 지지하고 싶었지만, 그녀와 나탈리가 더 탐색하고 싶었다.

나탈리: 엄마는 저를 지지하기 위해 있지만, 엄마에 대해 걱정하지는 말라고 이야기하고 있어요. 이건 좀 흥미로운 생각이에요, 왜냐하면 우리는 서로를 돕기 위해 있지만 서로를 걱정하지는 않아야 하니까요.

치료사: 그래서 그 부분이 혼란스럽니?

나탈리: 충분히 깊게 생각하면 아니에요. 엄마는 단순하게 말하면 엄마에 대해 걱정하지 말라는 얘기를 하신 거예요. 저만 걱정하라고. 하지만 만약에 누군가가 위험에 빠져있다면 돕기 위해서는….

나는 나탈리가 모순된 말을 들었는지 궁금했다.

엄마: 만약 그런 상황이라면 우리는 모두 서로를 지킬 거야.

나탈리는 그녀와 로리가 한 구두 약속에 '조건'을 붙여 넣었다. 엄마를 지키는 것은 여전히 나탈리의 책임이었다. 로리가 동의하러 뛰어들었다.

나탈리: 네, 우리는 서로를 지킬 거예요.

이 시점에서 나는 어떠한 일이 일어났는지를 살펴보는 데 실패했고, 관계의 기저에 있는 특성에 도전할 기회를 놓치고 말았다. 다음 대화에서 나는 나탈리와 조셀린이 하는 이야기 이면의 관계적 상호작용을 훨씬 더 잘 파악했다.

치료사: 엄마를 혼자 두는 것에 대해 어떻게 생각하니?

나탈리: 내가 엄마와 여동생을 걱정하지 않고 갈 수 있을까요? 저에게는 새로운 시도일 것 같아요.

치료사: 진행방법에 대해 대화를 해볼 수 있겠니? [로리에게] 나탈리가 어떻게 하면 당신을 떠날 준비를 할 수 있을까요? 당신은 어떻게 그녀의 손을 놓을 준비를 하고, 그녀를 대문 밖으로 차버릴 건가요? [나는 차는 행동을 보여준다. 모두 웃는다.]

나탈리: 엄마는 절 쫓아내셔야 해요.

엄마: 쫓아내야지.

나탈리: 하지만 제 손을 잡으시진 않을 거예요.

조셀린: 하지만 엄마랑 나랑은 언니 곁에 있을 거야.

엄마: 그래 하지만….

치료사: 어쩌면 조셀린은 널 보낼 준비가 안 되었나 보다. 그녀가 너의 손을 잡고 집에 있게 하려고 하는구나.

조셀린: 물론이죠.

나탈리: 아냐, 조셀린, 하지 마. 내 손을 잡지 마.

조셀린: 그건 내 일이야.

치료사: 그럼 어쩌면 조셀린을 없애기 위해 맞서 싸워야 할

나는 나탈리와 로리가 분리에 대한 대화를 어떻게 진행할지가 궁금했다.

로리에게 어떻게 나탈리의 손을 놓아줄 것인지를 물어봄으로써, 나는 로리가 어느 정도는 딸을 붙잡고 있음을 암시했다. 내 의도는 나탈리가 성장할 수 있도록 로리가 다른 무엇인가를 하도록 도전하는 것이었다.

회상해보면 이때 조셀린은 로리를 보호하려고 했다는 것을 볼 수 있다. 만약 당시에 이것을 보았다면 로리에게 개입하라고 할 수 있었을 것이다.

대신에 나는 나탈리를 향한 조셀린의 행동을 강조했다.

나는 자신을 묶고 있는 줄을 자르려고 노력하는 전사인 나탈리의 시도를 계속해서 지지한다.

나는 내 내담자의 능력에 대한 나의 자신

지도 몰라. 그래야 네가 도망칠 수 있어.

나탈리: 전 조셀린의 손을 잡고 싶지 않았어요.

치료사: 좋아, 그럼 조셀린은 너를 붙잡아 두려고 노력할 수
도 있겠네. 그녀는 너를 머무르게 하려고 노력할 수
도 있지만, 너는 놔두지 않을 거야.

조셀린: 난 내 가족을 지키고 싶으니까요.

나탈리: 조셀린, 나에 대해 걱정하지 마. 엄마도 그러려고 하
시잖아. 너도 그렇게 해야 해.

감을 과장하는 경향이 있다. 내가 비관적
인 입장을 취하는 것이 회기에서 더 에너
지를 불어넣을 수 있었을지도 모른다.

월슨 가족을 만나고 처음으로 나는 각자의 행동이 다른 가족 구성원에게 어떻게 연결되어
있는지에 대한 명확한 느낌을 가지고 회기를 진행했다. 우리의 대화는 한명의 고통에 대해 알
아보는 것으로부터 이 고통을 유지시키는 가족 조직에 대한 관계적 탐색으로 변화했다.

여섯 번째 가르침: 메리 포핀스 되기

가족의 7번째 회기에서 미누친 박사가 상담을 했다(12장 참고). 이 만남에서 그는 각자의 가
족 구성원과 친밀하면서도 동시에 거리를 두는 관계를 하였다. 이 회기 후에 이러한 특징을 어
떻게 표현해야할지 고뇌하고 있는데, 미누친 박사가 장난스럽게 자신을 요다(Yoda)에 비유했
다. 이 비유는 거리감 있는, 권위 있는, 그리고 장난스러운 위치에서 내담자들과 관계하는 그
의 능력을 완벽하게 표현해 주었다. 미누친 박사가 우리에게 가르쳐주고 있는 기술들의 많은
부분이 우리에게 자신의 치료적 입장을 만들기를 요구하고 있다는 것이 순간 나에게 명확해졌
다. 나는 일반적으로 내담자들에게 너무 가까이 있었지만 나는 그 대안이 무엇인지 찾아보려
고 노력해왔다. 미누친 박사를 관찰하며 나는 일상속의 모든 사람들과 관계하는 방식과 질적
으로 다른 방식으로 내담자들과 관계하는 방식을 개발해야 한다는 것을 알았고, 나는 내 성격
에도 맞는 요다의 특성을 가진 여성 인물을 찾기 시작했다. 운 좋게도 나의 날쌘 동료 한명이
나에게 완벽한 인물을 제공했다. 바로 메리 포핀스!

매리 포핀스는 정확하게 뱅크스 가족의 규칙을 받아들이지 않고 가족 체계에 들어감으로 뱅크스 가족의 삶을 변화시킨다. 처음부터 '바람이 바뀔 때까지만' 머물겠다는 것이 그녀의 의도였고, 그녀가 가족과 밝고, 자신감 있고, 수수께끼 같이 관계하는 방식이 가족들과 본질적으로 분리되어 있다는 것을 전달한다. 그녀를 모델로 삼는 것이 현재 나에게 부족한 조작성과 권위를 줄 것이라는 것을 알았다. 다음 번에 내가 월슨 가족을 만났을 때, 나의 한쪽 어깨에는 미누친 박사를, 다른 쪽 어깨에는 매리 포핀스를 데리고 갔다. 다음 세부분은 내가 회기를 진행하는 방식의 미묘한 차이를 보여 준다.

치료사: 나탈리, 너는 더 이상 아이가 아니야.

> 조셀린과 나탈리는 마치 조셀린이 언니인 듯이 관계했으며 이는 나탈리는 약하고 조셀린이 강하다고 로리가 믿는 가족 조직을 지지했다.

나탈리: 네, 그리고 제 나이에는…….
치료사: 왜 너는 엄마가 이런 모든 것을 계속해서 상기시켜 주는 것이 필요하니?
나탈리: 저도 잘 설명할 수 없어요. 말하기 어려워요.
조셀린: 나탈리, 말해!
나탈리: 그리고 알아요. 왜냐하면 내가 볼 때…….

나는 자매라는 하위체계에 대해 논하기 위해 갑자기 기어를 바꾸었다. 조셀린은 책임지는 역할에 갇혀있었고, 나는 로리를 도와 이 위치에서 그녀를 자유롭게 하고 싶었다.

치료사: 그만! [로리에게] 나탈리를 작은 동생처럼 취급하는 것을 멈추도록 조셀린을 도와줄 수 있겠어요?

나는 로리에게 두 딸을 다르게 양육하는 것에 대해서 물었고, 그녀는 딸들이 자신의 임무를 마치게 하는 것에 대한 어려움을 이야기했다. 이 대화는 내가 이야기하고자 의도했던 로리와 나탈리의 관계가 어떻게 '감옥'이 되었는지와는 동떨어진 것이었다.

나는 미누친 박사가 어떻게 가족의 요구에서 자유로웠는지를 관찰했다. 그는 유용하지 않고, 반복적이며, 그리고 문제에 대한 관계적 이해에서 벗어나기 시작하는 대화를 무시하거나 중지시켰다. 윌슨 가족이 하는 모든 이야기에 반응해야 한다는 필요에서 자유로워지고 나니 관계의 중간에서 작업하기가 쉬워졌다. 작게는 나는 무대 위의 배우들을 정리하는 연극 감독 같은 느낌도 들었다. 내 목표는 가족에게 어떻게 행동해야 하는지를 말해 주는 것이 아니라, 그들의 현재 체계에 내포된 규칙들을 두드러지게 하고 대안들을 탐색하게 하는 것이다.

치료사: [로리에게] 나탈리는 조셀린을 바라보고 있고, 나탈리와 조셀린은 당신을 바라보고, 그리고 당신은 그들을 바라봐요. 저는 여러분이 모두 집에서 서로에게 너무나 많은 관심을 쏟고 있는 모습이 그려져요. 나탈리, 넌 그렇게 살 수 없어.

나는 이 진술이 나탈리와 로리 둘 다에게 감정을 불러일으키고자 하였다. 상담을 중에 미누친 박사는 로리가 나탈리와 자신 사이의 탯줄을 다시 기르고 있고, 나탈리는 로리의 관찰에 의해 제한을 받고 있다는 생각을 소개했다. 로리는 절박하게 자신의 아이들을 돕고 싶었지만, 그녀 또한 그들을 함정에 빠뜨리는 위치에서 빠져나올 수 없었다. 나탈리는 미누친 박사의 메시지를 이해한 듯 보였고, 따라서 나는 그녀를 대안적인 가족의 삶을 위한 대변인으로 영입했다.

나탈리: 네. 의존에 가깝죠. 사랑받고 존중받고, 내가 필요한 것을 제공받는. 그런건 나에게 좋고, 전 감사해요, 하지만 가끔은 너무 지나쳐요.

엄마: 으음?

나탈리: 그냥 가끔은 너무 지나쳐서 우리는 이걸 당연하게 여기게 된다는 거예요.

치료사: 어떻게 하면 그녀가 새장 문을 열 수 있을까요?

나탈리는 자주 로리의 비난을 부드럽게 했으며, 여기서 그녀는 자신이 배은망덕하라고 자책하기 시작했다.
나는 이러한 생각을 거부하고 로리가 나탈리를 불안에서 자유롭게 할 수 있다는 메시지를 보냈다.

가족 체계에서 이방인이라는 느낌의 증가는 나에게 치료실 내에서 다른 관점을 주었다. 그것은 마치 조감도를 가진 것처럼 같이 지속적으로 가족 전부와 관계할 수 있도록 해 주었다. 내가 나탈리에게 어떻게 하면 로리가 "새장 문을 열 수 있을까요?"라고 물었을 때 그것은 로리에게 직접적으로 말할 수 없을 것처럼 느껴지는 것을 간접적으로 전달하는 방법이었다. 나는 그녀가 반응할 필요를 느끼거나 방어적이지 않고 이 도전을 듣기를 원했다.

치료사: [로리에게] 내가 생각할 때는 당신이 갈 수 있는 다른 사람이 있다는 것을 그들이 아는 것이 필요할 것 같아요, 왜냐하면 만약 그들이 당신이 다른 누구에게도 의지할 수 없다고 생각한다면 그들이 책임감을 느낄 테니까요.

엄마: 내가 아이들하고 얘기할 때는 내가 지지가 없어서가 아니에요. 나는 애들한테 왜 내가 화가 났는지를 알리고 싶었어요. 그게 유일한 이유예요.

치료사: 전 당신에게 다른 사람이 있다는 것을 그들이 아는 것이 필요하다고 생각해요.

엄마: 제 말은, 사실 저도 그래요. 그들은 내가 아멜리아와 캐서린이 있다는 것을 알고…….

치료사: 당신은 그들에게 그것에 대해 이야기를 해 주고 그들이 이해하도록 도와줄 수 있나요?

엄마: 아멜리아, 캐서린…… 조니도, 날 많이 지지해 줘요.

나탈리: 그럼 엄마는 내가 엄마의 감정에 반응하는 걸 원지 않는 거예요? 그건 어색할 것 같은데요, 왜냐하면 내가 엄마에게 관심이 없는 것 같을 거잖아요.

엄마: 아냐. 그냥 너의 인생에 집중해. 매일 네가 해야 하

나는 아이들을 부부 하위체계에서 쫓아내고 싶었고 이 순간에 매우 지시적인 것을 선택했다.

로리는 내 주장에 도전해왔지만 나는 잠깐 그녀와 자녀들 사이에 위치했고, 내 입장을 조금 더 고수했다.

나는 로리와 반대 입장에서 그녀를 도와주는 입장으로 옮겨갔다. 나는 그녀에게 다른 답변을 하도록 그녀를 압박했지만 그녀가 방어적이게 되는 것을 원치 않았다.

나탈리는 엄마의 절친한 친구 역할에서 벗어나는 것이 쉽지 않았다.

나탈리의 바로 전 이야기는 그녀가 엄마

는 것들에 말야.

치료사: [로리에게] 그녀가 언제 이 임무를 맡게 되었는지 그녀에게 알아봐 줄 수 있나요?

엄마: 언제부터 그렇게 되었니, 나탈리?

나탈리: 제가 여섯 살인가 일곱 살 때 시작했다고 생각해요. '엄마랑 아빠, 누구 편을 들어야 하지?'라고 생각했어요. 왜냐하면 중립이라는 것 따위는 없어요. 왜냐하면 지금이든 나중이든 결국은 누구 한 명과는 편이 되어야 해요. 엄마와 아빠의 차이에 대해 생각했었어요. 그런데 수차례 엄마는 저에게 엄마가 아빠로부터 얼마나 많은 고통을 받고 있는지에 대한 감정을 이야기하곤 했어요. 그 후에 나는 엄마의 편이 돼야 하는 것처럼 느껴졌고, 그냥 엄마 주위에 있어야겠다고 느껴졌어요, 내가 좋은 일을 하는 것 같이 느껴졌거든요.

의 보호자라는 그녀의 역할을 알아차렸다는 것을 보여 준다. 로리에게 나탈리가 얼마나 이 역할을 해 왔는지를 물어봄으로써 나는 로리가 나탈리에게 사임할 허락을 해줄 무대를 조성하고자 했다.

나탈리가 묘사하는 그녀의 어린시절의 경험은 매우 감동적인 것이었고, 로리에게는 이 말들이 내가 할 수 있던 어떤 말보다 훨씬 더 강했을 것이라고 단언한다. 나는 대화를 이용해 로리의 고통을 둘러싼 가족 조직에 도전하려 했고, 이는 새로운 교류가 일어날 수 있는 공간을 만들어 주었다.

이 마지막 가르침은 나에게 회기의 매 순간마다 어느 정도의 거리를 가져야 할지를 선택할 수 있도록 해 주었다. 이 유연성이 추가되고 재연을 만드는 것, 지지하는 역할과 도전하는 역할 사이에서 옮겨 다니는 것, 여유를 가지고 가족 규칙이 운영되는 방식을 관찰하는 것, 모두를 고치고자 하는 욕구를 단념하는 것들이 훨씬 쉬워졌다.

미누친 박사에게 배우는 과정은 어떤 방향에서는 그의 내담자가 되는 경험과도 같은 모습이었다. 그는 정확하게 얼마나 나를 압박해야 하는지와 언제 내 등을 토닥여 줘야 하는지 알았다. 그의 도전들은 나를 당황스럽고 어리둥절하게 만들었지만, 궁극적으로 그것이 나로 하여금 나의 한계를 넘어서고 새로운 것을 시도하도록 반응하게 한 것이었다. 그가 나에게 소개한 기술들을 마스터하기까지 수년이 걸리겠지만, 그의 슈퍼비전 덕분에 나는 가족치료사의 다양한 렌즈로 보기 시작했다. 나를 치료사이자 한 인간 존재로 스스로 바라보던 확실성에 도전해 준 미누친 박사에게 깊은 감사를 드린다.

제12장

미누친과 윌슨 가족

앞장에서 발표되었던 회기 얼마 후, 윌슨 가족의 7번째 가족치료 회기에서 미누친이 면담을 진행하였다. 엄마, 나탈리, 그리고 조셀린이 참석하였고, 헬렌 또한 참석하였다. 헬렌의 슈퍼바이저로서 미누친은 많은 정보를 가지고 전략적인 관점에서 면담을 진행할 수 있었다. 그는 이미 헬렌과 금요일 집단에서 제시된 문제와 어떻게 외재화를 할 것인지, 가족의 정체성 측면, 그리고 가족 구조가 치료사에게 요구를 하고 있는 방식 등에 대해 논의했었다. 치료실에 들어서자 미누친에게는 두 내담자가 있었다. 윌슨 가족, 그리고 헬렌. 그의 목표는 이 각각의 체계들을 강화시켜 그들이 치료를 시작했을 때보다 보다 더 풍부한 면담을 하도록 하는 것이었다.

엄마: 안녕하세요, 좋은 오후네요. 만나서 반가워요. 헬렌의 선생님이세요? 당신 이름이 기억이 안 나네요.

미누친: 미누친이에요. 저는 펜 대학교에서 가족 치료 교수였어요. 그리고 지금은 보카에 살고 있는 은퇴한 노인이에요. 그리고 나는 헬렌이 당신을 도와주는 걸 도와주고 싶어요. 우리는 한 시간 반 동안 함께 할 거고, 제가 뭘 할 수 있는지 보겠어요. 헬렌이 당신과 함께 했던 몇 개의 회기는 보았어요, 그녀가 수업하면서 보여 주었거든요. 그러니까 여러분이 왜

그녀를 보러오는지에 대해서 물어보는 것부터 시작
할까요?

엄마: 네가 시작하고 싶니, 나탈리, 아니면 내가 시작하길
원하니?

나탈리: 엄마가 시작하셔도 돼요.

엄마: 그래. 우리는 인생에서 가장 힘든 시간을 보내고 있
는데 도움이 필요해서 왔어요. 우리 가족, 남편, 아
이들, 그리고 저, 우리가 겪고 있는 것은…… 하지만
더 이상 견딜 수 없는 마지막 한계까지, 우리가 무엇
을 겪고 있는지를 알지 못하는 것이 아니라……. 우
리가 전에 보지 못했던 것을 보는 것이 너무 어려워
요. 내가 보지 못한 것이요.

미누친: 제가 당신이 생각하는 것을 이해할 수 있도록 도와
주세요, 너무 일반적이거든요. 자세히 이야기해 주
세요.

엄마: 학대, 심한 말, 폭력…….

미누친: 어떤 학대인가요? 남편과 당신에 대한 이야기인가
요?

면담을 시작하고 몇 분 지나지 않아 미누
친은 가정폭력이라는 매우 심각한 주제를
가져왔다. 가족의 과거에서 나온 이 사실
이 그들이 현재 기능하는 방식에 중요한
조직 원리로 작용한다. 미누친은 학대의
세부 특징과 그것이 다른 가족 구성원들
에게 어떻게 영향을 미쳤는지를 밝히려고
하였다. 왜냐하면 그는 그 가족이 더 이상
일어나지 않는 학대를 다루기 위해 조직
화되어 있을 가능성이 높다는 것을 알기
때문이다.

엄마: 제 남편과 저요. 맞아요.

미누친: 어떤 학대였나요?

엄마: 일반적인 학대요. 심한 말. 굉장히 심한 말이요. 굉장히 불쾌한 말들이요.

미누친: 가끔 신체적인 것도 있었나요?

엄마: 가끔 신체적인 것도 있었어요. 내 목을 한 번인가 두 번인가 졸랐죠.

미누친: 그래요. 그럼 그 일이 있을 때 자녀들이 함께 있었나요?

엄마: 나탈리가 있었어요.

미누친: [나탈리에게] 네가 있었구나. 그것에 관련된 너의 경험이 어땠는지 말해 줄래? 무슨 일이 있었니?

나탈리: 제가 직접 보았을 때, 무서웠어요 왜냐하면 우리 아빠가, 아빠가…… 무서웠어요 왜냐하면 우리 아빠는…….

미누친: 내가 본 것을 말해 줄게. 나는 네가 나에게 반응하는 것을 보았어. 그리고 네 엄마가 너와 나를 돕기 위해 너에게 "앞으로 앉아." 그리고 "크게 말해."라고 하는 걸 보았단다. 이건 네 엄마가 자주 하는 행동이니?

미누친은 가족이 제시하는 문제에 대해 그들이 이야기할 수 있도록 하며 회기를 시작했다. 이 대화가 진행되는 동안 그는 비언어적인 의사소통에 관심을 가지고 있다. 이것은 관계 수준의 개입의 시작이다. 그는 나탈리와 엄마 사이에 일어나는 통제(그리고 지지) 패턴에 특별히 초점을 맞추고 이야기를 중단한다. 가족원들 간의 근접성과 밀착에 관한 문제들은 이 회기에서 계속해서 중요하다…….

나탈리: 네. 부정하진 않겠어요.

미누친: 그리고 엄마가 그렇게 한 이유는 뭐니?

나탈리: 엄마는 저에게 최선을 원하세요.

미누친: 아하. 그리고 엄마는 네가 스스로 그것을 할 수 없

다고 생각하시니?

나탈리: 그건 잘 모르겠어요….

미누친: 내 말은, 엄마가 너의 목발이니? 아니면 너의 지팡이? 봐, 내게 지팡이가 있어. 너희 엄마를 쓰지말고 이걸 가지렴. [미누친이 나탈리에게 지팡이를 준다] 엄마를 이용하지 말고. 너는 지팡이가 필요없다고 엄마에게 말하렴.

엄마: [나탈리에게] 나에게 말해.

나탈리: 나는 도움이나 지팡이가 필요하지 않아요.

미누친: 너도 알다시피 나탈리, 나는 아흔 살이야. 난 그 지팡이가 필요해. 그게 없으면 나는 넘어져. 근데 넌…… 넌 몇 살이니?

나탈리: 열여섯 살이요.

미누친: 그럼 넌 확실히 그게 필요가 없구나. 그게 첫인상이야. [막내 딸에게] 네가 그렇게 도움이 된다는 점이 흥미롭다. 그리고 네 이름은?

조셀린: 조셀린.

미누친: 조셀린, 너희 엄마는 너도 도움이 필요하다고 느끼시니?

조셀린: 가끔, 우리 엄마는 내 도움이 필요해요. 그리고 난 항상 엄마를 돕기 위해 거기 있구요.

미누친: 넌 몇 살이니?

조셀린: 열한 살 밖에 안 됐어요.

미누친: 넌 열한 살이구나. 그럼 아직은 나탈리보다는 많은 도움이 필요하겠구나. 그렇게 생각하니?

미누친은 그 가족에게 지팡이를 사용하는 '노인'으로 합류하지만 나탈리와 엄마사이의 관계에 계속 집중한다. 그는 자신의 지팡이를 엄마-큰딸의 관계를 비유한 것으로 사용한다.

미누친은 각 가족 구성원들과 접촉을 했고 학대를 받았던 이혼가정의 독특한 구조를 탐색하기 시작했다. 상담사로서 미누친은 헬렌이 진행한 이전 회기에 이어 탐색을 계속했지만 새로운 것이 아니다.

조셀린: 그렇겠죠.

미누친: 아이는 엄마가 필요하지 않은데 엄마는 여전히 아이가 필요할 때가 있어요.

[로리에게] 그래서 당신은 아직 나탈리가 필요하네요. 남편과 헤어지고 나서 더 그런가요? 헤어지고 나서 무언가 달라졌나요? 자, 이제 여러분은 3인 가족이에요. 여러분은 4인 가족이었나요 아니면 두 개의 가족이었나요? 나는 네게 묻고 있어, 나탈리, 왜냐하면 내가 하고 있는 말을 네가 이해하기를 바라기 때문이야. 아버지가 집에 있었을 때, 너희 가족은 두 개의 그룹으로 구성되어 있었니? 너희 아버지는 따로 있고, 엄마와 두 딸이 함께 있었니?

나탈리: 네. 우리 아빠는 대부분의 시간에 엄마를 피하려고 했고 그래서…… 어떤 때는 내가 엄마하고만 주로 이야기를 하고, 어떤 때는 아빠하고 얘기하고, 하지만 한번도 엄마랑 아빠랑 함께 얘기하진 않았어요.

미누친: 좋아요. 이 모든 일이 일어나기 전에 그렇게 당신과 아이들이 한 단위로 가족이 구성되어 있었군요.

이 과거에 대한 탐색은 현재를 이야기하기 위한 전주곡이다. 이전에 가족이 어떻게 조직되어 있었는지를 강조하며 미누친은 어떻게 이런 가족 형태가 더 이상 필요없는지를 논의할 무대를 만들고 있다.

엄마: 음-흠.

미누친: 그리고 당신의 남편은 별거 중이었어요. 그리고 남편과 당신이 갈등을 하고 있었고, 당신이 갈등상황에 있을 때 아이들에게 무슨 일이 일어났나요? 당신 둘 사이에 끼어들려고 노력했나요?

엄마: 아뇨. 왜냐하면 거의 대부분 내가 남편과 문제가 있을 때 그들은 거기 있으면 안 됐거든요. 애들 앞에

서는 안 싸우려고 노력했어요. 조용히 하려고 노력하거나, 싸움을 시작하지 않으려고요. 남편이 카페트가 검은 색이라고 이야기하면 난 하얀색인걸 알았지만 그냥 "그래."라고 말하려고 노력했어요.

미누친: 당신이 참고 있었군요. 잠자코 앉아 있는 것은 굉장히 어려운데.

엄마: 어려워요. 하지만 나는 많은 시간동안 침묵하는 것을 배웠어요. 싸움을 피하려고요.

미누친: 하지만 그들이 몰랐을 거라고 생각하나요?

엄마: 슬프지만 저는 아이들이 몰랐을 거라고 생각했어요, 하지만 봤더라고요. 지금까지 몰랐어요. 나는 10년이 지나도록 나탈리가 자기 아빠가 그런 행동을 한 것을 보았다는 걸 몰랐어요. 지금까지 몰랐어요.

미누친: 그녀가 말해 줬나요?

엄마: 나탈리가 두세 달 전에 말해 줬어요, 아빠가 엄마 목을 조르려 하는 것을 봤다고. 몰랐어요. 난 참 많은 것을 몰랐어요. 나는 내가 그들이 못보도록, 못 듣도록 참 많은 것을 피하고 있다고 생각했는데, 그리고 내가 남편과 이야기할 때는 아이들 없는 곳에서 하려고 노력했는데. 하지만 난 아무것도 해내지 못했어요.

미누친: 제가 아이들이 무엇을 경험했는지에 대해 알아보기 위해 아이들과 조금 이야기해도 되겠어요?

엄마: 당연하죠.

미누친: 그래요. 조셀린, 아빠가 집에 계실 때랑 지금이랑 다

이 의외의 질문은 중요한 기능을 가지고 있다. 미누친은 이 회기에 전문가의 입장으로 참석했지만 엄마에게 아이들과 더 이야기하는 허락을 구함으로써 그녀를 능력있는 어른의 위치에 놓고 있다.

른 점이 뭐니? 다른 점이 있니?

조셀린: 뭐, 아빠가 떠나고 나서 다른 점이 조금 있었어요. 아빠가 떠나고 나서 집에 다툼이 더 이상 없었어요.

나탈리: 적어졌죠. 더 명확하게 말하면 무의미한 논쟁을 위한 다툼이 없어졌어요.

미누친: 그거에 대해 설명해 줄래, 내가 이해가 안 되거든.

나탈리: 아빠는 우리가 아빠의 자존감을 높여 주려고 할 때마다 엄청 다투었어요. 아빠는 작은 것에 분노하곤 했어요. 만약에 아빠가 조금이라도 어떤 것 때문에 고통받으면, 매번 저희 엄마나 내 동생이 주로 위로해 주려고 노력하는데, 우리 아빠는 왠지 모르게 굉장히 짜증스럽게 받아들였고, 그래서 엄청 화를 냈어요. 성공하는 것에 대한 두려움이 있나보죠, 진짜. 아니면 그냥 게으르든가.

미누친: 언제 정신과 의사가 되었니?

나탈리: 제 말은 저는 많은 것을 관찰해요.

미누친: 내가 감탄해서 네게 물어보는 거야. 너는 좋은 관찰자야, 그런데 나는 네가 언제부터 사람들의 관찰자가 되기 시작했는지 관심이 가는구나.

미누친은 유머로 합류했지만 그는 IP가 개인적인 병이 있다고 보는 것에서 다른 사람, 특히 엄마를 관찰하면서 그녀를 돕고 보호하고 싶은 욕구에서 증상이 발달한 것으로 변화시켰다. 그는 IP로 시작하여 그녀를 자신과 동등한 수준의 위치에 놓고, 가족 구성원들의 서로에 대한 관점을 확장시켰다.

미누친은 나탈리의 유능함에 초점을 맞추고 그녀와 합류한다. 그는 다른 치료사들이 병적이라고 할 수 있지만 그는 이것을 유능함으로 재정의하면서 어려운 부분을 탐색하기 시작했다. '사람 관찰자'라고 묘

나탈리: 제가 아주 어렸을 때 진짜 시작됐어요, 왜냐하면 저는 사람들의 감정을 알아채거든요. 전 이야기도 하고 사교생활도 하지만 난 대부분의 사람들만큼 사교적이지 않아요. 그래서 사람을 보면, 전 그 사람들의 성격을 관찰하고, 여러 가지를 알아내려고 노력해요, 왜 그 사람들이 그런지.

미누친: 그럼 너는 사람 관찰자구나.

나탈리: 여러 번, 네. 그리고 전 질문을 하려고 해요, 왜 사람 마음은 그럴까라던가, 왜 우리는 기술을 배우고, 우리가 알아야 할 필요가 있는 모든 기술을 확인할 필요가 없는 것일까하는 질문요, 예를 들면, 말하자면 우리는 모든 단어의 정의를 풀지 않고…….

미누친: 너는 나를 잊고 있고 이건 도움이 되지 않아.

나탈리: 저도 이게 도움이 되지 않는다는 건 알아요.

미누친: 왜냐하면 나는 널 위해 여기 있고, 지금 이 시점에서 너는 나를 생각하지 않고 혼잣말을 하고 있어. 내 말이 이해가 되니?

나탈리: 네, 선생님은 제가 그 정보를 선생님과 관련시키지 않는다고 말씀하시는 거예요.

미누친: 맞아. 너는 독백을 하고 있어. 그리고 너는 마치 나와 같이 하는 대화인 것처럼 독백을 하고 있어. 그래서 말하자면, 난 너에게서 사라졌어. 너는 나와 함께 하고 있지 않아. 너는 네 안에서 생각을 되풀이하고 있었어. 그리고 나는 이게 너에게 흔한 경험인지 궁금해.

나탈리: 네, 그래요.

사되는 나탈리는 이 관찰을 하는 습관을 통해 타인들과 연결하고 있다.

미누친은 나탈리의 생각의 특성에 대한 대화로 그녀에게 관여한다. 이는 개인을 하나의 하위 체계로 탐색하는 부분이다. 나중에 그는 이 정보를 이인조, 삼인조, 혹은 온 가족의 탐색의 부분으로 사용할 것이다.

미누친: 그래서 너는 외롭겠구나, 얘야.

나탈리: 전 친구들도 있고 사람들하고 이야기를 해요, 하지만 전 그냥…….

미누친: 그래?

나탈리: 전 그냥…… 네. 그리고 이건 정말 제 잘못이에요.

미누친: 아니, 이건 네 잘못이 아냐. 절대로 아냐.

　　　[로리에게] 나는 이 어린 소녀에게 매우 관심이 있어요. 난 그애가 뇌 속에서 들리는 목소리가 그녀의 목소리인지 당신의 목소리인지 궁금하네요. 당신이 그애의 뇌에 들어가는 건가요? 제 말이 무슨 말인지 알겠어요?

엄마: 잘 모르겠어요. 질문은 이해를 했는데, 잘 모르겠어요.

미누친: 제가 느끼기로는 가끔 그애는 자신의 목소리와 이야기하고, 또 가끔은 당신의 목소리와 이야기하는 것 같아요, 알아차리지도 못한채. 당신이 인형술사가 돼요. [나탈리에게] 내가 무슨 말을 하는지 알겠니?

나탈리: 네. 우리는 모두 배운 것을 따라 해요. …… 이 경우는 제 엄마죠. 그리고 난 엄마의 행동을 배웠어요.

미누친: 엄마는 줄을 당기고 너는 얘기를 해, 그리고 너는 네가 말한다고 생각하지만, 엄마가 복화술사야. 너 아니, 복화술사는 보통 극장에 있어. 그는 앉아있고, 그의 무릎에는 인형이 있고 그 인형은 말을 하지. 하지만 사실 그건 그의 목소리야. 하지만 그를 보면 너는 인형이 말을 하고 있다고 생각해. 왜냐하면 복

여기에서 미누친은 개인을 탐색하는 것에서 나탈리가 그녀의 엄마에게 통제를 받는다는 아이디어로 옮겨간다. 이 한 줄의 담론은 엄마와 딸 사이의 밀착에 도전한다.

이 복화술사와 그녀의 인형 비유는 미누친의 연구에서 나온 많은 아이디어들을 포함하고 있다. 그는 가족 구성원에게 그들이 생각해보지 않았던 새로운 정체성을 제시했다. 이렇게 상보성에 초점을 맞추는 것은 나탈리의 문제를 엄마와 연결하기 위해 관념적 과도한 짐을 가지는 것으로 외재화 시킨다.

미누친은 헬렌과의 회기에서 시작되었던 이 메시지의 강도를 높이고 있다. 이렇게 밀착된 엄마와 딸 2인에 관한 시각적인 표상은 언어적으로 설명되는 역동을 넘어 그들을 새로운 관계 패턴의 방향으로 밀어 넣을 수 있는 강한 표상으로 이동한다.

화술사는 그의 목소리를 인형이 말하는 것처럼 투영
하는 기술이 있거든. 그리고 내 생각에는 엄마가 그
기술을 가졌다고 생각해요.

엄마: 전 그렇게 생각하지 않는데요, 왜냐하면 전 그렇게
말을 하지 않아요. 저는 절대 "이말을 해라" 그리고
"저말을 꼭 해라"라고 얘기하지 않아요…… 그렇게
생각하지 않아요. 왜냐하면 저는 그들의 결정이나
의견에 그렇게 간섭하지 않아요.

미누친: 그렇게 확신하나요?

엄마: 어쩌면 내가 모를 수는 있지만, 나는 그렇게….

나탈리: 이게 그렇게 중요한지는 모르겠지만, 어쨌든 얘기할
께요. 예를 들어 엄마는 저한테 물어봐요, "너 여기
가고 싶니?" 그리고 저는 "예."라고 말해요. 그 후에
엄마는 "확실해?"라고 물어봐요. 그리고 내가 "아
니."라고 생각하게 만들어요. 왜냐하면 "나는 엄마를
기쁘게 하지 못할 거야."라고 생각하게 하니까요.

미누친: [엄마와 더 가까운 의자를 가리키며] 저기에 앉아.
나탈리가 한 말은 흥미롭네요. 엄마와 그거에 관련
해서 이야기할 수 있겠니?

나탈리: 왜냐하면 제가 느끼기에…… 왜냐하면…… 엄마가
물어볼 때, 웃이든 아니면… 정말 그냥 별거 아니긴
하지만…… 엄마가 저한테 어디에 가고 싶냐거나,
아니면 어디를 가야 할 때…… 여러 가지 생각을 하
게 만들어요…….

미누친: 도와줘요, 로리. 나에게 설명할 수 있도록 그녀를
도와주세요, 그녀는 아주 흥미로운 젊은 여성예요.

나탈리: 제 문제는…….

이제 엄마와 미누친 사이에 논쟁이 있다.
그는 그의 개입에 대한 강도를 재연을 통
해 높여갈 것이다.

미누친: 아니, 아니, 아니, 아니, 아니. 너는 너의 엄마와 얘기하고 있어. 그리고 너는 관찰하는 사람들 중에 하나야. 그래서 나탈리는 엄마의 얼굴을 보고 그녀의 경험을 평가해요. 엄마가 웃으면 성공이에요. 엄마가 찌푸리면 실패인거죠.

엄마: 저는 대부분 웃고 있어요.

나탈리: 네, 대부분.

엄마: 전 아주 가끔…….

미누친: 흥미롭지 않나요?

엄마: 저는 거의 항상 웃어요. 슬프거나 화가 났을 때도요.

미누친: 그럼 당신이 침묵하고 있을 때도 나탈리는 당신이 하는 말을 듣는다는 거네요. 그건 훌륭한 거예요!

엄마: 네, 전 항상 웃어요, 왜냐하면 무조건 긍정적인 것을 선택하거든요.

미누친: 조셀린도 당신의 기분에 나탈리만큼이나 민감한가요?

엄마: 조셀린은 활기차고, 외향적이고, 마치 선생님처럼 나에게 더 잘 할 수 있는 방법을 알려줘요. 그녀는 굉장히 목소리가 상냥해요.

미누친: 하지만 당신은 나탈리가 사람 관찰자라는 것에 문제가 있다는 것을 알고 있죠. 그리고 그애는 대단하리만큼 당신의 기분에 기민하죠. 그애는 아마 당신이 남편과 같이 살고 있었을 당시에 당신의 기분으로부터 자유롭기 위해서. 거리가 필요했을 거예요. 그녀는 당신의 갈등을 기민하게 알아차렸죠, 그렇지 않나요?

엄마: 뭐, 초반에는 갈등이 없었어요.

미누친: 언제 전부 시작되었나요?

엄마: 그가 돈을 전부 잃고 난 후에요.

(조셀린이 무엇인가 궁시렁댄다)

미누친: 뭐라고 했니, 조셀린?

조셀린: 그가 나쁜 사업 선택을 했다구요.

미누친: 방금 너의 어머니를 도와주었구나. 착하구나. 이 도 와주려는 모습은 가족사인가 보네. 너희 아빠는 무 슨 일을 하셨니?

미누친은 조셀린이 대화에 끼어든 행위를 도움을 주려는 행위로 설명했다. 아래의 도전들은 암시적이다. 그는 가족 구성원들이 다른 하위체계의 과정에 끼어드는 것을 멈추게 하려고 한다.

엄마: 그는 부동산을 사고 보수해서 되팔았어요.

미누친: 조셀린이 얘기하고 있었어요.

엄마: 미안해요. 저는 저한테 묻는 줄 알았어요.

미누친: 아니요, 저는 그녀에게 묻고 있었어요. 저는 당신에 게 당신이 아이들의 요구에 얼마나 예민한지를 단지 보여주는 거예요. 조셀린에게는 아주 좋고, 나탈리에게는 너무 심해요. 나탈리는 당신의 정서적인 감정을 살고 있기 때문이에요. 그래서 만약 당신이 우울하면, 그 애도 우울해요. 아니면 그 애는 반추를 해요. 그 애는 내 인생에 나는 어디있는가를 묻는 이런 종류의 질문들 속으로 들어가요.

미누친은 엄마-장녀 하위체계에 불편감을 만든다. 그들이 밀착된 관계를 가지고 있기 때문에, 그는 그들이 새롭게 관계하는 방식을 찾기를 희망하며 이러한 파괴적인 역동을 지적한다.

나탈리: 네.

미누친: 하지만 인생에서 나는 어디 있을까를 말하는게 아니 라 그녀는 왜 2 더하기 2는 6이 아니라 4이지?라고 말해 요. 이것은 기본적인 질문을 하는 이상한 방식이에요.

나탈리: 그래요… 네.

미누친: 아니, 난 엄마와 얘기하고 있어.

나탈리: 죄송해요.

미누친: 전 당신에게 이야기하고 있어요, 어머니, 하지만 나 는 나탈리에게도 이야기하고 있어요. 나탈리가 태어

이 비유는 어루만지기와 차기(Kick)를 포함하고 있다. 이것은 로리에게 도전적이

낳을 때 의사는 탯줄을 잘랐는데, 당신이 다시 그것
을 자라나게 했어요.

엄마: 전 그 애를 너무나 사랑해요.

미누친: 당연하죠, 그걸 의심하지 않아요.

엄마: 당연하죠. 그 애는 제 인생의 행복이에요.

미누친: 당신은 아이들에게 무슨 일이 일어났는지 아나요?

엄마: 아이들이 상처받았다는 것을 알아요. 그들이 많은
도움이 필요하다는 것을 알아요. 내가 아는 것은 그
거예요.

미누친: 아니요, 아니요.

엄마: 내가 뭘 잘못했는지 아는 것. 비록 내가 잘 하고 있
다고 생각했지만.

미누친: 나는 잘못한 것과 잘한 것을 이야기하는 게 아니에
요. 저는 꽤나 자연스러운 무언가에 대해 이야기 하
고 있어요. 그리고 그건 아이들이 자라는 것을 보
는 것이 엄마들에게 얼마나 어려운지에요. 아마 당
신은 아이들에게 완벽한 엄마였을 거예요, 왜냐하면
당신은 사랑스럽게 보호하는 느낌을 가지고 있고 아
이들을 사랑하고, 그들은 아주 사랑스런 아이들이거
든요. 하지만 아이들이 계속해서 당신을 보고 있어
요. 로리, 당신에게는 매우 영리한 아이들이 있어
요. 그건 굉장히 좋아요. 그리고 당신은 혼합된 아이들
을 가지고 있어요. 그들은 지나치게 어른스럽고 또
지나치게 아이같아요. 그건 꽤 흥미로운 조합이에요.
[조셀린에게] 너는 어떻게 생각하니? 가끔 네가 나한테
얘기할 때 너는 열다섯 살이라고 생각된다. 넌 몇 살이니?

긴 했지만 이미지가 모성애와 연관되었기
때문에 그녀가 들을 수 있도록 도와주었
다. 시각적인 이미지는 관계적인 메시지
의 강도를 높였다.

조셀린: 열한 살이요.

미누친: 우와. 그리고 가끔 너는 열다섯 살인 것처럼 말해. 그리고 어떤 때는 아홉 살같이 말해. 어떻게 그런 일이 일어난 거니?

조셀린: 몰라요.

미누친: 아코디언 같아요. 마치 훌륭한 아코디언 같아요, 왜 냐하면 그녀는 그렇게 하거든요. 그녀는 아주 아주 어른이에요.

엄마: 네, 그래요. 그건 알아요.

미누친: 그리고 그 애는 아주 어린이같고요. [나탈리에게] 그 리고 너도 어떻게 이렇게 늘어났다 줄어들었다 하는 기이한 동물이 되었니?

나탈리: 전 무언가에 대해 질문하는 것을 좋아해요. 그리고 문제는 저는 지나치다는 것예요. 하지만 제 말은 제 마음속에서요, 만약 제가 답변을 안 하면, 내가 하는 것들을 하지 못하게 해서 저는 꼭…… 답해야 해요.

미누친: 얘야, 너는 뇌가 너와 분리되어 있는 것처럼 이야기 하는구나.

나탈리: 네, 그런 느낌이에요. 사실이 아니라는 건 알고 있어요.

미누친: 사실이 아니야.

나탈리: 알아요, 이게 제 무의식 안에 있는 거. 알아요.

미누친: 하지만 너는 사람이 한 사람이 아니라는 것을 알지. 사람들은 여러 측면이 있고, 그래서 너는 어떤 때에 는 굉장히 어른인 삶을 관찰하는 사람이 되는 경향 이 있어. 내 생각에 당신이 앞으로 변화해야 해요, 로리, 나탈리가 성장하기 위해서는, 왜냐하면 당신 도 아이 관찰자이거든요. [나탈리에게] 너희 엄마

미누친은 가족 내에서 일어나고 있는 다 소 추상적인 사고와 더 유용할 수 있는 구체적인 표상 간의 다리로써 비유를 사 용한다.

는 항상 그래. 돌보기야. 그리고 너는 그 돌보기 아래의 너 자신을 바라보고 있어. 그녀는 "엄마는 내가 이렇게 할 때 어떤 기분일까?"라는 말을 하고, 그녀가 그렇게 할 때 그녀의 뇌는 "그러는 네 자신을 봐."라고 말을 해요. 이것은 정말 고통스러운 경험이에요. 나탈리는 그리고 나면 혀가 마비되고, 말을 더듬어요.

미누친: [치료사에게] 헬렌, 여기 당신에게는 굉장히 흥미로운 집단의 사람들이 있어요. 서로 사랑하면서 사랑이라는 감옥에 갇힌 죄수들이요. 사랑은 금으로 된 감옥이 될 수 있지만, 감옥이에요. 나탈리, 이런 멋진 정신을 가지고 있는 사람이 그녀를 향한 엄마의 관찰에 제한되어 있어요.

엄마: 하지만 내가 대부분 없었는데 어떻게 그렇게 했나요? 저는 일을 두 개나 해야 해서 없었어요.

미누친: 단지 사랑으로요. 단지 보호로요. 부인, 나탈리에게 어떤 일이 일어났는지 아나요? 그 애는 당신이 그 애를 필요로 한다고 매우 많이 느꼈어요. 그것은 굉장히 애틋한 감정이에요, 왜냐하면 당신은 아마 그것이 필요했을 테니까요. 지금은 그게 필요하다고 생각하지 않아요. 당신의 두 자녀는 모두 사랑스러워요, 당신처럼. 이 탯줄을 어떻게 자를 수 있을 거라고 생각하나요? 계속해서 엄마로 있으면서. 당신이 그러는 것처럼 그들을 사랑하고, 그들처럼 당신도 사랑받는 걸 허락하면서요. 하지만 나는 그게 어떻게 일어날 수 있는지 몰라요. 여러분은 매우 좋은 가족이에요. 제가 어떻게 도와드릴까요? 왜냐하면, 사실, 저는 여러분 모두에게 관심이 가거든요.

미누친은 로리는 아이를 관찰하는 사람이라는 정의로 그녀의 유능함을 지지하지만, "사랑은 금으로 된 감옥이 될 수 있다."고 선언한다. 이 문구는 밀착에 도전하면서도 동시에 저항을 완화시킨다.

여기에서 우리는 치료사가 개입을 위해 근접성 내에서 왔다 갔다 하는 것(가까워졌다가 멀어졌다가 하는 것)을 볼 수 있다. 미누친의 'my dear'의 사용과 그가 모두에게 관심을 가지고 있다는 설명이 그의 부드러움을 보여준다. 이것은 친밀한 위치이고 가까운 위치이다. 하지만 그는 파괴적인 '사랑의 패턴'에 도전하고 이는 더 거리가 있는 위치이다.

나탈리: 네, 그건 절 힘들게 했어요. 평소에 저는 여기저기에서 A를 받았는데, 제가 A를 받을 수 있었던 과학시험에서 C+를 받았어요, 왜냐하면 제 문제가 뭔지 모르겠지만, 전 공부를 하고 내 지식을 믿을 수 있는 자신감조차 없어요. 무엇이 일어났는지 간단하게 말하면 그래요.

미누친: 아니, 그게 아니야.

나탈리: 제가 영어를 할 수 없는 시점까지 갔어요…… 아무것도 말할 수 없었어요. 나는 내가 단 한 번도 말할 줄 몰랐던 것처럼 말했어요.

미누친: 하지만 그건 네 안에 호문쿨루스가 있기 때문이야. 호문클로스란 네 안에 있는 가상의 작은 사람이고, 그 호문쿨루스는 니가 뭘 하든 보고 있어. 그리고 그건 성장에 장애가 돼. 너의 호문쿨루스는 너희 엄마랑 굉장히 닮았어. 그리고 여기서 질문은 어떻게 하면 너희 엄마를 쫓지 않으면서 호문쿨루스를 쫓아낼 수 있을까?

나탈리: 저는 정말 어떻게 해야할지 모르겠어요.

미누친: 물론이지.

나탈리: 제가 받았던 모든 해결책들에 대해, 저는 작은 것들 모두에게 뭔가 방법이 있는 것처럼 풀어내려고 노력해요. 머릿속에는 방법이 없으니까요.

미누친: 그리고 나는 네가 무엇이든 할 때마다 너는 스스로에게 "나는 어떻게 관찰되고 있나?"를 얘기하고 있다고 말하는 거야. 그리고 그건 감옥이야. 그리고 너는 그것이 너의 뇌 안에 있다고 했고, 나는 그것이 너의 뇌 밖에 있다고 말하고 있어. 어떻게 그렇게

나탈리는 "나는 상처받았다."고 이야기하고 있다. 미누친은 이 개인적인 증상에 도전한다. 그는 나탈리의 뇌를 엄마가 '색칠'하는 힘에 대해 탐색한다. 나탈리의 엄마가 그녀의 머릿속에서 방향을 제시하고 그녀의 성장을 막는 이미지는 나머지 회기에 걸쳐 확장된다.

됐었는지는 나도 몰라.

엄마: 저는 제가 그들에게 충분한 시간을 주지 않는다고 생각했어요, 그래야 한다고 생각했어요. 그리고 지금 나는 너무 많이 주고 있다는 걸 알았어요.

미누친: 하지만 저는 당신을 탓하지 않아요.

엄마: 하지만 제가 사랑을 주는 방법을 알지만 제가 그들을 안아 주는 동안 거기 있지 않았다는 것을 알았어요…… 저는 그렇게 하고 있지 않았어요. 저는 엄마로서 충분히 하지 않았어요.

미누친: 그건 아이들이 당신과 당신 남편을 바라보고 있었기 때문에 일어난 일이에요. 그들은 아빠와 엄마를 지켜보고 있었어요. 그리고 그들은 그 사이에 끼어 버렸어요. 이건 아이들에게 외상 경험이에요, 왜냐하면 그들은 편을 들었고, 이 젊은 여성은 당신의 편을 들고 그리고 동시에 그 애는 제가 생각할 때 당신의 편만을 들었다는 것에, 아버지의 입장을 보지 않았다는 것에 죄책감이 들었어요. 확실하진 않지만 그 애에게 그런 일이 있었다고 가설을 세울 수 있어요. 그래서 그 애는 매우 불안해요.

나탈리: 네. 제 인생의 몇 년 동안 저는 엄마와 아빠 사이를 오고 갔으며, 가끔은 누구에게도 가지 않았고, 어떻게 해야 할지 몰랐어요. 이제는 진실이 그냥 보여요. 그래서 지금 엄마의 편을 드는 거예요.

미누친: [로리에게] 이것은 당신이 원하지 않았던 거예요. 당신의 남편이 원하지 않았던 것이기도 해요. 하지만 갈등하는 부모 사이에 있는 아이들에게 일어나기도 해요. 그들은 어느 편을 들어야할지 모르고 완전히

혼란스러워요. 성장을 돕기 보다 이 일이 어떻게 일어났는지 아는 것이 더 쉬워요. 그녀가 갇혀있기 때문에 갈등하고 있고 혼란스러운 것을 나는 알아요. 제 생각에 조셀린은 아직 자유로워요. [조셀린이 고개를 젓는다] 넌 그렇게 생각하지 않니, 조셀린?

조셀린: 뭐, 딱 한 가지만요. 가족에 대한 게 아니에요. 우리 엄마에 대한 것도 아니에요. 이건 왜 그러냐하면, 실은 제가 여덟 살 때부터 가족을 아빠로부터 지키려고 노력해야 한다는 약속을 했어요. 꿈을 꿨는데 제가 칼을 가지고 우리 가족을 구하기 위해 아빠를 죽여야 했어요.

미누친: 그리고 넌 열한 살이라고 나에게 말했지?

조셀린: 음흠.

미누친: 그래 너는 실패할 거야. 만약 네가 그 임무를 맡는다면 넌 실패할 거야.

조셀린: 저는 할 수 없어요. 만약 실패하면 약속을 어기는 거예요.

미누친: 너는 그 임무에서 승리할 수 없어. 누가 그녀에게 이 임무를 줬나요? 이건 정말 터무니없는 임무 아니에요?

조셀린이 목소리가 증상의 전달자라고 주장한다. 이 가족에서 각각의 구성원은 때때로 피해자의 정체성과 구원자의 정체성을 주장하기를 고집한다. 둘 중 어떠한 위치도 이득이 되거나 유용하지 않다.

조셀린: 저는 그들을 도와야 해요.

미누친: [로리에게] 조셀린이 맡는 임무를 보세요. 열한 살짜리 여아에게는 터무니없는 임무예요. 그리고 그 애는 이게 터무니없다는 것을 알아야 해요. 왜냐하면

가족 중 가장 어린 이 딸은 마음속에 가족을 폭력적인 아빠/남편으로부터 보호해야 한다는 생각을 갖고 있었다. 미누친의 질문은 증상을 개인적으로 보는 것에 대한 또 하나의 도전이었다. 조셀린은 다른 누군가가 그 임무를 맡게 해 주지 않고서는 가족의 구원자 역할을 취할 수 없다.

그 애가 당신을 보호할 것이라는 생각은 터무니없으니까요. 당신은 그 애에게 그 애의 보호가 필요하지 않다고 이야기해 줄 수 있나요?

엄마: 집에서도 너에게 이야기했는데, 다시 말해 줄게. 너는 날 보호할 필요가 없어. 나 혼자 할 수 있어. 너는 아이여야 해.

미누친: 아름다워요.

엄마: 너는 열한 살이고, 친구를 사귀고, 숙제를 해야 하고, 너에게 최선을 다해야 해. 강아지랑 놀고, 친구들이랑 놀아라. 책을 보고.

조셀린: 나는 아빠가 영원히 떠날 때까지 포기하지 않을 거예요.

엄마: 나에 대해서 걱정하지 마. 나는 안전해. 나는 내가 엄마로서 그리고 어른으로서 해야 하는 일들을 하고 있어. 그거는 내가 해야 하는 일이야. 알겠니? 그리고 너의 일은 학교에 가서 최선을 다하고 친구들을 더 사귀는 거야.

나탈리: 그리고 공부도 더 해야 해.

미누친: 조셀린과 집에서 이야기할 때마다 나탈리는 조용히 빠져있나요 아니면 끼어드나요?

엄마: 가끔은 조용하고, 가끔은 끼어들어요.

미누친: 그리고 나탈리가 끼어들면 그 애에게 "안 돼"라고 하세요.

엄마: "그만 해."라고 이야기 해요.

미누친: 그걸 훨씬 더 많이 해야 해요. 그건 굉장히 중요해요, 왜냐하면 그 애가 육아의 임무를 맡는 거예요. 그리고 그건 당신이 빼앗기는 거예요. 당신은 나탈리가 빠지고 조셀린이 들어올 수 있게 도와야 해요.

생애 주기에 따라 가족 조직은 변해야 한다. 이 가족은 매우 학대적인 상황에서 조직화되어 아이들이 부모의 하위체계로 들어가서 어머니를 보호하려고 하고 있다.

조셀린은 나탈리가 그녀를 너무 보호해서 고통스러
워요. 그래서 당신은 사랑을 담아 "나탈리, 빠져있
어. 이건 내가 해결할 수 있어"라고 말하는 방법을
찾아야 해요. [나탈리에게] 그럴 수 있겠니? 네 동생
이 엄마와 함께하고 엄마가 조셀린을 성장하는데 도
움을 주는 일을 하도록 해줄 수 있겠니?

나탈리: 간단하네요. 왜냐하면 전 대부분 그들 근처에 없으
니까요. 그리고 제가 근처에 있을때는 왠지 저도 잘
모르겠지만 제 동생 목소리를 듣는 게 짜증나요. 저
한테는 그랬어요.

미누친: 그렇다면 듣지 않으면 좋겠네. 너의 동생은 네 목
소리를 듣지 않아야 해, 그래야 너희 엄마의 목소리
가 크게 들리니까. 동생은 엄마의 목소리가 필요해.
하지만 네가 끼어드는 순간 그녀는 단체로 괴롭히
는 것처럼 느껴. 그러니 너의 뇌한테 그건 너의 일
이 아니라고 말해 주렴. 너는 훌륭한 뇌를 가지고
있어. 뇌에게 조셀린은 도움을 주고 지도해 줄 엄마
목소리가 있다고 말해 주렴. 가능하겠니?

헬렌: 그건 조금 어려울 것 같아요.

미누친: 어려울 것 같다고 생각해요? 음, 왜냐하면 나탈리는
정말 보호자이거든. 그녀는 항상 관찰하고 있어요.
[나탈리에게] 나도 너와 같았단다. 나는 삼촌 10명,
고모 10명, 사촌 100명, 그리고 나는 굉장히 작은 마
을에 살았어. 그리고 나는 항상 그들을 관찰하고 있
었고, 그들도 항상 나를 관찰하고 있었어. 나는 큰
부족의 구성원이었고 사람들을 관찰하였단다. 너의

이 기능이 만약 전에 필요했다면 현재 상
황에서는 필요하지 않다. 미누친은 엄마
와 함께 작업하며 나탈리가 더 이상 부모
화된 아이가 되지 않도록 그녀의 경계선
을 표시하는 것을 돕고 있다. 그 후 그는
나탈리에게 관심을 돌려 엄마와 조셀린
이라는 하위체계에서 나갈 수 있도록 돕
는다.

상황은 달라. 너는 너희 엄마를 보호하기 위해 사람 관찰자가 되었지. 그러니까 그건 다르지, 왜냐면 내 상황은 더 쉬웠어, 나는 그냥 위협을 느끼지 않고 관찰했거든.

나탈리: 네.

미누친: 그건 위험해. 그건 민감함을 증가시키지. 그리고 너는 아마도 항상 그 재능을 가지고 있을 거야. 나는 이걸 재능이라고 생각해. 이건 나를 굉장히 유명한 정신과의사로 만들어 줬어, 그러니까 그것을 가지고 있어. 굉장히 유용할 수 있어. 하지만 이제, 너는 나의 대학원생이야. 네가 언젠가 정신과의사가 되면, 아마 수년이 흐른 뒤겠지, 그때 나는 더 이상 여기 없을 거야. 그러니까 지금 내가 너에게 선생님으로 이야기할게. 알았지? 너같은 뇌를 가진 사람들이 겪는 문제 중 하나는 어떻게 하면 끼어들지 않으면서 관찰할까야. 왜냐하면 너는 너희 엄마가 너의 뇌를 장악하는 것만큼 막 끼어들거든. 내 생각에는 네가 너희 엄마가 네 뇌를 장악했다는 것을 모르는 상태로 조셀린과 엄마의 대화에 네가 끼어드는 거라고 생각해. 그리고 사람 관찰자로서 언제 끼어들면 안 되는지를 아는 것이 중요해. 그러니까 너희 엄마가 조셀린의 엄마가 될 수 있도록 허락해 주는 게 중요해, 네가 조셀린의 부모가 되고 싶은 마음없이. 왜냐하면 그건 잘못된 거니까. 그리고 다치는 일이니까. 우리가 함께하는 시간이 거의 끝나고 있네요. 여러분 모두를 만나서 굉장히 좋았어요. 질문이 있나요?

엄마: 저는 어떻게 이런 일이 생겼는지 고민이 되는 게, 선

미누친은 나탈리에게 도전하며 연결한다. 그러고 나서 나탈리가 가지고 있는 사람 관찰자라는 능력이 그를 유명한 정신과의사로 만들어 준 것과 같은 능력이라고 설명한다. 그 후 그는 "너는 나의 대학원생이야."라며 그녀를 그에게 가르침을 받는 대학원생으로 만든다.

생님이 말씀하셨듯, 저는 그들을 너무 가둬 놨었는데 제가 느끼기에는 그 반대거든요.

미누친: 어떤 일이 일어났는지 제가 말씀드릴게요. 당신은 남편과 갈등상태에 있었어요, 당신의 모든 에너지를 이 갈등에 쏟고 있었어요. 그들은 이 갈등의 관찰자가 되었고, 어떤 기이한 전개로 그들은 당신이 그들을 방패로 필요하다고 결정했고 불쌍한 작은 조셀린은 아빠를 죽이는 꿈을 꾸게 되요. 그건 끔찍한 거예요.

조셀린: 그건 엄마의 잘못이 아니에요.

미누친: [조셀린을 멈추며] 그리고 그녀는 당신이 그것이 필요하지 않다는 것을 알아야 해요. 당신이 그녀를 이런 꿈에서 보호해야 해요. 보세요, 당신은 전혀 다른 상황에 있어요. 여러분은 세 명의 가족이에요. 위험은 없어요. 계속해서 헬렌을 만나실 건가요?

엄마: 아마 몇 번은 더요.

미누친: 조셀린과 둘이서 그녀를 만날 수 있나요? 나탈리 없이? 그녀없이 여러분이 함께 작업할 수 있도록? 제 생각에는 그렇게 하는 것이 조셀린에게 굉장히 도움이 될 것 같아요, 그녀는 매우 영리한 아이거든요. 둘 다 엄청나게 영리한 아이들이에요. 이야기하면서 즐거웠어요. 당신이 아이들을 잘 키웠네요.

무엇을 배울 수 있는가

이 가족은 두 명의 매우 다른 치료사와 만났다. 한명은 처음에 자신이 가족의 요구에 어떻게 말려들고 있는지 알아차리지 못했던 초보 치료사였다. 그녀의 아이 구원자로서의 경향은 체계적인 훈련을 압도했고, 따라서 그녀는 가족이 어떻게 스스로를 치유할 수 있는지를 배우도록 돕기보다 괴로워하는 아이가 나아지게 하려고 노력하였다. 다른 한명의 치료사는 보다 경험이 있었고 효과적이었다. 그는 어떤 일이 일어났는지를 가족이 보도록 새로운 대안들을 탐색하였다. 비록 가족들이 그들의 어려움을 어떻게 유지하고 있는지를 모두에게 듣는 것은 어려울 수 있지만, 윌슨 가족은 그들과 그들의 가능성을 새로운 방식으로 보도록 도전받았다.

문제의 외재화

비록 이 가족은 가정폭력으로 이혼을 했지만, 장녀인 나탈리를 확인된 환자(IP)로 제시하며 치료를 받으러 왔다. 그들의 주된 문제는 나탈리가 우울증의 측면을 보여 주는 자신의 생각을 반추하고 사람을 사귀는 데 어려움이 있다는 것이었다. 미누친은 그것이 가족의 진실된 이야기라고 받아들이지 않았다. 나탈리의 문제에 집중하는 것 대신에 미누친의 개입은 비유(엄마는 복화술사이고 나탈리는 엄마의 목소리를 듣는 것)를 다루고, 나탈리가 자신의 엄마의 기분과 행동을 끊임없이 관찰하는 것을 다루는 것이었다. 이 입장에서 나탈리는 어렸다. 이는 개인적인 역동으로 보여지는 것이 아니라 엄마가 자신과 열다섯 살 아이의 사이에 탯줄을 유지하고 있는 상황으로, 미누친은 엄마에게 나탈리가 성장하기 위해서는 그녀가 변화해야 할 것이라고 이야기한다.

정체성의 층

헬렌의 이야기에서 우리는 그녀가 자신의 목소리뿐만 아니라 내담자들의 목소리를 확장하기 위해 노력하는 것을 볼 수 있었다. 이 면담에서 미누친은 스스로를 여러 가지 모습으로 설명하면서 가야 길을 준비시키며, 가족 구성원들의 정체성을 확장하려 한다.

엄마의 정체성은 나탈리를 위한 목발에서, 매우 도움을 주는 부모, 인형술사, 복화술사, 어린 아이들을 위한 완벽한 엄마, 그리고 아이 관찰자라는 다양한 묘사를 하였다.

IP인 나탈리는 무능함에서 유능함으로 변화시킨다. 미누친은 그녀를 정신과의사, 사람 관찰자, 외로운, 꼭두각시, 엄마의 관찰자, 말더듬이, 부모화된 아이, 그리고 보호자로 정의한다.

조셀린의 정체성은 도우려고 하고, 활달하고 외향적인 아이에서 때로는 열다섯 살과 같고 때로는 아홉 살처럼 말하는 열한 살짜리 아이로 바꾸었다.

가족 조직

이 가족은 스스로를 3인 체계라고 소개하지만 미누친은 이 이야기를 확장하는 데 도움을 준다. 그는 아버지에 대한 생각을 면담에 들여오며 결혼 생활 중, 엄마와 아이들, 그리고 고립된 아빠라는 두 개의 공동체가 활동하고 있었음을 논의한다. 두 아이들 모두 충성심에 대한, 즉 엄마의 편을 들어 아빠에게 맞서는 문제를 다루고 있었으므로 이는 필수적인 이해이다.

미누친은 이 3인 체계 내의 여러 가지 상황들을 또한 본다. 나탈리가 때에 따라 부모화된 아이로 행동하고 있었기 때문에 그는 나탈리를 부모라는 하위체계에서 제거하려고 노력한다. 또한 그는 엄마와 장녀가 엄마와 어린아이의 관계가 아닌 엄마와 청소년으로 관계할 수 있도록 그들 사이의 경계선을 변화시키려고 노력한다.

미누친은 서로 연결되는 세 가지 주된 비유를 제공한다. 첫 번째로 그는 나탈리가 엄마를 목발로 사용하고 있는 것으로 보고, 나탈리로 하여금 혼자서 똑바로 걸을 수 있게 한다. 그 후 엄마에게 말하길 나탈리가 태어났을 때 의사들이 탯줄을 잘랐지만 그녀가 다시 잇고 있다고 한다. 세 번째 비유는 엄마가 복화술사이고 나탈리는 그녀의 꼭두각시이며 엄마가 그녀의 말을 꼭두각시(나탈리)의 입에 넣고 있다라는 것이다. 여기에는 각각의 사람들이 현재 가족의 기능을 어떻게 유지하고 있는지를 보여 주며, 가족의 상보성을 보여 주는 더 많은 순간이 있다. 이는 각 개인은 서로를 치유하고 가족을 변화시키는 데 맡을 역할이 있다는 가장 기본적인 메시지를 따르고 있다.

제13장

변화하는 현장에서 자신의 기술을 연마하기

1960년대 초반, 돈 잭슨은 미국에는 가족치료를 하는 6개의 센터가 있다고 했다. 50년 정도가 지나, 『가족치료 개관(Family Therapy Review, Rambo, West, Schooley & Boyd, 2013)』 연구자들은 가족치료의 8개 모델을 목록화하며 최근의 상황을 요약했다. ① 정신분석적/경험적(Psychoanalytic/Experiential), ② 다세대(Intergenerational), ③ 구조적/전략적(Structural/Strategic), ④ 단기 치료(Brief Therapy), ⑤ 이야기(Narrative), ⑥ 협력적(Collaborative), ⑦ 통합적(Integrative) 그리고 ⑧ 심리교육적(Psychoeducational). 이들의 각각은 하위모델들을 가지고 있으며, 커플을 위한 모델이 6개 더 있다. 미국 내에서 가족치료를 교육하는 대학이나 기관의 숫자는 아마 수백 개일 것이다.

이 분야에 무슨 일이 일어난 것일까? 목소리들에서 불협화음이 있는 것일까? 새로 공부를 시작하는 누군가가, 혹은 이미 노련한 숙련가들도, 이러한 여러 모델들 사이에서 자신의 방향을 찾을 수 있을까? 이에 답하기 위해서 저자들은 당신을 그리 멀지 않은 과거로의 여행에 초대한다.

1950년대 초반에 이 분야는 가족들이 어떻게 기능하는지 설명하고, 이것이 어떻게 가족 구성원들에게 기이한 병리적 현상을 만드는지를 탐색하는 데 집중해 있었다. '이중구속'(Bateson, Jackson, Haley, & Weakland, 1956) 연구, 즉 가족 내 대화하는 패턴이 조현병을 '만들어내는' 데 책임이 있다는 이론은 이러한 탐색들이 어떻게 새로운 정보를 가져오는지를 보여 주는 가장 명백한 예시이다. 미누친의 『슬럼가의 가족들(Families of the Slums)』(Minuchin, Montalvo, Rosman, & Schumer, 1967)은 특히 힘들고 가난한 가족들의 가족조직이 아이들의 행동화를 조장하는 방식을 탐색하였다. 그리고『신체화 가족(Psychosomatic Families)』(Minuchin, Rosman, & Baker, 1978)은 가족 관계와 어린 가족 구성원들에게서 발생하는 신체적 반응의 관계를 보여 주기도 했다. 지난 수십 년간, 주된 초점은 가족 구성원들의 병에 대한 설명으로 가족의 존재 방식에 초점을 두었다.

시간이 지남에 따라 이 분야가 확장하면서 초점은 변화했고 가족을 변화시키는 기술로 적극적으로 이동하였다. 20세기 문헌검색을 통해 인지행동, 해결중심 등 광범위한 접근 방식과 자신들의 접근 방식에 초점을 둔 출판물과 훈련 센터들을 찾을 수 있을 것이다. 미누친의 연구에서 이러한 확장은 두 권의 책(『가족과 가족치료(Families and Family Therapy)』(Minuchin, 1974) 그리고『가족치료 기법(Family Therapy Techniques)』(Minuchin & Fishman, 1981)으로 나왔다.

초창기의 가족치료에서 중요한 점은 초기의 치료사들은 당시 개인 및 정신역동적 접근의 영향을 받은 상태였으며 따라서 치료사의 기능뿐만 아니라 치료 과정에서 자아의 활용을 강조했다. 보웬(Bowen, 1971)이 처음 가족치료사에게 자신의 원가족에서 개별화하는 작업에 먼저 초점을 두도록 하거나, 휘태커(Whitaker, 1989)가 치료사들은 "자신의 혼란을 키워야 한다(nurture your confusion)."라고 제안했을 때 그들은 확실히 불균형한 위치에서 일하고 있었고, 그들의 개입의 목적에 대해 알고 있었으며, 치료를 통제하고 있었다. 치료자의 자기와 행동에 대한 강조는 20C말에 변화되었다.

포스트모더니즘과 체계적 가족치료

치료사의 위치에 일어난 중대한 변화는 1980년대에 나타났다. 가족 치료에서 일어난 포스트모더니즘 운동은 패러다임의 변화를 가져왔다. 언어는 현실을 조종하고, 언어는 권위 있는 사람들에 의해 통제된다는 프랑스의 급진적인 철학자 미셀 푸코의 영향 아래 포스트모더니즘 철학자들과 치료사들은 선구자들의 위계적인 위치에 도전했다.

포스트모더니즘 학파들은 접근 방식이 다양하지만 그들 모두 보편적으로 실행되는 가족치료의 두 가지 부분에 대한 우려를 하였다. 가족의 규범을 무시하거나 위반하는 견해를 가진 치료사의 부담과 그들이 가족을 지배한다고 느끼는 치료적 과정을 사용하는 것. 이러한 포스트모던 이데올로기는 매우 강하게 유지되고 큰 영향력을 가져 치료사의 적절한 역할에 대한 개념을 자기-자각을 하는 치료사(self-aware therapist)에서 절제심있는 치료사(restrained therapist)로 바꾸어 놓았다.

이 책의 독자들에게는 분명하게 보이겠지만 우리는 이 개념을 공유하거나 대학원생들에게 이 목표로 훈련시키지 않는다. 우리에게 이런 관점은 가족 내에 효과적인 변화의 가능성을 손상시킨다. 이것은 새로운 치료사들이 제대로 작동하지 않는 설명과 노력들에 대한 가족의 확신성을 유지하는 기법들에 의존하게 만든다.

21세기의 두 번째 십년에서는 전통적인 체계적 치료와 포스트모더니즘 치료가 공존하며, 이러한 관점들은 완전히 대조적이지 않다. 이들이 어떠한 관점을 공유하고 어떤 관점이 다른지를 명확히 하는 것이 도움이 될 것 같다. 이를 위해 우리는 이야기 접근 방식의 사고와 기술을, 대화가 아니기 때문에 우리 동료들의 연구를 왜곡하지 않기 위해 조심하면서, 이 책에서 제시한 개념들과 비교할 수 있도록 준비했다. 먼저 공유하는 목록부터 제시하고, 그 후에 우리가 이해하는 가장 주된 차이를 설명하겠다.

체계론적 치료와 이야기 치료가 공유하는 것

1. 증상이 한명의 가족 구성원에게만 있다는 것을 거부
2. 사회적 정의에 대한 우려, 불우한 사람들과 작업, 지역사회에 참여
3. 다양성 지향-성장과 힘에 초점
4. 병리에 초점을 두는 것을 거부
5. 다양한 존재 방식을 강조
6. 다양한 정체성에 대한 인정
7. 맥락과 증인의 중요성에 초점

체계론적 치료와 내러티브 치료의 다른 점

비록 두 모델은 이러한 비슷한 점을 공유하지만, 그들은 가족의 기능과 변화의 과정에 대한 이론적으로 다른 설명을 하고 있으며, 그들은 치료적 목적을 달성하기 위해 다른 치료적 기법을 사용한다.

이러한 차이에 대해 자세하게 여기에 설명할 순 없지만, 주요한 차이는 치료에서 가족 구성원들의 기능이 어떻게 보여지는지를 고려하는 것이다. 이야기 치료사들은 가족 구성원들에게 고통과 문제를 야기시키는 사람들의 존재의 방식을 제한시키는 병리적인 문화에 도전하도록 격려한다. 우리는 문제의 근원과 문제를 완화시킬 수 있는 방식에 대한 다른 개념을 가지고 있다. 우리는 가족 구성원들이 비록 모르고 그랬더라도 증상을 가지고 있는 사람에게 증상을 유지하는 데에 모두 일조하였다고 보고, 우리는 그들에게 서로를 치유하는 책임을 지게 한다. 우리에게는 이것이 체계적인 치료의 기본이다.

체계적인 치료사 되기

책의 전반에 걸쳐 우리는 가족조직을 향상시킬 수 있는 타고난 가능성을 표출하는 방법으로 가족의 확신성에 도전하는 것에 초점을 두었다. 그리고 우리가 가족 구성원들에게 "당신은 당신이 생각하는 것보다 부자이다."라고 이야기했을 때 우리는 변화를 찾는데 병리를 탐색하는 대안적인 방법으로 다양성을 탐색하고 있었다.

체계적인 가족치료(Systemic Family Therapy)에서 치료사는 가족 구성원들이 상호 작용적으로 서로 관여되어 있고, 치료사 또한 그 구성원들과 접촉한다는 것을 이해한다. 이러한 인식은 치료자의 자기(Self)와 치료사의 방식에 대한 필수적인 탐색을 필요로 한다. 더 나아가, 체계적인(systemic) 관점은 성, 계급, 인종, 문화, 국적과 언어 등의 큰 맥락에 대한 인식을 요구한다.

우리는 우리가 새로운 치료적 모델을 소개하고 있다고 생각하지 않는다. 오히려 우리는 당신이 **가족치료의 기술**을 독창적인 관점으로 보라고 격려한다. 어떤 모델의 가족치료를 선택하더라도 우리가 제시한 이 구조의 개념과 기법이 포함될 수 있으며, 어떠한 모델 내에서 당신이 치료를 하더라도 치료사로서 당신은 그 나름대로의 방식으로 가족치료사의 주파우치를 사용할 수 있을 것이다.

참고문헌

Anderson, H. (2012). Collaborative practice: A way of being "with". *Psychotherapy and Politics International, 10*, 130-145.

Bateson, G., Jackson, D. D., Haley, J., & Weakland, J. (1956). Toward a theory of schizophrenia. *Behavioral Science, 1*, 251-264.

Bowen, M. (1972). *Family therapy in clinical practice*. New Jersey: Aronson.

Haley, J. (1982). *Problem-solving therapy*. California: Jossey-Bass.

Hare-Mustin, R. T. (1994). Discourses in the mirrored room: A postmodern analysis of therapy. *Family Process, 33*, 19-35.

Jackson, D. D. (1957). The question of family homeostasis. *The Psychiatric Quarterly Supplement, 31*, 79-90.

Minuchin, S. (1974). *Families and family therapy*. Massachusetts: Harvard University Press.

Minuchin, S., & Fishman, H. C. (1981). *Family therapy techniques*. Massachusetts: Harvard University Press.

Minuchin, S., Montalvo, B., Guerney, Jr., B. G., Rosman, B. L., & Schumer, F. (1967). *Families of the slums*. New York: Basic Books.

Minuchin, S., Nichols, M. P., & Lee, W-Y. (2007). *Assessing families and couples: From symptom to system*. Massachusetts: Pearson.

Minuchin, S., Rosman, B. L., & Baker, L. (1978). *Psychosomatic families*. Boston, MA: Harvard University Press.

Nichols, M. P., & Fellenberg, S. (2000). The effective use of enactments in family therapy: A discovery-oriented process study. *Journal of Marital and Family Therapy, 26,* 143-152.

Parsons, T., & Bales, F. F. (1955). *Family, socialization, and interaction process.* New York: Free Press.

Rambo, A., West, C., Schooley, A., & Boyd, T. V. (2013). *Family therapy review.* New York: Routledge.

Sullivan, H. S. (1947). *Conceptions of modern psychiatry.* Washington DC. The William Alanson White Psychiatric Foundation.

Whitaker, C. (1989). *Midnight musings of a family therapist.* New York: W. W. Norton & Company.

White, M. (2007). *Maps of narrative practice.* New York: W. W. Norton & Company.

찾아보기

저자 소개

살바도르 미누친(Salvador Minuchin)

구조적 가족치료의 창시자로서 아르헨티나에서 태어나 1947년에 아르헨티나 코르도바대학교(Cordoba University)에서 의학박사 학위를 수여받았고, 제2차 세계 대전 이후 아동 정신과 의사로 아커만(N. Ackerman)에게 지도를 받았으며, 1950년대 말 아동 시설에서 가족 면담을 시작하였다. 1960년대에는 미국 뉴욕의 윌트윅 학교(Wiltwyck School)에서 비행청소년을 교정하는 정신과 의사로 일하면서 비행청소년의 가족을 치료하였다. 이때 치료사는 즉각적 개입과 행동을 주로 요구하는 방법으로 문제에 접근해야 한다고 생각하였다. 이후 동료들과 함께 『Working with families of the poor』(1998)를 출판하였고, 1965년에는 미국 필라델피아 아동지도치료소의 원장이 되었으며, 그곳에서의 경험을 바탕으로 1970년대에 구조적 가족치료 이론을 만들었다. 구조적 가족치료 이론에서는 역기능의 가족들이 가지고 있는 여러 가지 특징을 기술하고 있다. 신체화 증상을 가진 가족은 특히 같은 종류의 특징을 가지고 있는데, 과보호, 지나친 엄격성, 갈등 해결의 부재 등이 공통적인 특징이라고 하였다. 그리고 신체화 증상 중에서도 거식증이 가족치료로 가장 잘 해결된다는 사실을 발견하였다.

그 후 미국 펜실베이니아대학교(University of Pennsylvania) 의과대학 소아정신의학 임상교수를 역임한 그는 1974년에 가족치료 분야에서 가장 유명한 『Families and family therapy』(1974)를 집필하였다. 미누친은 매우 적극적인 가족치료 기법을 확립하여 '구조적 가족치료'를 만든 사람으로 알려져 있으며, 거식증 치료의 성공 사례로 가족치료의 유효성이 전문가뿐만 아니라 일반에게도 널리 알려졌다.

마이클 레이터(Michael D. Reiter)

미국 노바사우스이스턴대학교(Nova Southeastern University) 가족치료학과 교수로 『Therapeutic interviewing』(2008) 『Case conceptualization in family therapy』(2013)를 출판하였고, 가족치료의 선구자 중 한 사람인 살바도르 미누친과 함께 『The craft of family therapy』(2019)와 『Substance abuse and the family』(2013)를 공동 집필하였다.

카메인 보르다(Charmaine Borda)

미국 노바사우스이스턴대학교(Nova Southeastern University)의 가족치료학과 교수로 16년간 역임한 바 있고, 2022년 6월 이후부터는 미국 카펠라대학교(Capella University)의 결혼과 가족치료학과에 교수로 재직 중이다. 주로 가족치료, 정신건강, 지역사회 아웃리치 서비스, 비영리기관, 임상 슈퍼비전, 집단치료, 임상연구, 정신치료 영역 전반에 경륜이 많은 전문가로 알려져 있다.

역자 소개

정정화(Jeong Jeonghwa)

전남대학교 심리학과 박사
박앤정 임상심리클리닉 원장
호남신학대학교 상담대학원 초빙교수
한국임상심리학회 학술위원 및 지회장 역임
저역서 부부·가족 치료를 위한 마음챙김과 수용(학지사, 2019), 정신병리학(학지사, 2013) 외 다수
자격증 국제 이마고부부치료전문가, 임상심리전문가, 정신건강임상심리사 1급 외

천성문(Cheon Seongmoon)

상담심리학 박사
부경대학교 평생교육상담학과 교수
서울대학교 초빙교수
스탠포드대학교(Standford University) 연구교수
한국상담학회장 역임
저서 집단상담(학지사, 2022), 상담심리학의 이론과 실제(학지사, 2021) 외 다수
자격증 상담심리사 1급, 수련감독전문상담사, 정신건강임상심리사 외

이영순(Lee Youngsoon)

상담심리학 박사
전북대학교 심리학과 교수
전북대학교 심리코칭연구소 소장
한국대학상담학회장 및 한국교육치료학회장 역임
저역서 상담심리학의 이론과 실제(학지사, 2021), 성격심리학(박학사, 2013) 외 다수
자격증 상담심리사 1급, 수련감독전문상담사, 정신건강임상심리사 외

이숙자(Lee Sukja)

전남대학교 심리학과 박사
동신대학종합사회복지관장
전남대학교 교육대학원 외래교수
저역서 에니어그램 성격 유형(학지사, 2010), 부부·가족 치료를 위한 마음챙김과 수용(학지사, 2019) 외 다수
자격증 사회복지사 1급, 에니어그램 전문강사, 청소년상담사 1급 외

최경하(Choi Kyungha)

전남대학교 심리학과 박사수료
광주해바라기센터(아동) 임상심리전문가
자격증 게슈탈트상담심리사 2급, 임상심리전문가, 정신건강임상심리사 1급 외

미누친의 숙련된 가족치료 기술
-치료사를 위한 가르침

The Craft of Family Therapy: Challenging Certainties

2024년 1월 5일 1판 1쇄 인쇄
2024년 1월 10일 1판 1쇄 발행

지은이 • Salvador Minuchin · Michael D. Reiter · Charmaine Borda
옮긴이 • 정정화 · 천성문 · 이영순 · 이숙자 · 최경하
펴낸이 • 김진환
펴낸곳 • (주) **학지사**

04031 서울특별시 마포구 양화로 15길 20 마인드월드빌딩
대표전화 • 02)330-5114   팩스 • 02)324-2345
등록번호 • 제313-2006-000265호

홈페이지 • http://www.hakjisa.co.kr
인스타그램 • https://www.instagram.com/hakjisabook/

ISBN 978-89-997-2997-3   93180

정가 22,000원

출판미디어기업 학지사

간호보건의학출판 **학지사메디컬** www.hakjisamd.co.kr
심리검사연구소 **인싸이트** www.inpsyt.co.kr
학술논문서비스 **뉴논문** www.newnonmun.com
교육연수원 **카운피아** www.counpia.com